中國學術思想 研究輯刊

十八編

林慶彰 主編

第1冊

《十八編》總目

編輯部編

《周易》美學的生命精神

孫喜艷 著

花木蘭文化出版社

國家圖書館出版品預行編目資料

《周易》美學的生命精神／孫喜艷 著 ─ 初版 ─ 新北市：花木
蘭文化出版社，2014〔民103〕
目 4+164 面；19×26 公分
（中國學術思想研究輯刊 十八編；第 1 冊）
ISBN：978-986-322-672-7（精裝）
1. 易經 2. 美學 3. 研究考訂
030.8   103001969

ISBN-978-986-322-672-7

9 789863 226727

中國學術思想研究輯刊
十八編 第 一 冊   ISBN：978-986-322-672-7

《周易》美學的生命精神

作　　者　孫喜艷
主　　編　林慶彰
總 編 輯　杜潔祥
副總編輯　楊嘉樂
編　　輯　許郁翎
出　　版　花木蘭文化出版社
社　　長　高小娟
聯絡地址　235 新北市中和區中安街七二號十三樓
　　　　　電話：02-2923-1455 ／傳眞：02-2923-1452
網　　址　http://www.huamulan.tw 信箱 hml 810518@gmail.com
印　　刷　普羅文化出版廣告事業
封面設計　劉開工作室
初　　版　2014 年 3 月
定　　價　十八編 16 冊（精裝）新台幣 28,000 元

《十八編》總目

編輯部　編

《中國學術思想研究輯刊》十八編　書目

經學研究專輯

第 一 冊　孫喜艷　《周易》美學的生命精神

第 二 冊　黃耀能　左氏春秋婚俗考

　　　　　趙婕妤　皮錫瑞《孝經鄭注疏》研究

第 三 冊　胡春依　朱熹、袁甫與黎立武的四書詮釋及其比較

儒家思想研究專輯

第 四 冊　陳靜容　先秦儒家思想研究的再思考——以「和」作為詮釋
　　　　　　　　　進路之可行性及其義涵之開拓研究

荀學思想研究專輯

第 五 冊　曾暐傑　打破性善的誘惑——重探荀子性惡論的意義與價值

管子研究專輯

第 六 冊　劉智妙　《管子》四篇「精氣論」研究

道家思想研究專輯

第 七 冊　何孟穎　莊子〈齊物論〉「因」之辨析

第 八 冊　周翊雯　從《莊子》到《莊子注》的身體觀研究——以「身
　　　　　　　　　體工夫」為研究核心

魏晉南北朝學術思想研究專輯

第 九 冊　郭梨華　王弼之「自然」與「名教」及相關論題研究

第 十 冊　張偉萱　阮籍音樂哲學之研究——道體儒用的音樂哲學

　　　　　周貞余　郭象因果思想研究

宋代學術思想研究專輯

    第十一冊　邸利平　呂大臨道學闡釋——在工夫論的視域中

    第十二冊　劉素玲　宋儒論韓愈排佛與師道

民國學術思想研究專輯

    第十三冊　王代莉　五四前後文化調和論研究——以杜亞泉和《東方雜誌》為中心的考察

    第十四冊　張徐芳　山川地理與南學北學：從章劉之爭看皖派考據學的經典化

            劉又銘　馬浮研究

    第十五冊　周　璇　胡適、馮友蘭、金岳霖的邏輯方法研究

            馮曉馨　徐復觀先生〈王充論考〉評析

佛教思想研究專輯

    第十六冊　魏式岑　曇鸞大師由仙轉佛之學思歷程研究

《中國學術思想研究輯刊》十八編
各書作者簡介・提要・目次

第一冊 《周易》美學的生命精神

作者簡介

孫喜豔（1974～），女，漢族，河南夏邑人，蘇州大學文藝學專業博士，湛江師範學院音樂學院副教授。主要從事文藝美學，周易美學研究。主持教育部人文社會科學研究青年基金項目、廣東省教育科學「十一五」規劃項目、湛江師範學院校級項目各一項。參與編寫教材《美學原理》，並在《周易研究》等刊物發表論文多篇。

提 要

《周易》所蘊含的生命精神對中國美學的影響廣泛而深遠。這種精神既是天地精神，也是人生精神、藝術精神。對於人來說，就是既追求自強不息、剛健有為，又追求厚德載物、堅貞中正的精神。對藝術來說，生命精神既是藝術的表現內容和表現形式，也是藝術的創作追求。

本書從《周易》中「生」的內涵、特點與價值，《周易》生命精神的內在生成，生命符號的審美創造，生命精神的審美表現四個方面探討了《周易》的生命精神。「天地之大德曰生」，「生」在《周易》中是一個具有本體性、基礎性的核心範疇，具有普遍性、綿延性、超越性；《周易》的生生之道主要體現在一陰一陽之道中，它包含生命的交感創生，也包含生命的變易。它既是天地之道，也是社會倫理與藝術生成的原則和規範；「觀物取象」這一命題則集中體現了《周易》生命符號的審美創造，這種的生命性創造方式也決定了像是一

種性語言；《周易》生生不已的生命精神不是抽象的道理，而是體現在《周易》的數、象、陽剛與陰柔的生命形態和憂樂圓融的生命境界中。本書立足於通行本，力求將哲學與人生、藝術相統一的研究方法對《周易》的生命精神作一全面、立體、動態的考察。

目　次

導　論 ………………………………………………………………………… 1
　一、選題緣由 ……………………………………………………………… 1
　二、研究現狀 ……………………………………………………………… 5
　三、研究方法 ……………………………………………………………… 7
第一章　《周易》中「生」的生命精神 ……………………………………… 13
　第一節　「生」的內涵 …………………………………………………… 13
　　一、生殖 ………………………………………………………………… 16
　　二、創生 ………………………………………………………………… 18
　　三、變易 ………………………………………………………………… 19
　第二節　「生」的特點 …………………………………………………… 21
　　一、綿延性 ……………………………………………………………… 21
　　二、普遍性 ……………………………………………………………… 24
　　三、超越性 ……………………………………………………………… 27
　第三節　「生」的價值 …………………………………………………… 29
　　一、「生」即眞 ………………………………………………………… 29
　　二、「生」即善 ………………………………………………………… 31
　　三、「生」即美 ………………………………………………………… 33
第二章　《周易》生命精神的審美生成 …………………………………… 41
　第一節　「感」、「化」 ………………………………………………… 41
　　一、「感」：生命的交感 ……………………………………………… 42
　　二、「化」：生命的化生 ……………………………………………… 51
　第二節　「變」、「通」 ………………………………………………… 56
　　一、「變」：生命的變化 ……………………………………………… 56
　　二、「通」：生命的貫通 ……………………………………………… 61
　第三節　「時」、「貞」 ………………………………………………… 65
　　一、「時」：生命的圓動 ……………………………………………… 66

二、「貞」：生命的貞固 ………………………………………… 69

三、「時」與「貞」的統一 …………………………………… 70

第四節 「中」、「和」 ……………………………………………… 71

一、「中」：生命的秩序 …………………………………… 71

二、「和」：生命的和諧 …………………………………… 74

三、中和原則 …………………………………………………… 75

第三章 《周易》生命符號的審美創造 ……………………………… 79

第一節 「觀」：生命的觀照 …………………………………… 79

一、「觀」的流動性 ………………………………………… 80

二、「觀」的意向性 ………………………………………… 82

三、「觀」的內省性 ………………………………………… 84

第二節 「物」：生命的本源 …………………………………… 86

一、「物」的聯繫性 ………………………………………… 86

二、「物」的類比性 ………………………………………… 87

三、「物」的隱喻性 ………………………………………… 89

第三節 「取」：生命的創造 …………………………………… 92

一、卦爻象的符號創造 …………………………………… 93

二、卦爻辭的取象 …………………………………………… 97

第四節 「象」：生命的言說 …………………………………… 100

一、卦爻象：生命的符號 ………………………………… 100

二、卦爻辭：生命之喻 …………………………………… 105

三、「象」語言 ……………………………………………… 108

第四章 《周易》生命精神的審美表現 ……………………………… 111

第一節 「數」：生命的抽象 …………………………………… 111

一、生成性 ……………………………………………………… 113

二、變化性 ……………………………………………………… 115

三、全息性 ……………………………………………………… 116

第二節 卦：生命的形式 ………………………………………… 121

一、運動性 ……………………………………………………… 122

二、節奏性 ……………………………………………………… 124

三、生長性 ……………………………………………………… 125

　　　　四、有機統一性……………………………………………126
　　第三節　陽剛與陰柔：生命的形態………………………………128
　　　　一、剛柔有別……………………………………………………129
　　　　二、剛柔相濟……………………………………………………131
　　　　三、崇陽抑陰……………………………………………………133
　　第四節　憂樂圓融：生命的境界…………………………………134
　　　　一、憂患意識……………………………………………………135
　　　　二、樂觀情懷……………………………………………………138
　　　　三、憂樂圓融……………………………………………………140
結　語…………………………………………………………………143
附　錄…………………………………………………………………145
主要參考文獻…………………………………………………………159
後　記…………………………………………………………………163

第二冊　左氏春秋婚俗考

作者簡介

　　黃耀能，台灣南投人。1963 年畢業於淡江大學中文系，三年後獲台灣大學中文碩士學位；隨後赴日進入東京大學改攻史學，於 1976 年獲東大文學博士學位。最初任教明志工專，回國後先後任教於淡江、中興、成大等校之歷史系；其間曾于 1999 年至大陸陝西師大歷史系擔任客座教授，退休後曾在立德大學任教。現為成功大學兼任教授。教學與研究範圍：從中國古典文學到中國古代史學、中國社會經濟史、台灣史以至日本歷史的研究。專書有《中國古代農業水利史研究》、《兩晉南北朝隋唐農業水利史研究》。論文有《水經注時代所出現的中國古代渠陂分佈及其所代表意義》等數十篇；並主編《續修高雄市志》與《南投縣志》之地方志書。

提　要

　　《左氏春秋婚俗考》乃作者之碩士論文，指導老師為臺靜農教授。全文是以《左氏春秋》一書做為史料基礎來探討我國春秋時代婚姻習俗之真相。其中除了從《左傳》檢出相關之史料外，再檢出春秋戰國時代各相關史籍史料來做印證，加上近世學者著作加以探究。

全文共分六章。有前言：除了敘述全文之架構外，並將結論分列其中。第一章為議婚：其程序在春秋時代禮法仍未固定之際，媒使並未完全出自男方，而擇偶之條件與標準也因時代之巨變，而有不同之現象與標準。第二章為春秋時代之婚禮儀式，春秋時代之婚禮儀式，通常皆認為如儀禮士昏六禮所述；然考之春秋史事，儀禮所述僅限上層階級，而士庶社會有無如士昏六禮，似有問題。第三章為春秋時代再婚之情形：宗法社會之媒聘婚制原為一夫一妻制，但仍有側室，即一妻多妾制。除了妻死、無子外，似不能再娶，而再嫁似無任何限制。第四章為婚：春秋時代男權高於一切，離婚之權操在男子。但除了犯淫亂、竊盜等較重大事故外，出妻是有某些限制。第五章為春秋時代之淫亂情形：春秋時代雖已是宗法社會，但以禮教觀念仍未普遍深入，故上層社會淫亂之事時有發生。第六章為當時不合禮法之婚娶：春秋時代雖之奠定為媒聘婚，然以禮法仍未固定，因此，不斷出現一些不合禮法之婚娶行為。如奔、烝報、納獻、掠奪、買妾之現象。總之，春秋時代之婚俗，如儀禮士昏六禮所載，應該僅屬上層社會所遵行之原則，至於其他各種不合禮法之現象，乃是禮教觀念仍未落實所呈現出來的婚娶現象。

目　次

前　言 ··· 1
第一章　議　婚 ··· 3
　壹、議婚之媒使 ··· 3
　貳、政治婚姻 ··· 6
　參、擇偶之標準 ··· 13
第二章　婚禮之儀式 ·· 19
　壹、納采 ··· 19
　貳、卜妻 ··· 21
　參、納幣 ··· 23
　肆、告廟 ··· 24
　伍、親迎 ··· 26
　陸、送嫁 ··· 33
第三章　再婚 ··· 39
　壹、再娶 ··· 39
　貳、再嫁 ··· 43

第四章　絕婚..47

第五章　淫亂之情形..55

第六章　不合禮法之婚娶...63

　　壹、奔..63

　　貳、納獻..66

　　參、烝報..67

　　肆、掠奪..69

　　伍、買妾..70

參考書目..73

皮錫瑞《孝經鄭注疏》研究

作者簡介

　　趙婕妤，1986 年生，桃園人。畢業於臺北教育大學中國語文學系、國立中央大學中國文學所碩士班，現爲中學國文教師。另曾發表〈民國初年「尊孔讀經」思潮下的「投壺新儀」〉。

提　要

　　《孝經鄭注疏》爲晚清學者皮錫瑞針對《孝經鄭注》一書所作的疏解，皮錫瑞首先對《孝經鄭注》此書作一簡單概述，在其序言中即釐清了《孝經鄭注》的作者問題、成書年代，以及運用何種經學觀點成書，雖援引不少證據說明，然仍可從中窺見皮錫瑞個人立場。

　　《孝經鄭注》此書是現今所見玄宗御注本通行之前所流傳的本子，其中深刻注解和對禮學、經義的解說備受許多學者肯定，然而部分亡佚、文句殘闕，以及作者不明的缺憾，卻始終跟隨《孝經鄭注》之本而莫有定案和解釋。皮錫瑞《孝經鄭注疏》即是爲了盡力還原《孝經鄭注》原貌，並舉證說明作者爲鄭玄無疑而努力。在疏解的過程中，皮錫瑞對文獻的考證、對文字訓詁的考索、對經義的考究，在在皆展現了皮氏考據學的功力和今文經學家的獨特觀點，從中更可發現皮錫瑞對鄭玄的推崇，致力發揚鄭學的用心。

　　就學術史的意義而言，皮錫瑞《孝經鄭注疏》一書不但重新檢視《孝經鄭注》本身的價值，闡發《孝經》經文經義，推尊鄭學、疏通鄭義，更可透過皮氏疏解的立場，了解晚清今文經學家皮錫瑞對經學關注的面向以及實踐的途徑。

目 次

第一章　緒論 ·· 1

第二章　《孝經鄭注》作者相關問題的考辨 ······················ 17

　第一節　皮錫瑞疏解《孝經鄭注》之基本立場 ··············· 17

　第二節　《孝經鄭注》之作者問題 ······························· 21

　第三節　皮錫瑞論辨方法之檢討 ································· 33

　第四節　本章結論 ·· 35

第三章　《孝經鄭注》輯佚、訓詁問題的考察 ················· 37

　第一節　《孝經鄭注》之輯佚問題 ······························· 37

　第二節　《孝經鄭注》之訓詁問題 ······························· 48

　第三節　《孝經鄭注》所據經文之復原 ························· 57

　第四節　本章結論 ·· 60

第四章　《孝經鄭注》孝道核心問題的闡述 ···················· 63

　第一節　孝的根本態度與極至表現：敬與祀天 ·············· 63

　第二節　孝的相對關係：孝慈、諫爭與不孝之刑 ·········· 67

　第三節　孝的歷程與境界：孝行之始與終 ··················· 76

　第四節　本章結論 ·· 84

第五章　鄭注《孝經》今古文問題的考索 ······················· 87

　第一節　辨駁孔安國、劉炫注經的古文觀點 ················· 87

　第二節　申明鄭玄注經的今文立場 ······························ 94

　第三節　推崇鄭玄對今古文經說的權衡 ····················· 109

　第四節　本章結論 ··· 117

第六章　結論：《孝經鄭注疏》的學術史意義 ··············· 121

引用文獻目錄 ·· 127

第三冊　朱熹、袁甫與黎立武的四書詮釋及其比較

作者簡介

　　胡春依，馬來西亞華裔，哲學博士，先後畢業於臺灣國立中興大學文學院、武漢華中師範大學心理學院、馬來西亞拉曼大學文學院及武漢大學哲學院，博士論文題目為《朱熹、袁甫與黎立武的四書詮釋及其比較》。現為富貴愛心基金會與崇德文教基金會董事，以及慧德書院院長、拉曼大學延續教育中心兼職

講師，曾任綠野世傳學院院長、馬來西亞兒童導讀推廣中心秘書、馬來西亞全國經典教育推廣中心秘書長等職。主要著作有《東亞儒學研究論集》。

提　要

本研究的首要宗旨在於通過朱熹、袁甫和黎立武的四書詮釋以及他們之間的比較，對南宋與宋元之際的朱熹理學、象山心學和程門龜山學派的哲學思想作出辨章學術、考鏡源流的工作，而他們在南宋和宋元之際的學術傳播情況則是此一重點研究下的延續探討，有助於我們瞭解僞學禁解除以後，朱熹理學派系是否確如一般所言的銷融了其餘各個學派的問題。

本研究首先提出朱熹的理學思想體系實是與其《四書章句集注》同時發展、成長的觀點，我們若以其《四書或問》、《語類》、《文集》和《四書章句集注》相參照，便會發現其中隱然有一成型體系貫穿於其中，是朱熹「所以立大本行達道之樞要」，我們將此一體系概述爲「以格物致知之道，通理一分殊之理，達忠恕一貫之旨」一句話。學者只要能掌握此窮理盡性至命之道，便能脫然貫通，掌握到其詮釋《四書章句集注》的理學思想。因此，我們姑且稱此一詮釋法爲「理本論詮釋法」，雖然此一名稱亦未能窮盡其義。

另外，本研究也提出《四書章句集注》並非是朱熹最滿意的定稿，因爲我們通過其詮釋與注解，便可發現朱熹據以詮釋《四書章句集注》的理學思想體系尚有處於發展演進中的痕，矛盾處不少，這包括了他依循「存有論的解析」途徑所推導出來的枯槁瓦礫皆有理，也就是皆有仁義禮智之性的說法，以及「理生氣」或「理先氣後」的關係表述等問題。因此，本研究認爲直至朱熹去世爲止，他的形上哲學理論似乎仍處於建構的過程之中而有待圓滿證成。

研究對象之二的袁甫雖然流傳下來的著作不多，但其《蒙齋中庸講義》卻是一篇足以彰顯「心本論詮釋」特色的象山心學代表作。我們由其《蒙齋中庸講義》之濃厚心學特色，以及他推擴「發明本心」之心學思想於政治家國，以強調身體力行，希望君王亦能發明本心，以此對待子民的實際政治表現看來，袁甫可說是能夠在日常生活中身體力行象山心學的重要傳人，而其所傳承的，既有陸九淵「發明本心」之心學特點，亦有「四明學派」的特色，其中最爲重要的要算是繼承了其父袁燮在陸九淵「心即理」與「人心本善」之思想上推擴出來的「天人一理」與「君民一體」的政治哲學觀，對於楊簡「不起意」的克己功夫，袁甫也在其生命裏做了一輩子的實踐。我們研讀其書，既可進一步瞭解象山心學第二代傳人對陸九淵思想的繼承與發展之軌，亦可弘揚其學派之著

作思想，因為象山心學派系流傳於世的著作並不多，《蒙齋中庸講義》是其中比較能夠體現出強烈的象山心學特色的代表作，因此，此一研究實有重大的歷史意義。

　　研究對象之三的黎立武隸屬程門兼山學派，主張《易》、《庸》一體說，可說是充分發揚了伊川「以性為本，以《中庸》、《易》為先」的學術精神。黎立武在此一基礎上明確地提出「中庸之道，出於《易》，本於仁，極於誠」的主張，並進一步以此《易》、《庸》一貫之學來詮釋《大學》，認為《大學》的宗旨是大法存乎止、大旨存乎誠。因此，我們將其四書詮釋法稱為「以『誠』為中心的《易》、《庸》一貫詮釋法」。此一研究，有助於吾人進一步瞭解中國傳統精神的核心價值。

　　總結而言，朱熹、袁甫與黎立武的四書詮釋既可保留與發揚本身學派的學術特色，亦可藉以傳播所屬學派的學術理論，同時尚可在一定的程度上總結或創發自己的思想體系，而又不偏離儒家對「德化生命」與建構道德理想社會之追求目標，可說是達到多向並行發展的功效。因此，本研究主張將朱熹的「理本論」、袁甫的「心本論」，以及黎立武「以『誠』為中心的《易》、《庸》一貫詮釋法」視為三種不同的詮釋理論模式。他們的詮釋無疑就是一種哲學的再創作過程，是促使中國哲學趨向多元化發展的新活力。

　　最後，我們又發現實際上在朱熹的《四書》立於學官之後，象山心學派系和程頤的其餘學術分派，在當時甚至是直至元末、明初，其學依然是活躍的，並不存在兼山學派孤行或朱熹理學在後期銷融了象山心學或伊川門下其他學術支流的看法。過去我們之所以會以為朱學一統獨尊，完全是因為從前我們僅僅是依據前人的統計數據便草率判斷各個學派的勢力強弱，而此一評估方式對於因為欠缺史料證據而無法真實呈現門人數據的門派來說是很不公平的。因此，本研究提倡重新審視現有的統計數據或加入生命力與影響力的評估等方法，以便公平地還原歷史的真相。

目　次

緒論‧‧1
　第一節　「四書詮釋」與「四書學」的關係及其範圍‧‧‧‧‧‧‧‧‧‧‧‧1
　第二節　研究目的、研究方法與思路‧‧‧‧‧‧‧‧‧‧‧‧‧‧‧‧‧‧‧‧‧‧8
　第三節　南宋與宋元之際的四書學及其研究以及不足之處‧‧‧‧‧‧10
第一章　朱熹的四書詮釋‧‧‧‧‧‧‧‧‧‧‧‧‧‧‧‧‧‧‧‧‧‧‧‧‧‧‧‧‧‧‧‧23

第一節 《四書章句集注》的完成與定於「理一」 ………………………23

第二節 朱熹理學思想的發展與《四書》詮釋 …………………………28

一、以「格物致知」之道，通「理一分殊」之理，達忠恕一貫之旨 …29

二、「知言養氣」之悟與「格物致知」……………………………33

三、格物致知與《大學》「移文補傳」……………………………38

四、「中庸」與「中和」……………………………………………45

第三節 朱熹理學思想發展的內在矛盾 …………………………………50

一、枯槁之物有無性？………………………………………………50

二、理氣觀的發展與演變……………………………………………62

小結 …………………………………………………………………70

第二章 袁甫的四書詮釋 ……………………………………………………73

第一節 年譜研究與「四明學派」的師承淵源 …………………………73

一、年譜研究 …………………………………………………………73

二、與「四明學派」的師承淵源 ……………………………………76

第二節 「萬物與我心契」之心學觀與《四書》詮釋 …………………82

一、《庸》、《孟》互釋之「天命之謂性」與「中庸」……………83

二、《論語》「克己復禮」與「發明本心」………………………88

小結 …………………………………………………………………92

第三章 黎立武的四書詮釋 …………………………………………………93

第一節 年譜研究與「兼山學派」師承淵源 ……………………………93

一、年譜研究 …………………………………………………………93

二、師承淵源 …………………………………………………………95

第二節 以「誠」為本的《易》、《庸》一體觀與《學》、《庸》詮釋 …99

一、《大學》之移文補傳與學術立場之關係 ………………………101

二、「中庸」之大旨 ………………………………………………105

三、《中庸指歸圖》…………………………………………………110

小結 ………………………………………………………………126

第四章 儒家道德理想境界與朱、袁、黎之四書詮釋 …………………127

第一節 儒家的道德理想境界 ……………………………………………127

一、儒家的道德形上學建構 ………………………………………129

二、儒家修養功夫論的開展 ………………………………………135

第二節　朱、袁、黎三家的境界體驗 ························· 140

一、朱熹四書詮釋之境界 ································· 141

二、袁甫四書詮釋之境界 ································· 147

三、黎立武四書詮釋之境界 ······························ 150

第五章　宋元之際朱熹理學、象山心學與兼山學派的流播 ······· 155

第一節　朱熹理學之流播 ································· 156

一、朱熹理學傳人統計表（第一代至第七代） ··············· 156

二、朱熹理學傳人的主要地理分佈 ······················ 158

第二節　象山心學之流播 ································· 161

一、象山心學傳人統計表（第一代至第七代） ··············· 161

二、被遺忘的弟子 ···································· 163

第三節　兼山學派之流播 ································· 180

一、兼山學派傳人統計表（第一代至第六代） ··············· 181

二、兼山學派的影響力 ································· 182

小結 ··· 188

總　結 ·· 189

主要參考文獻 ······································· 193

第四冊　先秦儒家思想研究的再思考——以「和」作爲詮釋進路之可行性及其義涵之開拓研究

作者簡介

　　陳靜容，臺灣屏東縣人。國立東華大學中文博士，於先秦、魏晉思想用功頗深。曾於東華大學、慈濟技術學院、高雄大學、高雄第一應用大學、屏東科技大學、文藻外語學院等校擔任兼任教師。著有：(《原始儒家「無爲而治」思想發展譜系及其中心意義重構》)、(六朝文學觀念中「身體」所具「詮釋性向」之考察)、(「觀看自我」的藝術——試論魏晉時人「身體思維」的釋放與轉向)等多篇學術論文。

提　要

　　先秦儒家的思想、文學，不管是置於中國文學史或思想史的討論，皆具有舉足輕重的地位。本文乃在傳統先秦儒家思想研究的領域中，選擇以「和」作

爲討論對象，論述以「和」作爲儒家思想詮釋進路的可行性及其義涵之開拓研究。

　　本論文除了由時代因素及文化環境影響所致，儒家諸子面對「不和」而欲致「和」的歷史經驗事實來進行推論外，尚以孔、孟實際論及「和」的典籍篇章參與討論，藉孔、孟思想中「和」觀的顯題化，進一步昭示以「和」作爲儒家思想詮釋進路之可能；續以「天人關係」爲外緣考察進路，建構儒家禮論、樂論中「和」的內外次第關係及衍化現象，由此建構以「和」爲主的思想軌跡考察，揭櫫「和」於儒家思想中所扮演的角色與意義。

目　次

第一章　緒論 …………………………………………………………………… 1

第二章　儒家「中和」哲學的一脈思考 ……………………………………… 9

　第一節　「中和」與「中庸」在思想上的效用檢視 ……………………… 10

　第二節　「中」、「和」概念的個別義與互成義 ………………………… 13

　第三節　以「和」作爲儒家思想詮釋進路如何可能之討論 …………… 19

第三章　孔、孟思想中的「和」觀探究 …………………………………… 27

　第一節　外在發生原因的考察──社會、文化環境崩壞的刺激 ……… 28

　第二節　儒家思想、學說內在義涵探索 ………………………………… 33

　　壹、「和爲貴」的指導原則 …………………………………………… 33

　　貳、君子之「和」 ……………………………………………………… 36

　　參、「人和」 …………………………………………………………… 42

　　肆、聖之「和」者的道德評價 ………………………………………… 45

　第三節　孟、荀「和」觀的對應──荀子之「和」與「正理平治」 … 49

　第四節　小結 ……………………………………………………………… 54

第四章　「和」在儒家思想中意義的呈現與開顯 ………………………… 59

　第一節　小引 ……………………………………………………………… 59

　第二節　以「天人關係」爲主的「和」義涵貞定 ……………………… 61

　　壹、「保合大和」與「中」之「各正性命」 ………………………… 61

　　貳、樂「感」天人之「和」 …………………………………………… 65

　第三節　「和」之內外化成次第關係探析 ……………………………… 69

　　壹、「和」之於「禮」、「樂」的創制與應用 ……………………… 69

　　貳、儒家樂論中以「和」成德之聖人格局 …………………………… 74

第四節　「和」義涵之思想軌跡建構⋯⋯⋯⋯⋯⋯⋯⋯⋯⋯⋯⋯84

　　　壹、依「用」起「和」⋯⋯⋯⋯⋯⋯⋯⋯⋯⋯⋯⋯⋯⋯⋯85

　　　貳、由「多」取「和」⋯⋯⋯⋯⋯⋯⋯⋯⋯⋯⋯⋯⋯⋯⋯88

　　　參、反身用「和」⋯⋯⋯⋯⋯⋯⋯⋯⋯⋯⋯⋯⋯⋯⋯⋯⋯90

　　　肆、昇圓成「和」⋯⋯⋯⋯⋯⋯⋯⋯⋯⋯⋯⋯⋯⋯⋯⋯⋯95

第五章　《論語》數篇章中內蘊精神之再詮釋——以「和」為思想縐

　　　合點⋯⋯⋯⋯⋯⋯⋯⋯⋯⋯⋯⋯⋯⋯⋯⋯⋯⋯⋯⋯⋯⋯⋯99

　第一節　小引⋯⋯⋯⋯⋯⋯⋯⋯⋯⋯⋯⋯⋯⋯⋯⋯⋯⋯⋯⋯⋯99

　第二節　《論語‧先進》中的「和」心與「和」境⋯⋯⋯⋯⋯101

　第三節　由「從心所欲」、「游於藝」體現儒家之「和」境⋯⋯113

　第四節　以「和」為縐合點的觀察⋯⋯⋯⋯⋯⋯⋯⋯⋯⋯⋯⋯122

　　　壹、「適得其性」、「各得其所」⋯⋯⋯⋯⋯⋯⋯⋯⋯⋯⋯122

　　　貳、儒家生命氣象的具現⋯⋯⋯⋯⋯⋯⋯⋯⋯⋯⋯⋯⋯⋯124

第六章　結論⋯⋯⋯⋯⋯⋯⋯⋯⋯⋯⋯⋯⋯⋯⋯⋯⋯⋯⋯⋯⋯⋯129

參考書目⋯⋯⋯⋯⋯⋯⋯⋯⋯⋯⋯⋯⋯⋯⋯⋯⋯⋯⋯⋯⋯⋯⋯⋯135

附錄：儒家「即樂起興」的途徑與趨向⋯⋯⋯⋯⋯⋯⋯⋯⋯⋯⋯139

第五冊　打破性善的誘惑——重探荀子性惡論的意義與價值

作者簡介

　　曾暐傑，國立政治大學中國文學系碩士，現於國立政治大學中國文學系攻讀博士，並為東南科技大學通識教育中心兼任講師。主要關注的議題為荀子研究、先秦諸子與儒學的現代性。曾發表〈荀子思想再定位與儒家體系的重建——反思、批判與方法〉、〈尊君原是為民——論韓非的集權專制思想以「利民」為目的〉、〈縱橫象數，儒門義理——荀爽易學核心價值的重建與再定位〉、〈存在與方法——荀子性惡論詮釋的新視野〉、〈對當代／新儒學的批判性反思與傳統儒學的重建——以《三字經》為線索〉等十餘篇論文。

提　要

　　當代荀子人性論的研究大致可分為三個階段：從當代新儒家一派對於荀子性惡論的批評，透過各種論述來強調「性惡論」不能成立，其對於荀子的批判

乃不明人性的真義，並以此來貶抑其思想與地位；到陳大齊、張亨、韋政通等學者，開始對於荀子「性惡論」作「客觀」梳理而欲顯現出荀子哲學的價值，但荀子的價值仍不可與孟子同日而語；一直到近年有一批學者積極闡述荀學的價值與意義。但無論荀子人性論的研究如何開展，這些研究始終有著一個迷思：執著於探究荀子人性論中人是否有天生的內在價值。無論是早期當代新儒家一派明言其無而以此批評荀子的人性論無根，或是近年來學者所提倡的「潛在的性善論」、「弱性善論」，或以「人觀」、「人的概念」來言其有，進而肯定荀子人性論的價值，都沒能跳出這個追求內在價值根源的窠臼。這樣的論述似乎隱含著一個思維：「性善論」才是好的、有價值的，也就是我稱為受到「性善的誘惑」下的思考進路。

我認為，荀子人性論研究應該要跳脫以往以孟子性善論為基礎、以根本善為進路的思考框架，而轉以惡為核心思維去探究荀子的人性論。也就是說，我們應該正視「性惡」的正當性，不必對「惡」有所避諱；只要一套修養工夫論是將人導向美善境地的理論，就是有價值的論述，「人性本善」或「人性本惡」又有何關係呢？我將這樣的研究進路稱之為「後新荀學」。所謂「後新荀學」一則凸顯出其與「新荀學」以善為參照的論述觀點之不同，一則顯現出以後現代思維為方法去探尋荀子性惡論的意義與價值的進路——一種不追求形上價值、不追求永恆根源、不追求完滿無瑕為善必然性的思考模式。

在「後新荀學」的思維下，我們可以打破對於性惡的偏見，重新理解荀子性惡論的內涵與意義，並應該了解到，一個講求「人性本惡」的人性論也是有其正當性與價值的。進一步我們應該破除以往對於「善」的迷信，而誤將《荀子》中諸多脈絡以孟子「性善」的思維來思考，而對荀子的理論產生誤解與責難。除此之外，我們也應該了解，即便人沒有內在根源的善，在現實中依舊有產生善行的可能，並不一定要以基礎主義或是本質主義那樣的思維進行思考，也就是說儒學人性論在孟子「人性本善」一路外，荀子「人之性惡」一路也應有其合理的地位與公平的理解。因為荀子的性惡論是搭配著一套完整的修養工夫論，就整體而言其具有使人趨向善的可能與理想，由此正可以凸顯出荀子作為儒家的正當性及其人性論的合理性。

目　次

序

第一章　緒論：打破，為了對話的實踐 ………………………………………… 1

第一節　問題根源：從荀子性惡論之研究回顧談起 …………………… 2

一、孟學本位的荀學研究 ……………………………………………… 4

二、「客觀化」的荀學研究 …………………………………………… 8

三、新荀學的建立 ……………………………………………………… 11

第二節　看見問題：重探荀子性惡論的動機與目的 …………………… 18

一、問題在哪裡？ ……………………………………………………… 18

二、一貫以「善」為參照談「性惡論」的怪現象 ………………… 19

三、性善的誘惑 ………………………………………………………… 23

四、打破誘惑：後新荀學的嘗試 …………………………………… 28

第三節　重探之路：後現代思維與方法下的「後新荀學」 ………… 30

一、「後新荀學」的意義 ……………………………………………… 30

二、「後新荀學」研究的信念、範圍與正當性 …………………… 31

三、後現代主義與人性論：作為一種方法 ………………………… 38

四、從「新荀學」到「後新荀學」：以後現代思維重探性惡論的意義

　　與價值 …………………………………………………………… 41

第四節　思想藍圖：本文的安排與開展 ………………………………… 46

第二章　打破性惡的偏見：重探荀子「性惡」的意義與內涵 ……… 49

第一節　性：人禽共有之衝動 …………………………………………… 49

一、普遍意義的「性」：人禽共有 ………………………………… 50

二、「性」是一種衝動與傾向 ……………………………………… 53

第二節　人性：「生物意義的人」本有之性 ………………………… 57

一、孟子基礎主義式人性論的反思 ………………………………… 60

二、荀子「人性論」的內涵與特質 ………………………………… 66

第三節　人性是惡：社會脈絡下的「人性本惡」 …………………… 71

一、荀子明言「人之性惡」 ………………………………………… 72

二、就社會性脈絡而言「人性本惡」 ……………………………… 73

三、「順性而爭」方為惡？——現實社會下爭亂的必然性 …… 76

四、「本始材朴」是為惡 …………………………………………… 79

第四節　性惡論的建構：從「重禮隆法」到「人之性惡」 ……… 85

一、辨合符驗：「性惡論」闡發的經驗性 ………………………… 86

二、天人相分：「性惡論」開展的合理性 ………………………… 88

　　三、重禮隆法：「性惡論」形成的必要性 ……………………… 89

　小結　打破性惡的偏見，打破黑暗向光明 …………………… 92

第三章　打破性善的誘惑：對荀子性惡論具內在價值說法的批判 … 95

　第一節　人沒有良知：勿把「心知」當「良知」 …………… 95

　　一、「質」、「具」不在人的本然之性中 …………………… 97

　　二、「質」、「具」本身不具有道德價值 …………………… 99

　　三、「質」、「具」不是內在道德或良知 ………………… 100

　第二節　性不知禮義：「禮義」價值的外在性 …………… 103

　　一、「義」不爲人性中本有的德性 ………………………… 104

　　二、「義」即是「禮義」 …………………………………… 107

　　三、人不具天生好「禮義」的內在價值 ………………… 109

　第三節　生無辨是非：後天形成的道德判斷力 ………… 111

　　一、「辨」的兩個層次：「義辨」與「辨」 …………… 112

　　二、「義辨」：後天修養而成的道德判斷力 ………… 113

　第四節　孰能不爲己：利他行爲的迷思 ………………… 117

　　一、「愛其類」是人禽所共的低層次情感 …………… 118

　　二、孝親不是天生的道德 …………………………………… 120

　　三、利他背後的自私動機 …………………………………… 123

　小結　打破性善的誘惑，打破黑暗向光明 …………… 126

第四章　打破形上的權威：荀子無根源性禮義的建構、施行與可能 … 129

　第一節　禮在事中顯：禮義不須形上根源 ………………… 130

　　一、破除「禮義」形上根源的迷思 ……………………… 131

　　二、禮義的「內在根據」：人性 ………………………… 132

　　三、禮義的「外在根據」：自然天 ……………………… 136

　第二節　禮義的形成：經驗的整合與建構 ………………… 140

　　一、從「習慣」到「禮義」：聖人的整合與建構 …… 141

　　二、具體脈絡下「禮義」的普遍性 ……………………… 144

　第三節　禮義與善行：在社會脈絡中自然形成的道德與價值 … 148

　　一、善不必從心性出 ………………………………………… 150

　　二、爲善的動力：欲望的滿足與社會壓力 …………… 151

　　三、聖與凡的分別：聖人何以能僞起而生禮義 …… 156

第四節　禮義與聖王：治亂趨善的必然性·····················160

一、人之性惡：蔽於當下欲望的塗之人·····················161

二、推波助瀾：對塗之人他律的必要性·····················162

三、治亂趨善：聖王禮法對人為善的必然性意義·············165

小結　打破形上的權威，打破黑暗向光明·····················170

第五章　打破復性的迷思：性惡論下趨向價值的可能與理想·····173

第一節　人為善的可能：認知心與人的自由意志···············174

一、跳脫復性的迷思：荀子「心」不具道德根源···············174

二、荀子「心」的兩個內涵：「認知能力」與「自由意志」·······176

第二節　知識成就道德：道德判斷力的形成與提升·············182

一、「知識」對於成就道德的可能·····························182

二、道德判斷力的提升：虛壹而靜·····························187

第三節　為學的自主性：「師」的教化力量···················191

一、君師並用：現實與理想的並存·····························192

二、「師」：賦予人自主學習的可能·····························193

三、君師一體：非權威主義的論述·····························196

第四節　禮義能夠內化：理想人格的追求·····················198

一、理想人格的形成：禮義內化後的「第二人性」·············199

二、理想人格的追求：以成聖為目標···························201

三、理想人格的提升：從士、君子到聖人·····················203

小結　打破復性的迷思，打破黑暗向光明·····················206

第六章　結論：打破之後的回顧、反思與展望·················209

一、荀子性惡論意義的疏理···································210

二、荀子性惡論價值的發想···································213

三、打破之後：荀子性惡論研究的未來與期許·················220

參考文獻···225

第六冊　《管子》四篇「精氣論」研究

作者簡介

劉智妙，高雄師範大學碩士，淡江大學博士，鑽研道家哲學。現任醒吾科技大學副教授。著有：《《淮南子》「無為」思想之研究》（1989年碩論）、《《管

子》四篇「精氣論」研究》（2009 年博論）。兩次參加國際儒學會議，2004 年
發表〈從文天祥〈正氣歌〉談人文化成與道德實踐〉，2012 年發表〈《孟子》
與《管子》四篇心氣論之比較——以「浩然之氣」與「浩然和平」爲研究中心〉；
2011 年於「第一屆新儒家與新道家學術研討會」，發表〈《管子》四篇「精氣」
義理辨析〉。

提　要

　　本文主要在探索《管子》四篇的思想內涵。首先剖析「精氣論」的核心概
念，再進一步展示其理論架構，最後確立其思想價值與學術地位。本文分爲八
章進行討論，內容綱要分述於後。

　　第一章〈導論〉：說明研究動機、方法、進路與問題意識，並概述歷年來
相關議題的研究成果。

　　第二章〈學術背景與思想淵源〉：首先，從稷下學宮與稷下學派，探討《管
子》的學術背景；其次，從《管子》的辨僞考證，探究《管子》四篇的作者、
年代，與思想特質；最後，從「氣」概念的發展，探究「精氣論」的思想淵源。

　　第三章〈「精氣論」的價值根源〉：首先剖析「道」與「德」的涵義，再進
一步探究「精氣論」的價值根源。

　　第四章〈「精氣論」的義理結構〉：分別剖析「精」、「氣」、「神」的精確涵
義；其次釐清「精」和「氣」的混淆之處，以及「精」和「神」的關聯性；最
後則展示「精氣論」的義理結構。

　　第五章〈「精氣論」的實踐與發用〉：本章旨在探究「精氣論」如何落實於
政治與人生。其修養工夫乃是「養心」與「養形」並重，政治理想則是「君德」
與「君術」兼備。由此可知，《管子》四篇以「道」爲中心，建構出「精氣論」，
進而由治身乃至治國，展現出高度的現實關懷。

　　第六章〈戰國時期「心氣論」的發展與比較〉：本章透過孟子的「養氣」
工夫、莊子的「心齋」工夫，分別與《管子》四篇的「精氣論」做比較，藉以
展現戰國時期「心氣論」的發展概況，以及儒道兩家的思想對話。

　　第七章〈「精氣論」的歷史迴響與思想定位〉：本章分別透過《荀子》、《淮
南子》與《管子》四篇做比較，探討其學術貢獻；最後從「氣論」的發展脈絡，
確立「精氣論」應有的價值定位。

　　第八章〈結論〉：總結全文，並檢討研究成果。

　　經過以上八章的概念分析和理論建構，本文對於《管子》四篇的「精氣論」

有一整體把握，並獲得以下研究成果：一、「精氣論」是從道家「氣論」邁向漢代「元氣論」的重要樞紐；二、「因循無爲」的政治思想對於黃老學派的發展，奠定了義理規模。

目 次

第一章 導 論..1
第二章 學術背景與思想淵源..17
　第一節 稷下學宮與稷下道家..17
　　一、稷下學宮..17
　　二、稷下道家..22
　　三、黃老之學..26
　第二節 《管子》的著作背景..31
　　一、《管子》的眞僞考辨..31
　　二、《管子》與稷下學派..37
　　三、《管子》四篇的作者..43
　第三節 「氣論」的思想淵源..50
　　一、戰國以前「氣」概念的形成...50
　　二、道家「氣論」的思想建構..58
　　三、小結..62
第三章 「精氣論」的價值根源..63
　第一節 虛無無形謂之道...63
　　一、道的特性..63
　　二、道的作用..68
　　三、關於「道」之形上性格的釐清...76
　第二節 化育萬物謂之德...79
　　一、身爲德之舍...79
　　二、修身以成德...81
　　三、關於「德」之形上性格的再釐清..87
第四章 「精氣論」的義理架構..91
　第一節 精存自生...91
　　一、「精」字辨析..91
　　二、「精」字溯源..96

三、藏「精」於胸中 ··· 102

四、關於「精氣」性質的釐清 ··· 107

第二節　靈氣在心 ·· 110

一、「氣」字辨析 ··· 111

二、「氣」字溯源 ··· 116

三、摶氣如神 ··· 124

四、關於「氣即是道」的商榷 ··· 127

第三節　神通四極 ·· 130

一、「神」字辨析 ··· 130

二、「神」字溯源 ··· 133

三、養神之道 ··· 141

四、關於「神」與「精」意義的釐清 ······································· 145

第五章　「精氣論」的實踐與發用 ·· 149

第一節　修養工夫 ·· 149

一、心、性、意的關係 ··· 150

二、修心而正形 ··· 156

三、從「心意定」到「氣意得」 ··· 162

四、修道而得道 ··· 165

第二節　政治思想 ·· 168

一、何謂無爲 ··· 168

二、君道無爲 ··· 172

三、因循禮法 ··· 180

四、學術性格 ··· 185

第六章　戰國時期心氣論的發展與比較 ·· 189

第一節　孟子「知言養氣」 ··· 189

一、君子有三戒 ··· 189

二、知言與養氣 ··· 190

三、「浩然之氣」與「浩然和平」的學術論辯 ······························· 198

四、《孟子》和《管子》心氣論的關係 ··· 205

第二節　莊子「聽之以氣」 ··· 212

一、「心齋」的工夫進程 ··· 212

二、莊子以心養氣 ·· 217

三、莊子「心齋」與《管子》四篇的關係 ·············· 222

四、小結 ·· 226

第七章　歷史迴響與思想定位 ·································· 229

第一節　「精氣論」與《荀子》的關係 ·················· 229

一、「心」與「氣」 ·· 229

二、「虛壹而靜」與「援法入禮」 ······················ 233

三、小結 ·· 241

第二節　「精氣論」與《淮南子》的關係 ·············· 241

一、宇宙生元氣 ·· 242

二、形神合一 ·· 246

三、因循無為 ·· 250

四、小結 ·· 260

第三節　「精氣論」的思想價值 ·························· 260

一、「精氣」與「魂魄」的關係 ·························· 260

二、「精氣論」的思想開展 ································ 265

三、「精氣論」的思想定位 ································ 267

四、《管子》四篇的學術價值 ····························· 270

第八章　結論 ·· 273

參考書目 ··· 279

第七冊　莊子〈齊物論〉「因」之辨析

作者簡介

何孟穎，1988 年 3 月 23 日生，台灣台南人，天主教輔仁大學中文所碩士。研究領域主要為莊子，目前單篇論文有：〈從〈齊物論〉之無待試論莊子之真知〉（《輔大中研所學刊第二十八期》）、〈〈損〉、〈益〉辯證對生命意義之實現——兼談〈損〉〈益〉辯證的「與時偕行」〉（《第五屆海峽兩岸青年易學論文發表會會議論文集》）。

提　要

本文探就〈齊物論〉裡如何以「因」證道。而「因」必然有其對象，同時

亦必有具體實踐，「因」的意義才能顯露。

首先，即探究「因」的對象有著怎樣的形式與內涵。第一，作為因果論式的「因」，乃表現為現象的「彼是相因」；第二，作為順應、因循意義的「因」，其對象不僅僅是代表「照之於天」的天道，一方面也是道心之照下，物物「不知所以因而自因」那在其自己的自然之在，因此可以說有兩重意義。而「因」在〈齊物論〉的第二種意義，正由這第一種意義超越而來，換言之，由此亦可見莊子在設法超越「彼是相因」時，將「因」的意義和對象如何作轉換。

其次，「因」的對象必有具體實踐使之朗現，即「因」的工夫，而此工夫必須透過主體的修持，才能落實下來。莊子即採取無為無待、心齋坐忘之自我修持。其無為而因自然，則物物各適性自用，兩不相勝，更上一層，即泯去無為之跡，復入絕待之境；又心如明鏡而忘外忘物，此即心齋，忘其明鏡復而忘內忘我，此為坐忘。故冥相即、和光同塵，以道心之在，遊乎天地萬物之有，達精神之絕對自由，此即「因」的工夫實踐。

而透過「因」的功夫，實現「因」的對象，向上超越、冥合至道，進而齊物、喪我、乃至物我皆化、生死相忘，最後復開展出「因」的理境，即真、善、美、聖之理境。同時，與物相因、隨物遷化，也反映出莊子以「因」應物的瀟灑性格，及其與道合一的生命精神、無適恬淡的生命情調。至此，「因」的真義遂昭然朗現，至道方顯露大明。

換言之，「因」的功夫乃實踐於生活，「因」的理境亦實與生命合一，既不捨離世界、亦不執著於世界，是以齊物而逍遙，又復回歸於人間世，其因「無」得以觀始物之妙，因「有」以而觀終物之徼，故至道乃全體大明，復入真、善、美、聖之境而立命，此即〈齊物論〉「因」之體證，亦是生命之實證。

目　次

第壹章　緒論 ……………………………………………………………………… 1
第貳章　因的本質 ………………………………………………………………… 13
　第一節　因的意義 ……………………………………………………………… 13
　第二節　彼是相因——相反相成 ……………………………………………… 17
　　一、死亡——生活——向生 ………………………………………………… 17
　　二、生——慾望——向死 …………………………………………………… 24
　　三、經驗知識——對題的對象 ……………………………………………… 29

第參章　因的對象——因是已......39

　第一節　因「有」——因「不一」......40

　　一、現象之有......40

　　二、形上之有......45

　第二節　因「無」——因「一」......51

　　一、道的無性......51

　　二、道的超越性（超驗）......52

　　三、道的創生性（無限）......53

　　四、道的獨立性、真實性（客觀及絕對）......56

　　五、道的恆常性（普遍、規律）......59

　第三節　「有」「無」道通為一——天人不相勝......61

　　一、矛盾衍進......61

　　二、因是在物......65

　　三、因是在人......69

　　四、天人合一......71

第肆章　因的工夫——無適焉......75

　第一節　無為無待......75

　　一、無為之自性——因其自然......75

　　二、無待之真知——絕對無待......87

　第二節　心齋坐忘......92

　　一、心齋——天府葆光，用心若鏡......92

　　二、坐忘——離形去知，忘物忘我......99

第伍章　因的理境......105

　第一節　天籟之聞......105

　　一、真......105

　　二、善......111

　第二節　生死物化......113

　　一、美......113

　　二、聖......120

第陸章　結論......127

附錄　參考書目......133

第八冊 從《莊子》到《莊子注》的身體觀研究——以「身體工夫」爲研究核心

作者簡介

　　周翊雯，畢業於成功大學中文博士班。專長領域爲魏晉文學、思想。「身體」的探討是目前方興未艾的議題。而由於身體的塑形必然是自我／外界、主／客、內／外交互融攝後所形塑出的樣貌，而身體又是人之所以爲人的最基本單位，因此筆者相信，以身體展演角度觀看魏晉名士的風度，必然可以給予一種微觀的角度，觀看名士們的種種風貌，這也是本文寫作的原因。也期許這本論文的完成，能夠拋磚引玉，讓更多身體相關的論述，進入魏晉風度之中。

提　要

　　本文是一篇由「身體－工夫」角度切入的論文。試圖以此角度來觀看《莊子注》對於《莊子》原典所進行的轉變以及此轉變所隱含的思維深度。並通過《莊子注》中對性分、心、氣稟、理境的完成以及意象的運用等角度，來解讀郭象身體觀的內涵。

　　由於是兩部文本的比較，因此兩者文本中面對「身體－工夫」的方式，以及對「身體意義」的不同看法，或是身體表意方式的改變等等，均會是本文關注的焦點。而在兩者文本的比較下，《莊子》作爲經典文本的角色，無疑是比較的基準，而《莊子注》所進行的詮釋改造，也是由與《莊子》經典對照後所得的結果。因此，《莊子注》面對身體態度的改變，亦是由這個基準所探究出來。

　　本文除了緒論與結論之外，共分爲四章，此處扼要說明各章論述內容：

　　「緒論」的部份，共分爲三個部份，分別是其一、「身體做爲觀看角度的意義」，旨在說明以「身體」作爲觀看角度，其重點與方向，以及其彰顯的意義是什麼。其二、「前行研究成果回顧與本文研究價值」，旨在說明目前學界關於身體議題的發展，以及本論文根據前行研究結果所獲得的重要觀點。其三、「問題視域、研究方法與論文結構」，主要在說明本論文所關注的問題範圍、提出什麼問題、運用什麼方法，以及論文結構的簡要說明。

　　第一章題爲〈兩種「體」現：從《莊子》的身體到郭象的身體〉，本章是總論性質，旨在概述從《莊子》到《莊子注》的歷史脈絡下，「身體」意義的承繼及差異。

　　《莊子》在歷代的詮釋下各有所異，而魏晉時期對《莊子》的詮解，往往又具有創造性的詮釋，每一種不同的詮釋，所給予《莊子》的面貌，以及所形塑的聖人典範都有所不同，甚至可以說，《莊子》一書不斷的重寫於各個朝代、遊走於各個朝代，每一個不同的時代；每一個不同的社會、文化；以及每一個不同的思想家，所形塑出的《莊子》，以及形塑出的典範都各自不同。因此，聖人的形塑必然有其歷時性意義。而典範，也成為一個不斷被介入改寫的模態，所以典範有著各自不同時代意義下的正統。

　　因此本章所欲處理的問題是：作為一個詮釋經典的文本，郭象的《莊子注》直接的面對《莊子》原典時，他所承續的連結，以及自我新生的創造是什麼？由《莊子》到《莊子注》的歷時性當中，其身體意義的變化是什麼？而典範既具有著各自不同時代意義下的正統。那麼郭象的聖人塑型，他返照出的時代呼喚又是什麼？這些都是本章所欲處理的問題。

　　第二章題為〈由復性到適性：由「神」入「聖」的身體轉型〉，本章主要從適性角度說明郭象身體的轉變。適性思維是郭象思維中最基礎的思維之一，而從適性的提出，也可以看出郭象看待「性」的態度，與《莊子》已有著極大的不同。郭象看待「性」是放在「適、足、任」的角度上去看，因此「性」的意義，已然開始由《莊子》「性修返德」的路線上有所轉換，「性」也開始由《莊子》帶有本體根源義的「性」當中釋放了出來。而郭象所做的轉變，同樣也可以發現其思維體系相應的變化。然必須注意的是，《莊子》的工夫絕非是脫離經驗式的抽象思維，工夫的達成往往需要全身的實踐來證成，因此，在即存有即活動的經驗內涵下，本真的回歸必然無法脫離身體的參與，這是無庸置疑的。那麼做為一個《莊子》的注家，其詮釋面向的改變，是否影響到工夫的走向與身體的擺放？這是本章所試圖討論的課題。

　　第三章題為〈從用心到無心的轉變：莊子的心與郭象的心〉，本章旨在說明《莊子》與《莊子注》兩者對「心」的不同看法，而由其對心的不同看法，亦可看出其身心模式下的身體擺放。簡單來說，《莊子》境界後的心是「用心若鏡」的模式，而《莊子注》的心，則是「無心玄應」的模式。兩者同樣追求心的「靜」，然而從「用心」到「無心」，卻可以看出兩者對於「靜」的工夫以及實踐模式已然改變。大抵而言，《莊子》映照萬物的「心」，心與物乃直接的相映關係，「心」呈現出全幅朗現、全幅包容萬事萬物的特徵。而郭象「無心」，言「心」的淵然自若，其重點則在於表現「心」的淵深難側，因此心與外物的

關係，偏向一種「澄之不清、擾之不濁」的關係，「心」是沉潛在最深廣難側的淵深處的。此外，郭象轉化《莊子》「靜默」映照萬物，不將不迎，應而不藏的手段與目的，而使「靜默」凸顯成為一種「不為」、「無為」、「任其自為」、「淵然自若」的面相，因此「靜」最重要的目的已不再是「天地之鑑，萬物之鏡」了，而是「群才萬品，各任其事，自當其責」了，這也是兩者論心的不同之處。

第四章題為〈理境下的身體：客觀化及意象解構下的身體〉，本章旨在探究《莊子》及《莊子注》對身體意象的運用，大抵而言，《莊子》往往以意象言說替代言語的直述，所以就某種情況看來，他其實更像是一種道德勸說的解構。「可以說的可以清楚去說，對不可說的則必須沉默」。莊子用故事來彰顯意義，對道德的勸說，則選擇沉默。因此莊子總是回到故事當中，讓故事自我表述，也讓觀者在道德勸說的退位下，開啟各種闡釋的可能－「吹萬不同，而使其自已也」－眾生得以喧嘩出自己，體會出自己的體會。因此，莊子所採取的是一種不說出道理，讓故事以及觀者自己透過反思，透過生命圓整的體會，去尋覓出自己的道理。因此說，意象開啟了行文的另一種視窗，這個視窗是探向生命更多種可能的。而郭象則採取一個思辯式的言說，在《莊子注》裡，意象的運用是弱化的。郭象擅長於說「理」，以「理」來代換《莊子》的故事性。而意象的使用，往往與身體有著緊密的關係，那需要仰賴身體的體知、想像等經驗來構築。而《莊子》的意象弱化，其身體的象徵性意義也就隨之改變，這樣的改變，同時也返響出郭象思維中對身體的態度，而這也即是本章所要探究的主題。

「結論」的部份，分為四個項目總結本文的論述，其一為「無心任順的身體」，旨在點出郭象是如何去擺放身心的位階，與《莊子》相較，郭象無疑是走向一個心神優位化的擺放的。其二為「性分決定下的身體」，此項目在說明身體的具存下，性分如何定位，而性分又如何影響著身體的實踐方向，不可否認，在郭象性分的思維下，身體工夫的實踐意義的確受到很大程度的限制。其三為「解構天道下的身體」，總結郭象解構了天與道的根源性意義後，其身體的實踐工夫面對這個解構，如何從《莊子》體道式的身體轉向為一個沒有根源「道」境的身體，而這個轉向，也往往讓郭象身體有走入客體化之流的跡象。其四為「意象解構下的身體」，書寫策略的改變，也影響了郭象對意象的使用，《莊子》故事景觀的書寫，在《莊子注》以寄言出意的方式進行改造後，其故

事意象亦有被弱化的跡象。這樣的弱化，使「身體」在身為一個訊息的傳達與接收的意義下，其表意可能也必然受到改變。

目　次

緒論 ……………………………………………………………………………… 1

　壹、身體做為觀看角度的意義 ………………………………………………… 1

　貳、前行研究成果回顧與本文研究價值 ……………………………………… 13

　參、問題視域、研究方法與論文結構 ……………………………………… 22

第一章　兩種「體」現：從《莊子》的身體到郭象的身體 ………………… 31

　第一節　前　言 …………………………………………………………… 31

　第二節　兩種時空下的聖人：莊子的身體與郭象的身體 ………………… 33

　　一、修行的身體與用世的身體 …………………………………………… 33

　　二、氣化的身體與稟氣的身體 …………………………………………… 53

　第三節　小結 ……………………………………………………………… 83

第二章　由復性到適性：由「神」入「聖」的身體轉型 …………………… 85

　第一節　前　言 …………………………………………………………… 85

　第二節　由復性到適性：兩種性的擺放 ………………………………… 86

　第三節　用世的轉型：差異性的泯除 …………………………………… 94

　第四節　關係結構下的身體：人倫日用的身體 ………………………… 114

　第五節　小結：兩種擬人的身體 ………………………………………… 131

第三章　從用心到無心的轉變：《莊子》的心與郭象的心 ………………… 135

　第一節　前　言 …………………………………………………………… 135

　　一、心之範疇：家族類似視角 …………………………………………… 135

　　二、《莊子》之靜與郭象之靜 …………………………………………… 140

　第二節　用心若鏡到無心玄應：遊的兩種方式 ………………………… 142

　　一、《莊子》「用心若鏡」以及「遊」之點提 ………………………… 142

　　二、郭象「無心玄應」以及「遊」之轉化 …………………………… 159

　第三節　小結 ……………………………………………………………… 184

第四章　理境下的身體：客體化及意象解構下的身體 ……………………… 187

　第一節　前　言 …………………………………………………………… 187

　第二節　理境中的身體：客體化的物我關係 …………………………… 188

　　一、境界的心識化 ……………………………………………………… 188

　　二、玄同彼我與物之自爾下的「我」 ……………………………192
　第三節　意象模式的轉變：《莊子》的意象運用與郭象的意象解構 ……207
　　一、意象、想像與知覺 ……………………………………………207
　　二、由知覺開始 ……………………………………………………211
　　三、郭象對意象的解構 ……………………………………………218
　第四節　小結 ………………………………………………………227
結論 ……………………………………………………………………229
參考書目 ………………………………………………………………239

第九冊　王弼之「自然」與「名教」及相關論題研究

作者簡介

　　郭梨華，學歷：1995 年輔仁大學哲學博士。
　　現任：東吳大學哲學系教授。
　　專長：出土文獻與先秦儒道哲學研究、魏晉哲學。
　　主要著作：
　　《王弼之自然與名教》（文津出版社，1995.12）
　　《出土文獻與先秦儒道哲學》（萬卷樓圖書股份有限公司，2008.8）
　　另有相關研究之論文三十餘篇。

提　要

　　本書原名《王弼之自然與名教》，乃博士論文出版（文津）。今經修訂，並增加兩篇附錄，以《王弼之「自然」與「名教」及相關論題研究》為題。

　　王弼之自然與名教，乃藉由嵇康所提之「越名教任自然」中之「自然」與「名教」為論題，擴大解釋王弼對於自然與名教關係之主張與論述。就《老子注》、〈老子指略〉、《周易略例》而言，王弼之主張猶如其對孔子與老子何者為「聖」的論述，嘗試將儒道予以融合，強調源自「自然」之「名教」的必需與必要。附錄中之〈《經法》中「形－名」思想探源〉，乃馬王堆帛書中有關黃老道家的著作，「形－名」探究，乃就黃老道家《經法》中「形－名」與「自然」，及其與「法」的關係論述。附錄二〈王弼、郭象之性情論兼及其詮釋進路〉，乃就魏晉玄學兩位主要哲學家之詮釋進路，論述其在性情論說上的主張。

目　次

前　言 ……………………………………………………………………… 1
第一章　緒論 …………………………………………………………… 3
第二章　「自然──名教」之源起及其歷史性的探討 …………… 9
　第一節　名教的基礎──作為人文表徵的「名／禮」意義 …… 10
　第二節　「名／禮」問題的發生與探究 …………………………… 18
　第三節　名教的發展與衰微 ………………………………………… 37
第三章　在『自然』結構中王弼對「有──無」問題的解析 …… 51
　第一節　「有──無」問題的哲學發展 …………………………… 54
　第二節　『自然──名教』與「有──無」問題的轉換 ………… 57
　第三節　王弼對「有──無」的解析 ……………………………… 60
　第四節　王弼對「有──無」問題的多向探索 …………………… 77
第四章　在『名教』結構中王弼對「言／象／意」問題的解析 … 95
　第一節　「義／理」確立的可能性 ………………………………… 96
　第二節　「象」的意含與「義」的把握 …………………………… 107
　第三節　「言／象／意」的建構方法 ……………………………… 115
第五章　結論 …………………………………………………………… 125
參考書目 ………………………………………………………………… 129
附錄一：《經法》中「形──名」思想探源 ………………………… 135
附錄二：王弼、郭象之性情論兼及其詮釋進路 …………………… 149

第十冊　阮籍音樂哲學之研究──道體儒用的音樂哲學

作者簡介

　　張偉萱，女，1986 年 2 月生於台北市，於新北市汐止區成長。

　　輔仁大學哲學系碩士班畢業，目前就讀於輔仁大學哲學系博士班，研究領域為中國音樂哲學、倫理學與理則學。

　　從小學習中國音樂，主修柳琴與阮，後受外公影響對中國哲學產生興趣。

　　2007 年時，開始思考中國音樂與中國哲學的結合與其課題，《阮籍音樂哲學之研究──道體儒用的音樂哲學》為碩士學位論文，亦為中國音樂哲學研究之初啼試聲。

提　要

　　阮籍音樂哲學之特色在於其融合儒、道兩家的思想；以道家核心的——「道」為音樂的形上基礎，而在形下的世界則以儒家的「禮樂教化」為音樂的作用及目的，分別地將「音樂」安頓與定位在形上與形下的世界中。阮籍將儒、道兩家音樂思想的融合與開展，建構出獨樹一格的音樂哲學；阮籍的音樂哲學作品〈樂論〉為中國音樂的著名專論，研究阮籍的音樂哲學必由其〈樂論〉著手，本論文擬以哲學的視角及立場探求阮籍〈樂論〉中的音樂哲學，以「哲學」詮釋「音樂」本身的概念與基礎，探討音樂的起源與定義、音樂的本質與形式、音樂的功能與目的，音樂的形上基礎、音樂美學及音樂的倫理學（道德性）問題，及音樂對個人與社會的意義何在。

目　次

第一章　緒論 ………………………………………………………………… 1
第二章　阮籍的生平及其時代背景 ………………………………………… 13
第三章　阮籍音樂哲學之形上理論——「道體」 ………………………… 21
　　第一節　音樂的起源、定義與本質 …………………………………… 21
　　第二節　音樂的形上基礎——「道」 ………………………………… 26
　　第三節　音樂審美與標準——以「和」為美 ………………………… 30
第四章　阮籍音樂哲學之形下意涵——「儒用」 ………………………… 37
　　第一節　儒家之「音樂」——周朝禮樂文化之承襲 ………………… 37
　　第二節　音樂政治論、音樂教育論 …………………………………… 41
　　第三節　音樂宗教論、音樂道德修養論 ……………………………… 46
第五章　結論 ………………………………………………………………… 51
參考書目 ……………………………………………………………………… 57
附錄一　阮籍年表 …………………………………………………………… 65
附錄二　〈樂論〉全文 ……………………………………………………… 73
附錄三　南朝大墓磚畫——〈竹林七賢與榮啟期〉 …………………… 77

郭象因果思想研究

作者簡介

　　周貞余，畢業於中國社會科學院哲學研究所博士班，以研究中國先秦時

期儒道思想、魏晉玄學、道家養生、生死學爲專長。曾任國家圖書館漢學研究中心秘書、中華民國宗教哲學研究社副秘書長、天人研究學院教務長。長期參與兩岸學術交流活動，致力於推廣天人之學，期能藉此先人智慧以療癒現代人之心靈。現兼任中國文化大學哲學系課程講師，並任《宗教哲學季刊》副總編輯。

提　要

　　本論文以探討因果思想在郭象整個理論體系中的重要性爲主旨，就其整體架構言，首先於第一章緒論，點出研究動機、目的及研究方向。第二章探討郭象因果思想之外緣問題，主要就郭象的生平、著作及其所處之時代做一介紹，以探討其因果思想提出之背景，並由此歸納可能影響其因果思想之原因；第三章則進入探討郭象因果思想之內緣問題，探究其因果思想的理論基礎，尋繹此因果思想的脈絡，必涉及崇有論與貴無論之源頭——何晏、王弼、裴頠三人之思想，從中找尋出因果思想之內在聯結性，並嘗試以表列出四人觀點之異同，並分別以此本體、生成之面相探究何晏、王弼、裴頠等對郭象因果思想之影響。除此之外，本章亦針對郭象思想的方法論做一探究，提出其以「寄言出意」建立其思想體系，並探究「寄言出意」之運用模式。第四章郭象理論系統之研究，則進入探討其整體理論思想。筆者從「造物者無主，有物自造」，點出郭象理論系統之先決條件，並藉此逐步進入其思想核心——「物自生」，並就「自生」的無待義、欻然自生、忽爾自然等角度探討其對自生的詮釋；而後分別從自性、獨化、玄冥三方面觀其理論系統的最後必然推展之全貌。第五章則探討郭象理論系統中的因果概念形式，首先分析因果的基本問題，並以西方哲學家——亞里斯多德、休謨的因果觀念之詮釋爲對照，以尋找出郭象因果思想的形式；最後分別從「自生」及「獨化」「相因」三方面論證其因果形式以推出後續總結。

目　次

第一章　緒論 …………………………………………………………… 1
第二章　郭象因果思想外緣問題之研究 ……………………………… 5
　第一節　郭象的生平及其著作 ……………………………………… 5
　第二節　郭象所處之時代 …………………………………………… 7
　第三節　因果思想提出之背景 ……………………………………… 9

第三章　郭象因果思想內緣問題之探討 ……………………………13

　第一節　郭象因果思想的理論基礎 …………………………………13

　　壹、何晏 ……………………………………………………………13

　　貳、王弼 ……………………………………………………………15

　　參、裴頠的崇有論 …………………………………………………18

　第二節　郭象思想的方法論之研究 …………………………………21

　　壹、以「寄言出意」建立其思想體系 ……………………………23

　　貳、「寄言出意」之應用 …………………………………………26

第四章　郭象理論系統之研究 ………………………………………31

　第一節　「造物者無主，有物自造」………………………………32

　　壹、老子對「道」的詮釋 …………………………………………33

　　貳、莊子對「道」的詮釋 …………………………………………36

　　參、「造物者無主，有物自造」…………………………………38

　第二節　「物自生」………………………………………………41

　　壹、自生的無待義 …………………………………………………41

　　貳、欻然自生 ………………………………………………………43

　第三節　獨化於玄冥之境 …………………………………………44

　　壹、自性 ……………………………………………………………44

　　貳、獨化 ……………………………………………………………46

　　參、玄冥之境 ………………………………………………………49

第五章　郭象理論系統中的因果概念形式 …………………………51

　第一節　因果的基本問題 …………………………………………51

　　壹、亞里斯多德的因果觀 …………………………………………51

　　貳、休謨的因果觀念 ………………………………………………53

　第二節　郭象因果思想之形式 ……………………………………56

　　壹、「自生」因果形式的出路 ……………………………………56

　　貳、郭象「獨化」「相因」的因果形式 …………………………59

第六章　結論 …………………………………………………………65

　第一節　郭象因果思想的檢討與評析 ……………………………65

　　第二節　郭象因果思想之價值及其時代意義 ……………………67

參考文獻 ………………………………………………………………71

第十一冊　呂大臨道學闡釋——在工夫論的視域中

作者簡介

邸利平，男，1980 年生，內蒙古呼和浩特人，哲學博士，西安郵電大學人文社科學院講師。主要研究領域爲價值哲學、文化哲學、儒家哲學、關學，發表《「相對主義」與「絕對價值」之爭》、《牟宗三對張載「太虛即氣」的詮釋》等相關學術論文多篇，兼任寶雞文理學院「橫渠書院」兼職研究員。

提　要

影響中國近世文化至深至遠的六百年宋明理學之發展，是在繼承儒家傳統、批評和融合佛老異端、以及不斷檢討自身之理論建設的過程中進行的。北宋「道學」，是理學思潮的發端和生成形態。此間，呂大臨以「道」自任，先後問學於張載、二程，親身參與了關洛兩大學派的興起和理論研討，不但「尤嚴於吾儒異端之辨」，而且「通六經，尤邃於禮」，典型地反映了初創期的道學理論與儒家傳統經學、禮學的互動、轉化及其自身生成、演進的發展狀況，也展現出道學內部相近的問題意識和不同的學風傾向之間的相互激蕩與融合潮流。

在張載和二程道學理論的基礎上，呂大臨通過對《周易》、《禮記》、《論語》、《孟子》特別是《中庸》的闡釋，意圖努力回答如何由道德實踐工夫通達超越性的天道性命本體、並進而使之向日用倫常的實然世界中落實的問題。「本心」是道體在人之生命存在中的落實，同時也是生命主體實踐工夫之起點和動力；而「常道」同樣既是道體在自然世界的必然呈現，也是生命主體在人倫社會中的行爲準則。在「天道性命」之學的理論前提下，呂大臨承接《孟子》「盡心」和《中庸》「盡性」的心性之學傳統，貫通並重釋了《易傳》的「窮理」與《大學》的「致知」等道德修養工夫，以本心爲基點，以天道爲根源，以禮教爲常道，融合關洛兩派學風，發揚了孔孟儒學「上達」與「下學」並重、「德性」與「禮法」兼舉的精神傳統，拓展了北宋道學「本體宇宙論」建構的理論規模，使之呈現出更注重人倫禮教關懷和主體道德實踐的特點。

本書除緒論部分闡述研究的視域和徑路外，正文共分五章：第一章考察呂大臨所處的時代及其學行和著述，從中概括其學術特點；第二章從禮樂文化、經學傳統、心性之學以及道學的理論演進等方面，追溯北宋道學的精神淵源及

其實踐特質；第三章，討論呂大臨對「氣」之「感通」意義和「禮」之身心「敬養」功能的認識；第四章討論其「盡心」、「本心」、「盡性」、「成性」的本體理論和工夫實踐；第五章，在「性與天道」相貫通的理論前提下，討論其對「道」與「理」、「知」與「仁」、「明」與「誠」的工夫意義和境界意義的理解。結語簡述道學研究的現代生命意義。

目　次

緒論　道學的闡釋視域及限制 … 1
　一、意義與視域 … 1
　二、理解與闡釋 … 8
　三、問題與方法 … 18
　四、取徑與結構 … 28
第一章　學行與著述 … 35
　一、時代與學行 … 36
　二、著述及特點 … 60
　三、《中庸解》問題 … 82
第二章　道學與工夫 … 91
　一、禮與文 … 92
　二、經與學 … 103
　三、心性與本體 … 116
　四、道學話語 … 125
　五、思想重述 … 136
第三章　感通與敬養 … 149
　一、氣與體 … 149
　二、感與通 … 159
　三、禮與氣 … 166
　四、敬與養 … 178
第四章　盡心與成性 … 197
　一、心與知 … 197
　二、本與中 … 211
　三、性與生 … 222
　四、成性 … 236

第五章　窮理與誠明⋯⋯⋯⋯⋯⋯⋯⋯⋯⋯⋯⋯247
　一、性與天道⋯⋯⋯⋯⋯⋯⋯⋯⋯⋯⋯⋯247
　二、致知窮理⋯⋯⋯⋯⋯⋯⋯⋯⋯⋯⋯⋯259
　三、知及仁守⋯⋯⋯⋯⋯⋯⋯⋯⋯⋯⋯⋯270
　四、誠一於天⋯⋯⋯⋯⋯⋯⋯⋯⋯⋯⋯⋯281
結　語⋯⋯⋯⋯⋯⋯⋯⋯⋯⋯⋯⋯⋯⋯⋯⋯289
參考文獻⋯⋯⋯⋯⋯⋯⋯⋯⋯⋯⋯⋯⋯⋯293

第十二冊　宋儒論韓愈排佛與師道

作者簡介

　　劉素玲，1960 年生於臺北，國立臺灣大學中國文學研究所碩士。任教於僑光科技大學通識教育中心，一向以作育英才、傳承文化爲志業。擔任社團——孔孟學會指導老師二十餘年，致力於推廣儒家思想：除帶領學生研讀經典外，並從事觀摩祭孔、舉辦成年禮、導覽古蹟等體驗活動。另編撰《大學文學選讀》（2010）及《大學文學漫步》（2013）等教科書。

提　要

　　中唐韓愈不但爲古文運動之開創者，其對思想史亦有貢獻。於佛教盛行之社會背景中，從人倫日用觀點大力排佛；又勇於挑戰世人嘲諷，爲師授徒，承傳並確立儒家道統。韓愈「排佛」與「師道」之議題二者互爲表裡。本書試從時代較近之宋儒相關評論，歸納並分析其理論之提出及自身之實踐，發現韓愈不僅於當代產生積極作用，更成爲宋代新儒學之先驅。

　　韓愈排佛之理論，著眼於社會倫理、民生經濟之影響等實用面，欲破除佛老虛無思想，惜未能從宗教哲理作心性之辯證，頗受宋儒詰難。韓愈排佛之實踐，亦因曾與僧大顚往來而受到陽儒陰釋之質疑；儘管〈與孟尚書書〉已爲己辯解，仍遭宋儒多所抨擊。

　　韓愈師道之理論，以師爲道之傳人，所傳乃儒家之道。於中唐當世重振孔孟思想，爲排佛之有力憑藉；除凸顯人師有傳道之重責，並重視廟學之教化功能。韓愈師道之實踐，不但抗顏爲師，且獎掖後進，禮賢下士，宋儒多肯定其有功於師道。從韓愈在唐已配饗太學，至宋更從祀孟子，可見後儒之尊崇。

惟在於「道」之理解詮釋，韓愈從發用角度看重「人倫事功」，宋儒則以本體層面探究「心性持守」；韓愈從孔孟「居仁由義」的外王路線來實踐道統，宋儒則強調「心性析理」、「天人互通」等內聖功夫。如此路徑之歧異，或與唐宋之時代風格背景因素有關。

目　次

緒論 …………………………………………………………………………… 1
第一章　宋儒論韓愈排佛之思想 ……………………………………………… 9
　第一節　社會倫理觀點 ……………………………………………………… 10
　第二節　哲學思想觀點 ……………………………………………………… 21
第二章　宋儒論韓愈排佛之實踐 ……………………………………………… 41
　第一節　與浮圖交往情形 …………………………………………………… 41
　　一、與大顛之交往 ………………………………………………………… 41
　　二、與其他僧徒之交往 …………………………………………………… 52
　第二節　觀佛書、用佛語的辯證 ………………………………………… 54
　　一、觀佛書 ………………………………………………………………… 54
　　二、運用佛教術語 ………………………………………………………… 57
　第三節　排佛的措施與功績 ………………………………………………… 58
　　一、以排佛為己任 ………………………………………………………… 59
　　二、排佛之功績 …………………………………………………………… 60
第三章　韓愈師道說之形成 …………………………………………………… 63
　第一節　復興儒學與師道 …………………………………………………… 63
　　一、儒學傳統 ……………………………………………………………… 63
　　二、師弟關係與學校教育 ………………………………………………… 65
　　三、科舉制度下的學風 …………………………………………………… 69
　第二節　釋教與師道 ………………………………………………………… 72
　　一、社會背景 ……………………………………………………………… 73
　　二、佛門師道之刺激 ……………………………………………………… 73
第四章　宋儒論韓愈師道之理想與實踐 ……………………………………… 79
　第一節　理想人師之條件 …………………………………………………… 79
　　一、道德修養 ……………………………………………………………… 84
　　二、矯厲風節 ……………………………………………………………… 85

第二節　師道之實踐 ··· 87
　一、抗顏爲師 ··· 87
　二、獎掖後進 ··· 88
　三、倡導興學 ··· 91
第三節　師道與道統 ··· 93
　一、道是否有統 ··· 95
　二、著重中庸的道統觀 ··· 97
　三、著重仁義的道統觀 ··· 98
　四、三代與漢唐 ··· 99
第五章　結論 ·· 103
參考資料 ··· 149

第十三冊　五四前後文化調和論研究——以杜亞泉和《東方雜誌》爲中心的考察

作者簡介

　　王代莉（1979～）：女，漢族，貴州省遵義人。2002 年、2005 年於貴州師範大學歷史與政治學院分獲歷史學學士及碩士學位。2006-2009 年於中國社會科學院近代史所，師從耿雲志先生，攻讀中國近代思想史專業博士學位。現就職於中共貴州省委黨校。發表學術論文近二十篇。主持國家社科基金項目《近500 年清水江流域文明發展史研究》一項。參與國家清史纂修工程項目《清水江文書集成考釋》及國家社科基金項目多項。

提　要

　　五四前後的文化調和論，因其言論溫和而理性，曾引起思想界的廣泛關注與激烈論爭。它主張以穩健的改革步驟，謀求東西文化的「調劑體合」，新舊思想的接續不斷，精神與物質的互補，對立雙方的協力共進，最終以創造新文化爲其目的；提倡以理性的態度爲指導，反對盲目從西，對西學實行「有條件的容受」，以科學的法則刷新固有文明；強調文化反省，努力使中國文化成爲世界文化之一部分；欣賞多元文化並存中的「和諧」狀態。這種文化主張既是中西文化交流碰撞下的產物，又深具中國文化底色。從調和論者的言論及實踐來看，他們雖在具體的文化建設主張上與激進的新

文化運動者有著「先立後破」與「先破後立」的路徑選擇差異，但在建設新文化的目標上卻是一致的。其言論主要針對的是激進新文化運動者在理論上的極端主張及實踐中的過激行爲，希望以「調和」的處方對其有所校正和補苴，與激進的新文化運動恰好形成互補。他們並非新文化運動的反對力量，也不是無原則的折衷派，而是新文化運動的參與者，是新文化運動中一支相對理性、穩健的力量。但文化調和論終因理論上的缺陷及文化建設實踐的弱勢，導致其在激進主義高漲的五四時期，沒能得到更大多數人的支持而日漸沉寂。

目　次

序　耿雲志

緒論 ··· 1
第一章　文化調和論興起的國內國際背景 ························· 25
　第一節　轉型期的文化變動及文化觀的流變 ················· 25
　　一、封閉文化體系的變動 ··· 25
　　二、轉型期文化觀的流變 ··· 26
　第二節　國際思潮變動的外在刺激 ······························ 33
　　一、「西方的沒落」與「東方文化救世論」的興起 ······· 33
　　二、西方人本主義思潮的出現 ····································· 37
　　三、泰戈爾的東西文化觀及其影響 ······························ 41
　第三節　文化調和論的提出 ··· 43
第二章　文化調和論主帥與言論主場地：杜亞泉與《東方雜誌》 ··· 47
　第一節　杜亞泉與《東方雜誌》的調和取向 ················· 47
　第二節　新舊思想能否調和之爭 ·································· 51
　　一、激進與調和兩種文化取向的分歧 ··························· 51
　　二、章士釗的新舊調和論及相關論辯 ··························· 63
　　三、杜亞泉與蔣夢麟關於何謂新思想之爭 ····················· 76
　第三節　東西文化之調和 ·· 88
　　一、東西文明的「性質之異」與動靜調和 ····················· 88
　　二、物質文明與精神文明的協力調和 ··························· 96
　　三、道德的因革損益 ··· 102
　第四節　離開《東方雜誌》後的調和言論及論爭 ············· 114

一、與余雲岫的中西醫學之爭 ·················· 115
二、與李石岑的新舊倫理之爭 ·················· 117
三、與朱光潛的情與理之爭 ···················· 120
四、《人生哲學》的調和傾向 ·················· 123

第三章　理論基礎及思想內涵 ···················· 127
第一節　理論基礎 ···························· 127
一、有序中的對抗 ···························· 127
二、協力主義 ······························· 138
三、分化與統整 ····························· 142
四、接續主義 ······························· 145
第二節　思想內涵與特質 ······················ 153
一、強調文化的調劑體合 ······················ 153
二、注重理性力量 ···························· 157
三、反對盲目傚仿西方 ························ 160
四、以科學的法則刷新固有文明以創造新文化 ···· 166
五、民族精神與世界化的統一 ·················· 171
六、反省的文化意識 ·························· 179
七、寬容的多元文化觀 ························ 183

第四章　文化調和論的思想來源 ·················· 189
第一節　來自傳統文化的影響 ·················· 189
一、中國傳統文化的中庸底色 ·················· 189
二、中庸是一種調和持中的理想 ················ 191
三、「調和」釋義 ···························· 195
第二節　對法國激進思潮的反思與對英倫調和傳統的欣賞 ·· 197
一、對法國激進思潮的反思 ···················· 197
二、對英倫調和傳統的欣賞 ···················· 199
第三節　日本思想界吹來的風 ·················· 202

第五章　文化實踐與建設理念 ···················· 211
第一節　科學與思想啟蒙的先行者 ·············· 212
一、編寫教科書 ····························· 212
二、介紹科學新知 ···························· 216

三、在社會科學上的貢獻⋯⋯⋯⋯⋯⋯⋯⋯⋯⋯⋯⋯⋯⋯⋯216

第二節　新文化運動中的一支穩健力量⋯⋯⋯⋯⋯⋯⋯⋯⋯218

一、對個性主義的提倡⋯⋯⋯⋯⋯⋯⋯⋯⋯⋯⋯⋯⋯⋯⋯⋯220

二、反對立孔教爲國教⋯⋯⋯⋯⋯⋯⋯⋯⋯⋯⋯⋯⋯⋯⋯⋯226

三、努力建立與世界文化的密接關係⋯⋯⋯⋯⋯⋯⋯⋯⋯⋯229

四、對新文學運動的支持⋯⋯⋯⋯⋯⋯⋯⋯⋯⋯⋯⋯⋯⋯⋯232

第三節　「先破後立」與「先立後破」：兩種文化建設理念的互補⋯236

第六章　比較視野下的理論與實踐缺陷⋯⋯⋯⋯⋯⋯⋯⋯⋯⋯⋯251

第一節　理論缺陷⋯⋯⋯⋯⋯⋯⋯⋯⋯⋯⋯⋯⋯⋯⋯⋯⋯⋯⋯252

一、對西學瞭解不深刻⋯⋯⋯⋯⋯⋯⋯⋯⋯⋯⋯⋯⋯⋯⋯⋯252

二、概念含混與意義複雜⋯⋯⋯⋯⋯⋯⋯⋯⋯⋯⋯⋯⋯⋯⋯253

三、主觀的文化理想，經不起實踐檢驗⋯⋯⋯⋯⋯⋯⋯⋯⋯259

四、理論與現實的錯位⋯⋯⋯⋯⋯⋯⋯⋯⋯⋯⋯⋯⋯⋯⋯⋯261

五、對傳統的惰性認識不足⋯⋯⋯⋯⋯⋯⋯⋯⋯⋯⋯⋯⋯⋯265

第二節　文化建設成績的弱勢⋯⋯⋯⋯⋯⋯⋯⋯⋯⋯⋯⋯⋯⋯271

餘　論⋯⋯⋯⋯⋯⋯⋯⋯⋯⋯⋯⋯⋯⋯⋯⋯⋯⋯⋯⋯⋯⋯⋯⋯⋯281

基本研究資料及參考文獻⋯⋯⋯⋯⋯⋯⋯⋯⋯⋯⋯⋯⋯⋯⋯⋯⋯289

後　記⋯⋯⋯⋯⋯⋯⋯⋯⋯⋯⋯⋯⋯⋯⋯⋯⋯⋯⋯⋯⋯⋯⋯⋯⋯299

第十四冊　山川地理與南學北學：從章劉之爭看皖派考據學的經典化

作者簡介

張徐芳，女，1974 年生，江蘇江陰人。2006 年畢業於南京大學中文系中國古代文學專業，獲文學博士學位。曾在南京曉莊學院人文學院任教。2008年至今，在廈門大學圖書館工作，現爲特藏部館員。發表論文有《「義法」之法——兼論姚鼐論文的方法》等，譯有《人間詞話》（漢英對照之今譯）。

提　要

章太炎、劉師培共同信奉立足種姓的「國粹」。《左傳》是維繫中華文明往古迄漢「不絕如線」的紐帶，對《左傳》的興趣是章、劉交誼的學術基礎。章、劉交往伊始即展開廣泛的學術論爭。雙方分歧源自思想領域。劉師培背棄革命

最終導致雙方絕交。

從結撰《訄書》起，章太炎開始大力關注「文辭」，在文體上實現了由秦漢文向魏晉文的突破，並發現了六朝「精辨」文的價值。

章太炎的「文學」建立在小學基礎上。「故訓求是之文」被推「文辭」的極致，「持理議禮」是其文章理想，皖南學派的樸質之文受其推崇。

根據「質言」的文辭觀，章太炎完成區分吳、皖，揚州學術因文辭遭貶抑。針對章氏敘述，劉師培積極調動揚州學術資源，運用「自然地理」與「人文地理」的兩種視角，構建起南北學術統系：江南徽州被納入北學系統，以戴震代表的皖南學派因而獨立於桐城文風彌漫的江淮地區；因「文辭」受章太炎批評的揚州學術被劉師培單獨拈出，續上皖南的學脈，在其整體稱揚北學的思路下揚州地位得以提升。

章、劉通過對「文辭」的避讓，共同推尊皖南。這一傾向在二十世紀初開始的清學史敘述中不斷重複，皖南學派的中心地位得以確立。

目　次

緒論⋯⋯⋯⋯⋯⋯⋯⋯⋯⋯⋯⋯⋯⋯⋯⋯⋯⋯⋯⋯⋯⋯⋯⋯⋯⋯⋯⋯⋯⋯⋯⋯1
第一章　章劉之爭始末⋯⋯⋯⋯⋯⋯⋯⋯⋯⋯⋯⋯⋯⋯⋯⋯⋯⋯⋯⋯⋯⋯⋯5
　第一節　章劉訂交的思想基礎：立足「種姓」的「國粹」⋯⋯⋯⋯⋯5
　第二節　論爭範圍：紮根思想領域 —— 以「水地」區劃方言爲例⋯24
　第三節　論爭的不和諧音：來自學術以外的干擾⋯⋯⋯⋯⋯⋯⋯⋯37
第二章　皖南學派中心地位的確立 —— 章劉對文辭的避讓⋯⋯⋯⋯51
　第一節　《訄書》自擬《昌言》與章太炎的文體探索 —— 六朝「精辨」
　　　　　文的新系列⋯⋯⋯⋯⋯⋯⋯⋯⋯⋯⋯⋯⋯⋯⋯⋯⋯⋯⋯⋯⋯51
　第二節　《訂文》與「正名」—— 章太炎「持理議禮」的文章理想⋯61
　第三節　「自然地理」與「人文地理」的視角轉換 —— 揚州學派的
　　　　　提出及南北學術統系的劃分⋯⋯⋯⋯⋯⋯⋯⋯⋯⋯⋯⋯⋯70
結　語⋯⋯⋯⋯⋯⋯⋯⋯⋯⋯⋯⋯⋯⋯⋯⋯⋯⋯⋯⋯⋯⋯⋯⋯⋯⋯⋯⋯79

馬浮研究

作者簡介

劉又銘（1955～），台灣嘉義人，政治大學中國文學系博士（1992），現任

政大中文系教授。年輕時接觸過基督教、佛教、心理分析，最後選擇了儒家，並且從孟學（孔孟之學）立場逐漸轉向荀學（孔荀之學）立場。晚近開始嘗試建構「當代新荀學」，提倡「當代新儒家荀學派」。著有《馬浮研究》（碩士論文）、《大學思想證論》（博士論文）、《理在氣中——羅欽順王廷相顧炎武戴震氣本論研究》以及〈荀子的哲學典範及其在後代的變遷轉移〉、〈大學思想的歷史變遷〉、〈中庸思想——荀學進路的詮釋〉、〈明清自然氣本論的哲學典範〉、〈儒家哲學的重建——當代新荀學的進路〉……等論文。

提　要

　　本書的主要部份是我的相同名稱的碩士論文（政大中文系，1984）的修訂版。第一章將馬浮的生平暨成學歷程分成四個階段來討論。第二章具體介紹馬浮的 13 位朋友和 21 位門人。第三章整理、敘述馬浮著述（包括專著、單篇詩文、編著三類）和刻書的情況。第四章承襲賀麟、徐復觀等人對馬浮思想的判定，並大致以牟宗三所詮釋的朱子學、陽明學為參照，從本體論、工夫論、六藝論三方面探討馬浮的學術思想。

　　附錄一是我 2008 年在「紀念馬一浮先生誕辰 125 周年暨國際學術研討會」上所發表的〈馬浮的哲學典範及其定位〉的第二次修訂稿。跟我的碩士論文相較，本文的突破與推進建立在底下兩點上：（1）跳出牟宗三的朱子學詮釋理路，改以我重新理解的朱子學為參照來研究馬浮哲學。（2）注意到馬浮的理本論是在跟明清氣本論相對比的張力中重新建構起來的。本文首先指出，廣義的當代新儒家至少可以包括「孔學——朱子學」、「孟學——陽明學」、「荀學——戴震學」三系；然後從理氣論、心性論、修養工夫論三個層面闡明馬浮的哲學典範。本文認為，馬浮的哲學是「孔學——朱子學」一路的創造性發展，絕非傳統舊學的拼湊與重複。

　　附錄二則是〈馬浮研究相關資料選輯〉，收錄具有歷史意義與歷史價值並且如今可能已經不容易找到的資料共計 27 則，供學界參考使用。

目　次

自　序……………………………………………………………………………1
緒論………………………………………………………………………………1
第一章　馬浮的生平暨成學歷程………………………………………………5
　第一節　字號籍貫與家世……………………………………………………5

　　第二節　幼年與青少年時期 ……………………………………… 7

　　第三節　杭州治學時期 …………………………………………… 9

　　第四節　講學刻書時期 …………………………………………… 15

　　第五節　晚年 ……………………………………………………… 20

第二章　馬浮的交遊與門人 …………………………………………… 23

　　第一節　馬浮的交遊 ……………………………………………… 23

　　第二節　馬浮的門人 ……………………………………………… 34

第三章　馬浮的著作與刻書 …………………………………………… 45

　　第一節　撰著（上）：專著 ……………………………………… 45

　　　一、經部 ………………………………………………………… 45

　　　二、子部 ………………………………………………………… 46

　　　三、集部 ………………………………………………………… 48

　　第二節　撰著（下）：單篇詩文 ………………………………… 50

　　　一、詩 …………………………………………………………… 50

　　　二、偈 …………………………………………………………… 53

　　　三、歌 …………………………………………………………… 53

　　　四、書 …………………………………………………………… 53

　　　五、章則、啓 …………………………………………………… 55

　　　六、序跋、題詞 ………………………………………………… 55

　　　七、記 …………………………………………………………… 58

八、論 ………………………………………………………………… 58

九、墓誌、家傳 ……………………………………………………… 58

　　第三節　編著 ……………………………………………………… 59

　　第四節　刻書 ……………………………………………………… 62

　　　一、馬浮講學有關著作 ………………………………………… 62

　　　二、書院諸生著作 ……………………………………………… 63

　　　三、馬浮所編叢書 ……………………………………………… 63

第四章　馬浮的學術思想 ……………………………………………… 65

　　第一節　本體論 …………………………………………………… 65

　　　一、理氣與道器 ………………………………………………… 66

　　　二、心性情 ……………………………………………………… 70

第二節　工夫論⋯⋯⋯⋯⋯⋯⋯⋯⋯⋯⋯⋯⋯⋯⋯⋯73

一、主敬爲涵養之要⋯⋯⋯⋯⋯⋯⋯⋯⋯⋯⋯75

二、窮理爲致知之要⋯⋯⋯⋯⋯⋯⋯⋯⋯⋯⋯76

三、博文爲立事之要⋯⋯⋯⋯⋯⋯⋯⋯⋯⋯⋯78

四、篤行爲進德之要⋯⋯⋯⋯⋯⋯⋯⋯⋯⋯⋯80

第三節　六藝論⋯⋯⋯⋯⋯⋯⋯⋯⋯⋯⋯⋯⋯⋯⋯⋯82

一、儒家早有判教之實⋯⋯⋯⋯⋯⋯⋯⋯⋯⋯82

二、六藝統攝於一心⋯⋯⋯⋯⋯⋯⋯⋯⋯⋯⋯84

三、六藝始於詩終於易⋯⋯⋯⋯⋯⋯⋯⋯⋯⋯85

四、六藝教相總判⋯⋯⋯⋯⋯⋯⋯⋯⋯⋯⋯⋯87

五、六藝統攝中西一切學術⋯⋯⋯⋯⋯⋯⋯⋯91

六、六藝爲人類文化的最後歸宿⋯⋯⋯⋯⋯⋯94

結　語⋯⋯⋯⋯⋯⋯⋯⋯⋯⋯⋯⋯⋯⋯⋯⋯⋯⋯⋯⋯⋯⋯97

重要參考書目⋯⋯⋯⋯⋯⋯⋯⋯⋯⋯⋯⋯⋯⋯⋯⋯⋯⋯⋯99

附錄一：馬浮的哲學典範及其定位⋯⋯⋯⋯⋯⋯⋯⋯103

前言⋯⋯⋯⋯⋯⋯⋯⋯⋯⋯⋯⋯⋯⋯⋯⋯⋯⋯⋯⋯103

結語⋯⋯⋯⋯⋯⋯⋯⋯⋯⋯⋯⋯⋯⋯⋯⋯⋯⋯⋯⋯116

附錄二：馬浮研究相關資料選輯⋯⋯⋯⋯⋯⋯⋯⋯117

第十五冊　胡適、馮友蘭、金岳霖的邏輯方法研究

作者簡介

周璇（1978～），山東東阿人，哲學博士，一直就讀於黑龍江大學哲學學院；現爲黑龍江大學哲學學院邏輯學教研室主任，碩士生導師，黑龍江省邏輯學會副會長；主要從事中國現代哲學與邏輯思想史的研究工作。

提　要

20 世紀是中國哲學向現代化轉型的時代，也是中國哲學體系重建的時期。中國傳統價值體系在現代的處境下，伴隨著兩千多年封建帝制的廢除而面臨解體，西方先進科學文化也伴隨著他們的侵略湧入中國。面對中西文化的激烈碰撞和國力的絕對懸殊，中國哲學家們也從最初的驚恐和拒斥，逐漸開始對中國傳統文化與西方現代文化進行比較和反思。在這一艱辛而又動蕩的過程中，人

們迷茫過、痛苦過、失望過，但最終堅定了一個信念，即所謂中西文化的碰撞和衝突，不僅僅是地域問題，也不僅僅是民族問題，更是一種時代問題。因此，中國的現代化刻不容緩，我們必須轉變觀念，拋開芥蒂，以一種積極進取的心態去促成中國無論是社會還是文化的現代化轉型。

中國近現代的哲學家們都將中國哲學現代化寄希望於邏輯方法的引入和運用，胡適、馮友蘭、金岳霖三位哲學家的學術生涯就是邏輯方法在中國落地生根的縮影。他們不僅僅把邏輯方法作為一種專業知識進行宣揚，更賦予邏輯方法以艱巨的歷史使命。胡適、馮友蘭、金岳霖以濟世救國的偉大情懷，為中華民族的振興、傳統文化的傳承篳路藍縷，殫精竭慮。他們以邏輯方法為武器，努力進行著解釋中國風雲變幻的政治局面、解決紛繁複雜的社會問題、詮釋花果飄零的傳統思想、挖掘逐漸掩埋的文化精神、創建科學現代的哲學體系等現代化的嘗試。

因此，本書以邏輯方法為主線再現三位哲學家的學術成果，對比他們思想中由於方法的同異而展現出的契合與疏離，凸顯他們為中國文化的現代化轉型所做出的重大貢獻，更要以此全面透視中國近現代邏輯方法的展開方式，思索體現理性之邏輯方法的當代價值等問題。

目　次

緒論 ……………………………………………………………………… 1
第一章　實驗主義方法與胡適哲學 ………………………………… 21
　第一節　實驗主義方法 …………………………………………… 22
　　一、存疑的態度 ………………………………………………… 22
　　二、實驗的方法 ………………………………………………… 24
　　三、實驗主義方法中的邏輯精神 ……………………………… 26
　第二節　實驗主義方法與胡適的經驗論 ………………………… 27
　　一、以實驗主義方法論理解「經驗」…………………………… 28
　　二、從「經驗」出發理解「實在」……………………………… 30
　第三節　實驗主義方法與胡適的真理論 ………………………… 32
　　一、應付環境的方法──真理 ………………………………… 33
　　二、證實真理的標準──有用 ………………………………… 34
　第四節　實驗主義方法與胡適其他學術研究 …………………… 36
　　一、以實驗主義方法貫穿中國哲學史研究 …………………… 36

二、以實驗主義方法探討「問題與主義」……………………………39

三、以實驗主義方法統籌「科學與人生」……………………………42

四、以實驗主義方法看待中西文化……………………………………44

第二章　邏輯分析方法與馮友蘭哲學…………………………………49

第一節　馮友蘭對西方哲學方法的闡釋………………………………49

一、柏拉圖的辯證法……………………………………………………51

二、斯賓諾莎的反觀法…………………………………………………53

三、康德的批判法………………………………………………………55

四、維也納學派的命題分類理論………………………………………57

第二節　馮友蘭的哲學方法論…………………………………………61

一、「正的方法」………………………………………………………61

二、「負的方法」………………………………………………………64

第三節　邏輯分析方法與馮友蘭的形上學……………………………67

一、形上學的構造起點──經驗事實…………………………………69

二、形上學的理論框架…………………………………………………70

三、對形上學體系建構存在問題的反思………………………………77

第三章　邏輯分析方法與金岳霖哲學…………………………………83

第一節　邏輯哲學思想…………………………………………………84

一、對傳統演繹邏輯的評價……………………………………………84

二、對現代數理邏輯的介紹……………………………………………90

三、對邏輯系統理論的思考……………………………………………92

第二節　邏輯分析方法與金岳霖形而上學……………………………101

一、「道，式──能」──形而上學的邏輯起點……………………102

二、「可能界──現實界──存在界」──形而上學的邏輯構架……105

三、「道演──無極而太極」──形上學的邏輯演進………………110

四、對形而上學體系建構存在問題的反思……………………………112

第三節　邏輯分析方法與金岳霖的知識論……………………………113

一、「有官覺」、「有外物」──知識論的出發方式………………114

二、「事實，所與與意念的結合」──知識的邏輯指向……………117

三、「命題」──知識的構成要素……………………………………121

第四章　胡適、馮友蘭、金岳霖邏輯方法的比較研究………………125

第一節　胡適、馮友蘭、金岳霖邏輯方法的契合⋯⋯⋯⋯⋯125
　一、對邏輯方法科學的理解⋯⋯⋯⋯⋯⋯⋯⋯⋯⋯⋯127
　二、用邏輯方法從事哲學體系的創作⋯⋯⋯⋯⋯⋯⋯131
　三、用邏輯方法分析和解決社會具體問題⋯⋯⋯⋯⋯135
　四、用邏輯方法促進傳統哲學的改造⋯⋯⋯⋯⋯⋯⋯138
第二節　胡適、馮友蘭、金岳霖邏輯方法的疏離⋯⋯⋯⋯143
　一、對邏輯方法理解的分歧⋯⋯⋯⋯⋯⋯⋯⋯⋯⋯⋯143
　二、邏輯方法在其哲學體系中比重的不同⋯⋯⋯⋯⋯146
　三、邏輯方法追求和目的的迥異⋯⋯⋯⋯⋯⋯⋯⋯⋯149
第五章　胡適、馮友蘭、金岳霖邏輯方法與中國哲學的現代化⋯155
第一節　邏輯方法在中國的發展歷程⋯⋯⋯⋯⋯⋯⋯⋯⋯155
　一、中國邏輯方法的萌芽階段⋯⋯⋯⋯⋯⋯⋯⋯⋯⋯156
　二、近代西方邏輯方法的東漸⋯⋯⋯⋯⋯⋯⋯⋯⋯⋯160
　三、現代中國哲學對邏輯方法的宣傳和運用⋯⋯⋯⋯162
第二節　邏輯方法促成中國哲學現代化轉變⋯⋯⋯⋯⋯⋯165
　一、觀念的現代化⋯⋯⋯⋯⋯⋯⋯⋯⋯⋯⋯⋯⋯⋯⋯165
　二、方法的現代化⋯⋯⋯⋯⋯⋯⋯⋯⋯⋯⋯⋯⋯⋯⋯167
　三、系統的現代化⋯⋯⋯⋯⋯⋯⋯⋯⋯⋯⋯⋯⋯⋯⋯169
　四、概念的現代化⋯⋯⋯⋯⋯⋯⋯⋯⋯⋯⋯⋯⋯⋯⋯171
　五、評述的現代化⋯⋯⋯⋯⋯⋯⋯⋯⋯⋯⋯⋯⋯⋯⋯174
結語：邏輯方法與形而上學⋯⋯⋯⋯⋯⋯⋯⋯⋯⋯⋯⋯⋯179
參考文獻⋯⋯⋯⋯⋯⋯⋯⋯⋯⋯⋯⋯⋯⋯⋯⋯⋯⋯⋯⋯⋯185
致　謝⋯⋯⋯⋯⋯⋯⋯⋯⋯⋯⋯⋯⋯⋯⋯⋯⋯⋯⋯⋯⋯⋯193

徐復觀先生〈王充論考〉評析

作者簡介

　　馮曉馨，台灣澎湖人。中國文化大學哲學研究所博士。現任教於台南中華醫事科技大學通識教育中心，教授人生哲學、專業倫理與國文課程。並曾獲教育部顧問室優質通識教育國文課程計劃補助，與南區教學資源中心全分享課程補助。

提　要

　　王充是中國思想史上相當奇特的人物，雖處於讖緯、鬼神迷信之風充斥，以及君權神授，天人感應之說大盛的時代，卻以「冀悟迷惑之心，使知虛實之分」（〈對作〉）為己任，並「詮輕重之言，立眞僞之平」（同上），高舉「疾虛妄」（〈佚文〉）的旗幟，寫出了素有美文之稱且充滿著批評精神的不朽鉅作——《論衡》。

　　《論衡》全書旨在對當時社會各種不合理的現象，包括對人格天、鬼神的迷信與禁忌，將自然界的各種現象強加比附、解釋的謬說，以及對古聖先賢盲目地推崇，和過度地厚古薄今等都逐一予以抨擊，可說是直接向當時社會挑戰的作品。如此一部鉅著，在中國哲學史上的褒貶毀譽懸殊，爭議頗多。

　　徐復觀先生是我國近代哲學史上的重要人物，其於學術方面的造詣與貢獻已有定論，所撰寫的〈王充論考〉更向爲士林所重，歷來研究王充者，鮮少不以此文作爲參研的對象。本文除表現徐氏對王充思想資料的嫻熟，更顯現其敏銳的洞察力、嚴謹的治學精神、對道德倫理的執著，及對歷史文化之傳承與延續的關注。儘管如此，〈王充論考〉文中對於王充的析論尚有欠周延、不完整，及明顯曲解之處，這實爲一大弔詭，確有探究和辨析的必要。是以作者試圖以客觀而嚴密的哲學批評方法評析之。冀望能還王充思想一個原貌，並重新確定其在思想史上的地位與價值，並評析徐氏之學術精神、治學方法和生命風範，進而探索他曲解王充的緣由爲何？期作爲喜研徐氏思想者之參考。

目　次

第一章　前　言 1
第二章　徐氏的生平性格與學術背景 3
　第一節　生平和性格 3
　第二節　學術背景 4
第三章　基本問題的說明 7
　第一節　徐氏對思想史的理解與詮釋 7
　第二節　徐氏治思想史之原因、困難及方法 11
　第三節　徐氏品評人格的標準 16
第四章　徐氏對王充人格批評的評析 19
　第一節　徐氏對王充人格的品評 19
　第二節　徐氏批評王充人格問題之原因的檢討 20

第三節　徐氏品評王充人格之析評 ……………………………… 22

第五章　徐氏論王充遭遇影響其思想之評析 …………………… 25

第一節　徐氏評王充的遭遇影響其思想論點的整理 ………… 25

第二節　評析徐氏之看法 ………………………………………… 27

第六章　徐氏論王充科學精神與方法之評析 …………………… 31

第一節　徐氏看法之整理 ………………………………………… 32

第二節　科學與科學方法之定義 ……………………………… 32

第三節　徐氏看法之評析 ………………………………………… 34

第七章　徐氏評王充對天的理解之評析 ………………………… 37

第一節　徐氏之看法 ……………………………………………… 37

第二節　評析徐氏之看法 ………………………………………… 38

第八章　徐氏評王充性命論之評析 ……………………………… 43

第一節　徐氏評王充論性命之理解 …………………………… 43

第二節　對徐氏看法之評析與補充 …………………………… 44

第九章　徐氏評王充思想闕漏之說明 …………………………… 49

第一節　形神觀 …………………………………………………… 49

第十章　結論 ………………………………………………………… 55

參考書目 ……………………………………………………………… 61

第十六冊　曇鸞大師由仙轉佛之學思歷程研究

作者簡介

魏式岑，宜蘭羅東人，祖籍福建漳州。淡江大學中文系學士，嘉義大學中國文學研究所碩士。自幼生長於敦厚樸實人情味濃的宜蘭鄉間，性情和善、樂觀。高中蒙國文老師國學素養薰習；大學又受業於國學耆儒廉永英教授浸潤先秦諸子、文心雕龍等思想八年餘。畢業任教後學佛，遂將中國經典及佛法思想融入教學，同學子涵詠於四書、五經、佛典中，祈後生能承襲中華文化精髓。2013 年 3 月，因「第十三屆全國經典總會考」為推廣有功團體、人員而晉見副總統。近年尤究心於漢傳佛教與淨土思想。曾編校《修福積德造命法——了凡四訓講記》、《重校護生畫集》、《淨土五經》有聲書、《讚阿彌陀佛偈》等書；撰寫《曇鸞大師由仙轉佛之學思歷程研究》、〈試論程明道教化思想中的「誠敬」工夫〉、〈《佛說阿彌陀經》章法結構及修辭技巧研析〉、〈生命的悸動 2〉（第二

屆生命故事創作獎特優）等文。現職爲弘明實驗高中國文教師。

提　要

　　人要如何才能求得「長生不死」呢？這是中國自古以來一直所憧憬、嚮往的秘笈。

　　魏晉南北朝，可說是佛、道共生、共融的時代，同時也是欲得養生、長壽之方而熾盛的時代。在這個時代出生的人，有著道家、道教與佛教密不可分的思想宿命，在如此動盪不安，內外文化思想不斷衝擊的時代，誕生了一位法師——釋曇鸞。這位法師，因爲註經半途身患重疾，而四處尋訪長生之法。他曾到茅山隱者陶弘景那兒，求諸仙術。下山途中，又巧遇三藏菩提流支，菩提流支以確定之語，說出《無量壽經》此大仙方，若依而行之，直下當得解脫生死。

　　此次奇遇對曇鸞法師言，是生命的大轉折，在信服無疑，一門深入行持下，生命從不究竟轉化爲究竟。對於他所生長之時代，其行因思想，雖受著這時代的動盪、顛覆和衝擊，然而，卻又能在一片亂象的境遇裏，跳脫出魏晉玄風、仙術際遇；進而直登至無量光壽清淨莊嚴之極樂佛境。本論文對於曇鸞一生學佛思想流變及其思想核心，期望能做一較詳盡的探究。

　　因此，本論文首章爲緒論。次章題曇鸞的時代背景、生平與著述；探討曇鸞所生處之地域、時代與思想背景爲何？三章爲曇鸞由仙轉佛之思想探析；主要建立在曇鸞由仙轉佛之關鍵點原本爲何？四章題曇鸞學佛歷程的轉折與淨土思想的開展；此在探討曇鸞學佛之心路歷程與核心思想如何形成？五章爲結論，總結並歸納探討曇鸞由仙轉佛之淨土思想對後世產生如何深遠之影響，及與後世之念佛法門有何異同？同時，也藉由本論文研究過程，願更能體察出當時社會何以重視佛教思想之特徵，期助於後世對淨土思想發展過程作進一步探究和釐清。

目　次

序　言
第一章　緒論 ·· 1
第二章　曇鸞的時代背景、生平與著述考 ·· 11
　第一節　時代背景 ·· 11
　　一、儒學思想之啓蒙 ··· 11
　　二、玄學與道教的興起 ·· 12

三、佛教東傳與玄學的接觸 ……………………………… 13

第二節　生平 ……………………………………………… 14

　一、五台聖境 ……………………………………………… 14

　二、生平靈異事蹟 ………………………………………… 16

　三、交遊及師承 …………………………………………… 18

　四、由仙入佛的因緣 ……………………………………… 23

第三節　著述 ……………………………………………… 25

　一、一般佛學著作 ………………………………………… 25

　二、淨土著述 ……………………………………………… 25

　三、仙術醫學類著作 ……………………………………… 30

第三章　曇鸞由仙轉佛之思想探析 ……………………… 37

第一節　曇鸞探尋神仙方術的背景 ……………………… 37

　一、神仙方術的時代背景 ………………………………… 37

　二、受道術方士思想之影響 ……………………………… 38

　三、尋訪仙術以治疾 ……………………………………… 40

第二節　由仙轉佛之過程與啓發 ………………………… 41

　一、隱士陶弘景思想之交涉 ……………………………… 41

　二、對神仙方術的體會 …………………………………… 44

　三、轉仙道歸於淨土 ……………………………………… 47

第三節　曇鸞對長生的觀念 ……………………………… 50

　一、病從何而來？ ………………………………………… 50

　二、形而下與形而上 ……………………………………… 52

　三、生命的究竟和不究竟 ………………………………… 53

第四章　曇鸞學佛歷程的轉折與淨土思想的開展 ……… 57

第一節　出家與學佛 ……………………………………… 57

　一、龍樹菩薩及提婆學派之影響 ………………………… 57

　二、般若空宗之影響 ……………………………………… 64

　三、僧肇思想之影響 ……………………………………… 77

　四、註《大集經》 ………………………………………… 80

第二節　淨土法門之接觸 ………………………………… 85

　一、「長生」與「轉」字釋義 …………………………… 85

二、菩提流支淨土思想之啓發──曇鸞由仙轉淨 ⋯⋯⋯⋯⋯ 88

三、曇鸞對《往生論》淨土思想的接觸 ⋯⋯⋯⋯⋯⋯⋯⋯⋯ 89

第三節　曇鸞之淨土思想 ⋯⋯⋯⋯⋯⋯⋯⋯⋯⋯⋯⋯⋯⋯⋯ 93

一、格義佛教與曇鸞 ⋯⋯⋯⋯⋯⋯⋯⋯⋯⋯⋯⋯⋯⋯⋯⋯ 93

二、易行道 ⋯⋯⋯⋯⋯⋯⋯⋯⋯⋯⋯⋯⋯⋯⋯⋯⋯⋯⋯⋯ 95

三、《讚阿彌陀佛偈》與彌陀他力本願 ⋯⋯⋯⋯⋯⋯⋯⋯ 96

四、五念門之實踐 ⋯⋯⋯⋯⋯⋯⋯⋯⋯⋯⋯⋯⋯⋯⋯⋯ 105

五、十念必生 ⋯⋯⋯⋯⋯⋯⋯⋯⋯⋯⋯⋯⋯⋯⋯⋯⋯⋯ 108

第五章　結論 ⋯⋯⋯⋯⋯⋯⋯⋯⋯⋯⋯⋯⋯⋯⋯⋯⋯⋯⋯⋯⋯ 113

第一節　曇鸞由仙轉佛之念佛法門 ⋯⋯⋯⋯⋯⋯⋯⋯⋯⋯⋯ 113

第二節　曇鸞淨土思想普化之特質 ⋯⋯⋯⋯⋯⋯⋯⋯⋯⋯⋯ 115

第三節　曇鸞淨土思想對後世的影響 ⋯⋯⋯⋯⋯⋯⋯⋯⋯⋯ 116

參考文獻 ⋯⋯⋯⋯⋯⋯⋯⋯⋯⋯⋯⋯⋯⋯⋯⋯⋯⋯⋯⋯⋯⋯⋯ 121

附錄：釋曇鸞　簡譜 ⋯⋯⋯⋯⋯⋯⋯⋯⋯⋯⋯⋯⋯⋯⋯⋯⋯⋯ 133

《周易》美學的生命精神

孫喜艷　著

作者簡介

孫喜豔（1974～），女，漢族，河南夏邑人，蘇州大學文藝學專業博士，湛江師範學院音樂學院副教授。主要從事文藝美學，周易美學研究。主持教育部人文社會科學研究青年基金項目、廣東省教育科學「十一五」規劃項目、湛江師範學院校級項目各一項。參與編寫教材《美學原理》，並在《周易研究》等刊物發表論文多篇。

提　要

　　《周易》所蘊含的生命精神對中國美學的影響廣泛而深遠。這種精神既是天地精神，也是人生精神、藝術精神。對於人來說，就是既追求自強不息、剛健有為，又追求厚德載物、堅貞中正的精神。對藝術來說，生命精神既是藝術的表現內容和表現形式，也是藝術的創作追求。

　　本書從《周易》中「生」的內涵、特點與價值，《周易》生命精神的內在生成，生命符號的審美創造，生命精神的審美表現四個方面探討了《周易》的生命精神。「天地之大德曰生」，「生」在《周易》中是一個具有本體性、基礎性的核心範疇，具有普遍性、綿延性、超越性；《周易》的生生之道主要體現在一陰一陽之道中，它包含生命的交感創生，也包含生命的變易。它既是天地之道，也是社會倫理與藝術生成的原則和規範；「觀物取象」這一命題則集中體現了《周易》生命符號的審美創造，這種的生命性創造方式也決定了像是一種性語言；《周易》生生不已的生命精神不是抽象的道理，而是體現在《周易》的數、象、陽剛與陰柔的生命形態和憂樂圓融的生命境界中。本書立足於通行本，力求將哲學與人生、藝術相統一的研究方法對《周易》的生命精神作一全面、立體、動態的考察。

2012 年度教育部人文社會科學研究青年基金項目資助
（項目批准號：12YJC751072）

導　論……………………………………………… 1
　一、選題緣由………………………………………… 1
　　（一）《周易》作爲「美學」著作 ……… 1
　　（二）《周易》中的「生命精神」……… 3
　二、研究現狀……………………………………… 5
　三、研究方法……………………………………… 7
　　（一）《周易》的版本選擇……………… 7
　　（二）經與傳的關係……………………… 8
　　（三）象數與義理的關係………………… 8
　　（四）六經注我與我注六經的關係……… 9
　　（一）以易解易…………………………… 10
　　（二）平行比較…………………………… 10
　　（三）哲學與人生、藝術的統一………… 11
第一章　《周易》中「生」的生命精神………… 13
　第一節　「生」的內涵…………………………… 13
　　一、生殖…………………………………… 16
　　二、創生…………………………………… 18
　　三、變易…………………………………… 19
　第二節　「生」的特點…………………………… 21
　　一、綿延性………………………………… 21
　　二、普遍性………………………………… 24
　　三、超越性………………………………… 27
　第三節　「生」的價值…………………………… 29
　　一、「生」即眞…………………………… 29
　　二、「生」即善…………………………… 31
　　三、「生」即美…………………………… 33
第二章　《周易》生命精神的審美生成………… 41
　第一節　「感」、「化」………………………… 41
　　一、「感」：生命的交感………………… 42
　　二、「化」：生命的化生………………… 51
　　　（一）「化」作爲「感」的結果……… 52
　　　（二）「化」作爲「變」的過程……… 54
　第二節　「變」、「通」………………………… 56
　　一、「變」：生命的變化………………… 56

（一）「變」的特點……………………57

（二）「變」的原因……………………58

（三）「變」的意義……………………59

二、「通」：生命的貫通………………61

（一）「通」的產生……………………61

（二）「通」的特點……………………63

（三）「通」的意義……………………64

第三節　「時」、「貞」………………65

一、「時」：生命的圓動………………66

二、「貞」：生命的貞固………………69

三、「時」與「貞」的統一……………70

第四節　「中」、「和」………………71

一、「中」：生命的秩序………………71

（一）「中」的內涵……………………72

（二）「中」的特點……………………72

1、秩序性……………………………73

2、統一性……………………………73

二、「和」：生命的和諧………………74

三、中和原則…………………………75

第三章　《周易》生命符號的審美創造…………79

第一節　「觀」：生命的觀照…………79

一、「觀」的流動性……………………80

二、「觀」的意向性……………………82

三、「觀」的內省性……………………84

第二節　「物」：生命的本源…………86

一、「物」的聯繫性……………………86

二、「物」的類比性……………………87

三、「物」的隱喻性……………………89

第三節　「取」：生命的創造…………92

一、卦爻象的符號創造…………………93

（一）卦爻象符號創造的特點…………93

（二）卦爻象符號創作的意義…………94

二、卦爻辭的取象………………………97

（一）取象的特點………………………97

　　　　（二）取象的意義 …………………………… 98
　　第四節　「象」：生命的言說 ………………………… 100
　　　一、卦爻象：生命的符號 ………………………… 100
　　　　（一）模糊性 …………………………………… 101
　　　　（二）視覺性 …………………………………… 102
　　　　（三）動態性 …………………………………… 104
　　　二、卦爻辭：生命之喻 …………………………… 105
　　　　（一）物喻 ……………………………………… 107
　　　　（二）身喻 ……………………………………… 107
　　　三、「象」語言 …………………………………… 108
第四章　《周易》生命精神的審美表現 ……………………111
　第一節　「數」：生命的抽象 ………………………… 111
　　　一、生成性 ………………………………………… 113
　　　二、變化性 ………………………………………… 115
　　　三、全息性 ………………………………………… 116
　第二節　卦：生命的形式 …………………………… 121
　　　一、運動性 ………………………………………… 122
　　　二、節奏性 ………………………………………… 124
　　　三、生長性 ………………………………………… 125
　　　四、有機統一性 …………………………………… 126
　第三節　陽剛與陰柔：生命的形態 ………………… 128
　　　一、剛柔有別 ……………………………………… 129
　　　　（一）陽剛 ……………………………………… 129
　　　　（二）陰柔 ……………………………………… 130
　　　二、剛柔相濟 ……………………………………… 131
　　　三、崇陽抑陰 ……………………………………… 133
　第四節　憂樂圓融：生命的境界 …………………… 134
　　　一、憂患意識 ……………………………………… 135
　　　二、樂觀情懷 ……………………………………… 138
　　　三、憂樂圓融 ……………………………………… 140
結　語 ……………………………………………………… 143
附　錄 ……………………………………………………… 145
主要參考文獻 …………………………………………… 159
後　記 ……………………………………………………… 163

導　論

　　《周易》對中國文化的影響廣泛而深遠。儒家把《周易》定位「六經之首」，而道家也把《周易》尊爲「三玄之一」。儘管「易道廣大，無所不包」，但是「生」是其基點，其基本精神是天地生生不息、創生變化所表現出來的生命精神。這種生命精神對人生、藝術、乃至民族的精神塑造都具有重要影響。它是《周易》留給今人或者說是中國古人奉獻給全人類的一筆富有啓發意義的、珍貴的思想文化遺產，是中華文化的根基所在，是中國古人獨特的思維方式與生存智慧的集中展現。

一、選題緣由

　　本書以「《周易》美學的生命精神」爲題，首先是基於《周易》具有豐富的審美內涵這一前提的。其次，生命精神是《周易》的內在特質，它是《周易》的精髓和大義，對中國美學影響深遠。

（一）《周易》作爲「美學」著作

　　由於《周易》的創作「人更三聖，世歷三古」（班固《漢書・藝文志》），非一人一世之作。其書的性質也眾說紛紜。《周易》或被認爲是卜筮之書，如朱熹所說：「易本爲卜筮」〔註1〕，或被認爲是哲學書〔註2〕，或被認爲是歷史書〔註3〕，或被認爲是科學書，甚至是百科全書等等，見仁見智。但總體看來，

〔註 1〕 如郭沫若、高亨、李鏡池、劉大鈞均持此觀點。
〔註 2〕 如金景芳、黃壽祺等人持此觀點。
〔註 3〕 如歷史學家章太炎、胡樸安等。

《周易》中《易經》中的卜筮意味較濃,而《易傳》的哲理意味較濃。本書認爲,《周易》同時也是一部具有審美意蘊的美學著作。

首先,《周易》本身具有審美內涵。從表現內容看,《周易》以審美始,以審美終。卜筮作爲《周易》這本書的起點,其巫術智慧中蘊含著豐富的審美意蘊〔註4〕,而《易傳》中哲理化的天地規律作爲其終點是同樣具有審美意蘊的天地境界。《易傳》從天地規律出發,但它關注的是人生,並且寄託著自己的信仰與情感,而不是經過論證的宇宙規律。李澤厚說:

> 一切「乾,元亨利貞」、「天行健」、「天地之大德曰生」、「生生之謂易」等等都不是理知所能證實或論證的,它只是人有意賦予宇宙以暖調情感來作爲「本體」的依憑而已,即所謂「有情宇宙觀」是也。〔註5〕

因此,它既不是非理性的巫術與宗教情感,也不是理性的思辨。如李澤厚所說:「是理欲交融的實用理性與樂感文化,是一首情感的詩篇。」〔註6〕《周易》是情與理的交融,天與人的合一,合規律性與合目的性的統一。《周易》追求的是由天推人、由人合天的天人合一的天地境界,或曰人生境界。這種境界也是一種審美的境界。

在表現形式上,《周易》以易象爲本,所謂「易者,象也」。《周易》中的象不僅是一種占卜方法,還是一種審美的符號。它不僅體現宇宙的秩序和結構,其本身也是有機的能盡意的創構。如宗白華說:

> 象即中國形而上之道也。象具有豐富之內涵意義(立象以盡意),於是所制之器,亦能盡意,意義豐富,價值多方。宗教的,道德的,審美的,實用的溶於一象。〔註7〕

《易經》以既具有抽象性又具有直觀可感性的卦爻象符號爲本,同時與充滿形象性和情感性的卦爻辭相結合,形成一個具有豐富哲理和審美內涵的言象互動的系統。它是感性與理性的統一,具象與抽象的統一,如王明居所說:「《易經》是一部詩化哲學。」〔註8〕

〔註4〕 關於這一點,王振復《周易的美學智慧》中有詳盡論述,此不贅言。
〔註5〕 李澤厚:《論語今讀》,安徽文藝出版社1998年版,第373頁。
〔註6〕 李澤厚:《李澤厚哲學文存》,安徽文藝出版社1999年版,第516頁。
〔註7〕 宗白華:《宗白華全集》第一卷,安徽教育出版社1994年版,第611頁。
〔註8〕 王明居:《扣寂寞而求音——〈周易〉符號美學·序》,安徽大學出版社1999年版,第137頁。

其次，《周易》還提出許多重要的具有開創性、奠基性的美學範疇和美學原則，如象、神、陽剛、陰柔、中、感、化、變、通等等。特別是象範疇，劉勰說：「人文之元，肇自太極，幽贊神明，易象爲先。」特別是書法與繪畫影響很大，因爲書法與繪畫的產生都祖述卦象。如張懷瓘在《書斷》中指出：「卦象者，文字之祖，萬物之根。」在繪畫上，也明確地把繪畫與卦象聯繫起來，如南宋顏延之在給當時著名畫家王微的信中說：「圖畫非止藝行，成當與《易》象同體。」（王微：《敘畫》）

因此，《周易》所提出的與象有關的美學命題，如觀物取象，「立象以盡意」中所體現出來的創作方法和創作原則也成爲了各藝術門類創作中具有普適性的方法和原則。如在藝術的起源或者藝術創作的來源上，認爲藝術應取法於天地，「與天地準」。劉勰《文心雕龍・原道》篇首則云：「文之爲德也大矣，與天地並生者何哉？」書畫藝術也是如此，明末畫家龔賢曰：「古人之書畫，與造化同根，陰陽同候。」（龔賢語，見周二學《一角編》乙編）等等，這些都對中國美學影響至深。

可以看出，從《易經》的卦象符號到《易傳》的天人之學都包含豐富的審美內涵，《周易》不僅是一部卜筮之書，哲學之書，也是一部美學之書。

（二）《周易》中的「生命精神」

《周易》曰：「一陰一陽之謂道。」陰陽是《周易》最根本的哲學範疇。《周易》中的生命精神是在陰陽化生和陰陽變易中體現出來的。《周易》把陰陽落實到天地，認爲天地是充滿生機和活力的生命有機體，而且可以交感化生、化育生命，即「天地絪縕，萬物化醇；男女媾精，萬物化生。」在《周易》中，充滿了對「生」的讚美，如《彖》曰：

> 大哉乾元，萬物資始，乃統天。雲行雨施，品物流行。大明始終，六位時成，時乘六龍以御天。乾道變化，各正性命，保和大和，乃利貞。首出庶物，萬國咸寧。（《乾・彖》）

> 至哉坤元！萬物資生，乃順承天。坤厚載物，德合無疆；含弘光大，品物咸亨。牝馬地類，行地無疆，柔順利貞。（《坤・彖》）

同時，《周易》還賦予天地一種精神。《周易》曰：「天地之大德曰生。」「生」之爲「德」，體現了天地被賦予了一種具有道德性和目的性的精神品格。如方東美所說：「我們的宇宙是生生不已、新新相續的創造領域，任何生命的衝動，

都無滅絕的危險；任何生命的希望，都有滿足的可能；任何生命的理想，都有實現的必要。」〔註9〕因此，這種生命精神就是在天地之創進不息、生生不已中體現的精神。

而在《周易》看來，天與人是相通的。《周易》曰：「天地變化，聖人傚之。」人要效法天地，以天地為範型，「天行健，君子以自強不息；地勢坤，君子以厚德載物。」《周易》將天地自然道德化、人性化，同時也意味著將人提高到天地的境界。對於人來說，就是「與天地準」。既追求自強不息、剛健有為的精神，又追求厚德載物的的精神。它是既要「與時偕行」又要堅貞中正、既要有憂患意識，又要有樂觀情懷的精神。

對於藝術而言，《周易》「一陰一陽之謂道」中陰陽化生與陰陽變易中所體現的生成規律也是藝術創造規律。如古代關於樂的產生都是從陰陽相感、天地之和出發，古代樂論認為「樂者，天地之和也」、「大樂與天地同和」(《樂記》)，認為音樂是天地之和的產物。而陰陽之變易與轉化的形成的節奏和韻律也為藝術表現上節奏和韻律形式提供了理論基礎，如朱志榮所說：

> 藝術生命是主體以造化為師，本於陰陽生成之道創構而成的。
> 於是能合一氣運化，稟陰陽以立性，從而動靜相成。虛實相生，並
> 體五行而著形。其節奏，其韻律，莫不體現宇宙大化的生成規律。
> 〔註10〕

而《周易》生命生成中所暗含的內在機制和原則如「感」、「化」、「變」、「通」、「中」、「和」等也也是藝術創造的內在機制和原則。清代丁皋曰：「凡天下之事事物物，總不外乎陰陽。」「惟其有陰有陽，故筆有虛有實。惟其有陰中之陽，陽中之陰，故筆有實中之虛，虛中之實。」(《寫真秘訣》)矛盾對立的範疇形成了生生不息的宇宙，也形成了具有生機和活力的藝術。

《周易》陰陽生成變化之道也體現在卦爻象中，如《周易》所說：「易與天地準，故能彌綸天地之道。」(《繫辭上》)卦爻像是天地之道的體現。卦爻象作為生命的形式，其本身具有運動性、生長線、節奏性、有機統一性等生命性特徵，卦爻象的組織和結構規律也為藝術形式提供了生命的範型。

〔註 9〕方東美：《中國人生哲學》，臺灣黎明文化事業公司 1985 年版，第 38 頁。
〔註10〕朱志榮：《中國藝術哲學》，東北師範大學出版社 1997 年版，第 51 頁。

二、研究現狀

　　對《周易》生命精神的研究與弘揚由來已久。宋明新儒家就積極汲取《周易》美學的生命精神，結合道家與佛禪思想對其做了新的闡釋，並發揚光大之。而當代新儒家同樣對《周易》情有獨鍾，特別是對其生命精神尤爲重視，如郭齊勇所言：「熊十力的易學是以『乾元』爲中心的本體──宇宙論；馬一浮的易學是以『性理』爲中心的本體──工夫論；方東美的易學是以『生生』爲中心的形上學；牟宗三的易學是以『窮神知化』爲中心的道德形上學；唐君毅的易學是以『神明之知』爲中心的天人內外相生相涵的圓教。」熊十力、馬一浮、方東美、牟宗三、唐君毅五先生「除牟先生早年外，他們均未（包括牟氏中晚年）理會象數學，均未從學術性路數具體而微地研究易學與易學史。五先生的共同之處是，抓住《易傳》的一些關鍵性、哲理性話語予以創造性解讀，在現當代重建了《易》的形上學，特別是道德形上學，並從形上易體的存有與活動的兩面及其統合上加以發展。」〔註11〕

　　在現代新儒家中又以方東美的美學意味最爲濃厚。方東美立足於《周易》的生生之德，創造了其生命哲學與美學。他說：「在周易，乾道自乾卦說起是乾元，坤道自坤卦說起是坤元，乾元坤元是所謂的『宇宙符號』。乾元是大生之德，代表一種創造的生命精神貫注宇宙之一切；坤元是廣生之德，代表地面上之生命衝動，孕育支持一切生命的活動；合而言之就是一種『廣大悉備的精神生命』，這就是儒家之所本。這種創造的生命精神貫注於天上、地下、人間，人在宇宙間因而可以與天地相抗衡，表現了廣大悉備的生命精神。」〔註12〕方東美以《周易》的生生之德爲其理論基礎，同時還借用佛家的「雙迴向」概念，將普遍生命的流行創進區分爲上、下兩個流向，即「上迴向」和「下迴向」。普遍生命以其生生不已的本性，向著宇宙的最高境界創進，這是「上迴向」；普遍生命將創化的動力「分途流貫於世界與人性」，給宇宙萬物貫注生生不已的精神力量，這是「下迴向」。除此之外，方東美還受西學的影響，如柏格森、懷特海等人的生命哲學的影響，但方東美始終以《周易》的生命精神爲根本，追求本體論與價值論的統一，善與美的統一，宇宙與人生的統一。

〔註11〕郭齊勇：《現代新儒家的易學思想論綱》，《周易研究》，2004 年第 4 期，第 3～14 頁。

〔註12〕蔣國寶、周亞洲編：《生命理想與文化類型──方東美新儒學論著輯要》，中國廣播電視出版社 1992 年版，第 254～255 頁。

　　宗白華的美學思想也與《周易》有著不可分割的內在聯繫。宗白華認為在中國固有文化中具有「偉大的哲學系統」的哲學「只有一部《易》」〔註13〕，在對《周易》創造性的解讀中，宗白華闡釋了自己的哲學觀，構建了自己的形而上學體系，並且影響到其藝術觀、人生觀等各方面。宗白華對《周易》生命精神的汲取則主要體現在生命的「生生而條理」上。一方面，他認為《周易》的生命意識體現在其發展變動上，認為「《易》是一部動的生命的哲學」；〔註14〕另一方面，宗白華又認為，生命之流不是盲動的，而是有秩序和條理的，呈現出一種節奏和韻律。如《繫辭傳》中所言「日往則月來，月往則日來，日月相推而明生焉；寒往則暑來，暑往則寒來，寒暑相推而歲成焉」等就體現出了生命的節奏和韻律。宗白華把這種無往不復的節奏上升到為「道」：「中國人在天地的動靜，四時的節律，晝夜的來復，生長老死的綿延，感到宇宙是生生而具條理的。這『生生而條理』就是天地運行的大道，就是一切現象的體和用。」〔註15〕因此，這種哲學觀體現在藝術上，就是要求藝術既體現生命的動感又要體現出條理和節奏感。同時也可以看出，宗白華的生命本體論美學還吸取了西方的生命美學思想特別是柏格森的生命創造論，在宗白華早期的一些文章中，西學的影響比較明顯，如他認為生命的表現就是「動」，而「動」是精神，精神是與物質相對立的事物，這其中就包含了柏格森關於生命創造的思想。

　　對於《周易》的研究極多，但是關於生命精神的研究目前還沒有系統性的專著。只是在關於《周易》美學研究的專著中都會涉及到生命精神或生命意識。如劉綱紀《〈周易〉美學》系統而全面地研究了《周易》美學的各個方面，如《周易》中關於美的觀念，陰陽與美，天地與美，文與美，象數與美等等。劉綱紀明確地提出了「生」是《易傳》認識天地的核心觀點，並由此提出《周易》哲學是古代的生命哲學。同時，劉綱紀從味、色、聲等美的因素等來自於自然，為自然所生，推出宇宙、自然、萬物的運動、變化、生長也就具有了美的意義，從而也就把美與生命聯繫了起來。王振復《周易的美學智慧》研究內容也包含生命美學智慧，他從起源上研究《周易》的美學智慧，把《周易》的美學智慧同巫術聯繫起來。從人類文化學的角度對於從巫

〔註13〕 宗白華：《宗白華全集》第二卷，安徽教育出版社1994年版，第188頁。
〔註14〕 宗白華：《宗白華全集》第二卷，安徽教育出版社1994年版，第245頁。
〔註15〕 宗白華：《宗白華全集》第二卷，安徽教育出版社1994年版，第413頁。

術智慧到美學智慧的轉換作了深入探討，即「吉」、「凶」這兩個巫學範疇是如何轉換成「美」和「丑」的美學範疇的，這是其書的獨到之處。王明居則從符號學出發，論述了《周易》的美學，並且認爲其符號美學的根本精神是「生」。朱良志的《中國藝術的生命精神》一書闡述了生命精神的哲學根源，他把《周易》的生生之德歸爲藝術的生命精神的最根本的哲學基礎，並且全方位的論述了生命精神在不同門類藝術中的表現。不過朱良志是從藝術出發對生命精神進行的系統探討。

　　除此之外，還有諸多對《周易》的生命精神進行研究的論文，此不贅述。這些對《周易》的生命問題的研究都爲我們提供了很好的資源和視角，但是對《周易》的生命精神沒有系統全面的研究，往往截取《周易》的生命精神的某一方面或某一部分，如宗白華主要以一陰一陽之道所形成的循環往復的節奏爲重點，融合老莊、佛禪，以及西方生命哲學應用於其對藝術現象的探討。方東美與宗白華的理路與方法大同小異，都是以《周易》爲根本，同時結合儒道禪與西方生命哲學，但方東美的重點在宇宙與人生哲學上。關於近年來的《周易》生命精神的研究，如劉綱紀、王振復、王明居等人的專著都是對《周易》生命精神的某一方面進行論述，劉綱紀重在交感論，王振復是從生殖出發論述，也與交感有關，忽略了《周易》生命精神的變易性，王明居則側重於符號學視角，以上研究都沒有把《周易》交感創生、生生不已的生生之德進行全面的貫徹。因此，有必要從《周易》自身出發，對其生命精神進行系統和全面的研究。

三、研究方法

　　《周易》作爲流傳至今的經典，在對《周易》生命精神的闡釋過程中，首先會不可避免地要遇到以下幾個問題。

（一）《周易》的版本選擇

　　《周易》的版本有今通行本、馬王堆帛書《周易》、戰國楚竹書《周易》，其中戰國楚竹書《周易》爲最近出土的迄今能看到的最早版本。研究者認爲：「今本雖然經過後世整理，但是文字上仍保留了許多戰國本完全相同或意義相同文字，這種今本與戰國本關聯的事實，無可爭辯地證明了今本仍然是《周易》各種版本中最重要的版本，其權威性並沒有因爲近幾年許多《周易》文

本的出土而削弱和動搖。」〔註16〕況且今通行本出自漢代費直古文本，漢代的古文本與漢代今文本的差異僅在於其一脫去「無咎」「悔亡」。《漢書·藝文志》曰：「民間有費、高二家之說。劉向以中古文《易經》校施、孟、梁丘經，或脫去「無咎」「悔亡」。惟費氏經與古文同。」說明今通行本是最權威影響最大的版本。但是帛易與竹易的出土無疑也有助於我們準確深入地解讀《周易》。因此，在版本選擇上，本書根據通行本爲主。同時，在一些具體問題的闡釋上，兼及帛易與竹易。

（二）經與傳的關係

對於經與傳的關係，《易經》毋庸置疑佔有絕對優勢地位。傳是對經的解釋，無經則無傳，但是，應當看到，《易傳》不僅是對《易經》的哲學闡發，還具有一定的對立性，具有重大的思想價值和美學價值，《易傳》作爲對《易經》條理化、哲學化的闡釋，形成了一系列的理論體系，《易傳》提出一些對中國美學具有重大影響的問題，如象作爲中國美學的核心範疇，《易傳》提出觀物取象、「立象以盡意」等中國美學史上的重要命題。《易傳》還引入陰陽範疇，在陰陽的關係上闡述其生命哲學，形成了陰陽交感、陰陽變易的生命體系。但是如果執著於《易傳》，不問《易經》，《易傳》所提出的問題也成了無源之水，無本之末，也不可能深入地理解《易傳》。因此，本書立足《易傳》，同時結合《易經》。在《易傳》的著作年代問題上，本書依據大多數人的看法，把《易傳》看作戰國時的作品。（李鏡池認定其「上溯戰國末。下至西漢中葉。」〔註17〕高亨說：「《易傳》七種大都作於戰國時代。」〔註18〕張岱年亦說：「《易大傳》的基本部分是戰國中期至戰國晚期的著作。」〔註19〕劉大鈞則認爲：「《易大傳》的基本部分是戰國初期至戰國中期寫成。」〔註20〕）

（三）象數與義理的關係

象數與義理本不可分。臺灣學者黃慶萱說：「象數是義理的根柢，捨象數而專說義理，義理易流爲無根的空談；義理是象數的花朵，止於象數而不講

〔註16〕 林忠軍：《從戰國楚簡看通行〈周易〉版本的價值》，《周易研究》，2004 年第3 期。
〔註17〕 李鏡池：《周易探源》，中華書局 1978 年版，第 13 頁。
〔註18〕 高亨：《周易大傳今注》，齊魯書社 1979 年版，第 6 頁。
〔註19〕 張岱年：《論〈易大傳〉的著作年代與哲學思想》，見《中國哲學》第一輯，北京三聯書店 1979 年版。
〔註20〕 劉大鈞：《周易概論》，齊魯書社 1979 年版，第 24 頁。

義理，研究《周易》就不能開花結果，一無所獲。」〔註21〕當代易學家黃壽祺指出：「夫《易》原本象數，發爲義理，苟捨象數而談義理，則《易》與《詩》、《書》、《禮》、《樂》何以異？聖人又何必獨爲此艱深怪奇之詞？《易》之理，原本天道，指明人事；必謂其專言人事，則天行、地勢、先甲、後庚之語，皆爲無稽，聖人又何必爲此駢枝贅疣乎？」〔註22〕但是後來《周易》的研究卻發展爲象數與義理兩大方向。從《周易》的研究歷史來看，是先有象數，後有義理，但是其實象數中有義理，義理中有象數。這也是《周易》一書的特色，如朱熹指出：「《易》難看，不比他書。《易》說一個物，非眞是一個物，如說龍非眞龍。」（《朱子語類》）《周易》的數象中內含義理，而義理也蘊含在數象中。本書在研究中採取義理與象數相結合同時偏重義理的方法。如果只重象數，或只重義理，《周易》的生命精神都不可能得到很好的說明。《周易》的生命精神不僅體現在義理中，也體現在象數中，象與數都是生命性的表達符號與表達方式，是《周易》生命精神的體現。但是生命精神作爲一種理論形態的闡釋，決定了要從義理出發，但是本書並不擯棄象數，而是結合象數，對《周易》的生命精神做出具體的闡釋。

（四）六經注我與我注六經的關係

本書認爲，在易學研究中首先要我注六經，即對文本進行準確、透徹的研讀分析。《周易》不是「任人打扮的小姑娘」，不可爲了論文的體系建構對《周易》進行隨心所欲的改造與批判。但是如果只是執著於訓詁、考證，則會使《周易》研究變得僵化、繁瑣，失去生機與活力，不利於學科發展，也違背了《周易》的精神。方東美認爲「周易注重時間生滅變化中創造過程」，「它的精神可謂 Ancient and modern，Dynamic and static，一方面守舊，一方面創新。」〔註23〕同時，這也是因爲《周易》本身具有強大的生命力和包容性。《四庫全書總目提要》曰：「易道廣大，無所不包。旁及天文、地理、樂律、兵法、韻學、算術，以逮方外之爐火，皆可援《易》以爲說；而好異者又援以入《易》，故易說愈繁。」「易說愈繁」的原因一是在於闡釋本身會愈

〔註21〕黃慶萱：《周易縱橫談》，廣西師範大學出版社2006年版，第24頁。

〔註22〕黃壽祺著，張善文點校：《易學群書平議》卷四，北京師範大學出版社 1988年版，第105頁。

〔註23〕方東美：《原始儒家道家哲學》，臺灣黎明文化事業股份有限公司出版1983年版，第46頁。

說愈繁，其次在於《周易》作為被闡釋的文本，本身具有無限的闡釋空間，也就是《繫辭上》所說的「範圍天地之化而不過，曲成萬物而不遺」。所以在解釋《周易》時也會「仁者見之謂之仁，智者見智仁者見仁」（《繫辭上》）。

總之，本書在闡釋《周易》時把我注六經與六經注我結合起來，首先立足於我注六經，在忠實於原著的基礎上力求六經注我。首先要「照著說」，其次才是「接著說」。從《周易》本身的內在精神出發，對《周易》進行闡釋，發揮其價值。在前人研究的基礎上力求創新，「與時偕行」，這是本書的研究基點，同時也是實踐《周易》的生命精神。

本書在架構過程中，主要採取以易解易、橫向比較、哲學與人生、藝術相統一的研究方法。

（一）以易解易

《周易》是本體論，也是方法論。其本體論和方法論可以用《周易》所說的「太極生兩儀」概括。朱熹曰《周易本義》曰：「《易》者，陰陽之變。太極者，其理也。兩儀者，始為一畫一分陰陽。」，「太極」之理即「生」之理。陰陽即對立統一在「生」中。《周易》陰陽化生的對立統一規律也是本書研究《周易》的基本思路。本書在對《周易》的研究中貫徹「一個中心，兩個基本點」。一個中心是「生」，兩個基本點是陰與陽。本書以《周易》「生」所體現的生命精神貫徹始終，「生」是本書的邏輯主線。陰與陽是對立統一的雙方。體現在本書的結構中，如「感」與「化」、「變」與「通」都是以一陰一陽的交感、化生以及變化來闡釋其「生」與「生生」之理。在形式上，也遵循《周易》二元對立統一的規律，如「時」與「貞」、「中」與「和」、陽剛與陰柔、憂患意識與樂觀情懷的對立統一。本書對《周易》所進行的系統研究也是從《周易》的生成機制出發，即「一陰一陽之謂道」所體現出來的交易與變易出發，結合象的生成對其生命精神及其影響進行闡釋。

（二）平行比較

生命精神是《周易》的美學精神，也是老莊、孔孟的美學精神，同時西方生命美學也大力提倡生命精神，特別是近現代柏格森、懷特海、海德格爾等人。《周易》的生命精神的特質是在比較中顯現出來的。本書在論述《周易》的生命精神中也通過比較的方法凸顯其意義和特質，如在「生」的特點上同柏格森創化論的比較，交感說與西方的移情說、模仿說的比較，「數」與畢達

哥拉斯學派數論的比較等等。但本書並不是唯比較而比較，比較不是目的，而是通過比較考察同中之異，異中之同，以更好地闡釋《周易》生命精神的特點和意義。

（三）哲學與人生、藝術的統一

美學問題不是單純的哲學問題、藝術問題或人生問題，而是哲學與藝術、人生之間的一個平衡，或者說是哲學與藝術、人生相互聯繫、相互滲透的有機統一體。在這方面，宗白華為我們提供了一個範例。章啓群認為：「宗白華對於中國形上學、中國藝術以及中國美學的思考是一個全面、精深的整體。他特別強調不能僅僅從古代思想家、哲學家的理論中來研究中國美學，而是要以藝術作品本身為立足點。他認為中國美學要總結、發現中國各門藝術中的美的理想，瞭解古人的審美追求和觀念，研究中國人的美感及其歷史。」〔註24〕可以看出，宗白華的美學研究是自下而上的研究，本書同樣是追求哲學與人生、藝術的統一，從《周易》的本身邏輯出發，先論《周易》的天地之道，然後論及人生與藝術。在生命精神的生成機制上也是如此，從生命本身的發展過程出發，從「生」到「生生」，也就是由交易再論變易。立足點在哲學，兼及人生、藝術。通過對一陰一陽之道的探討打通哲學、人生、藝術，從而建立起以生命精神為基點，熔哲學、藝術、人生為一爐的《周易》美學體系。

綜上所述，本書以《周易》的生命精神為主線，以陰陽的生成與變化為內在機制。從天地出發，由天到人，由宇宙之道到人生之道、藝術之道，從源到流，力求對《周易》的生命精神進行多層次、多向度、立體動態的把握。本書在邏輯結構上把《周易》的生命精神分為四個部分：生命精神的內涵、特點與價值，生命精神的審美生成，生命符號的審美創造以及生命精神的審美表現四個部分，以期系統地整體把握其生命精神。首先從「生」出發，探討其內涵、特質以及其價值。「生」的內涵主要有生殖、創生、變化等；「生」的特質則從時間性、空間性與天人合一的角度考察，「生」具有普遍性、綿延性、超越性的特點；「生」的價值則體現為真善美的統一。其次，探討《周易》生命精神生成的內在機制。《周易》的生成之道不離陰陽，生命精神內在機制就在一陰一陽之道中，它包含一陰一陽的交感創生，也包含一陰一陽的變易。「感」、「化」體現了陰陽之化生，「變」、「通」體現了陰陽之流轉。「時」與

〔註24〕章啓群：《百年中國美學史略·序》，北京大學出版社2005年版，第89頁。

「貞」則體現了生成過程中的變易性以及不易性,「中」與「和」體現了生成過程中的秩序性與和諧性,它是陰陽有別與陰陽之和的統一。不管是生成過程還是生成原則,都是陰陽對立又統一的過程。《周易》的生成之道是天地自然之道,也是社會與人生之道和藝術與審美之道。再次,論述《周易》生命符號的審美創造,其審美創造方式主要體現在觀物取象的創作方式中。觀物取象不僅是易象的創作方式,同時卦爻辭和卦爻象生命性的創作方式和言說方式也為藝術創作提供了範式和基礎。第四,闡述生命精神的審美表現。它主要體現在《周易》的具有生成性、變化性和全息性的數中,也體現在具有運動性、節奏性、生長性和有機統一性的象中,從生命的表現形態上看,則主要體現為以及陽剛與陰柔這兩大生命形態,同時,《周易》的生命精神還表現在既有憂患意識又有樂觀情懷,憂樂圓融的生命境界中。

第一章 《周易》中「生」的生命精神

　　《周易》的美學體系建立在「生」的精神上，《周易》是執著於「生」的，正如蘇淵雷在《易學會通》中言：

> 綜觀古今中外之思想家，究心於宇宙本體之探討、萬有原理之發見者多矣；有言「有無」者，有言「始終」者，有言「一多」者，有言「同異」者，有言「心物」者，各以己見，鈎玄闡秘；顧未有言「生」者，有之，自《周易》始。曰生，則舉凡有無，始終，一多，同異，心物諸問題，盡攝其中矣；曰生，則舉凡有無，始終，一多，同異，心物諸概念，始得其玄矣。《易》曰：「天地之大德曰生。」「生生之謂易。」生之時義大矣哉！

> 故言「有無」、「始終」、「一多」、「同異」、「心物」，而不言「生」，則不明不備；言「生」，則上述諸義足以兼賅。易不騁思於抽象之域，呈理論之遊戲，獨揭「生」為天地之大德，萬有之本原，實已擺脫一切文字名相之網羅，而直探宇宙之本體矣。〔註1〕

《周易》的生命精神並不僅僅體現在「生」字上，但是「生」字中集中反映了《周易》生命精神。本章從「生」字入手，考察「生」的內涵，探討「生」的特點，並從眞、善、美三個方面論述「生」的價值。

第一節 「生」的內涵

　　「生」在《周易》中是一個本質性、基礎性的核心範疇，從「生」字中

〔註1〕蘇淵雷：《易學會通》，中州古籍出版社1985年版，第62頁。

可以窺見其生命精神。對於「生」字，張岱年認爲它「具有多層含義，有生成之生，亦即化生之生；有生命之生，亦稱爲生靈；有生存之生，亦即生養之生。〔註2〕

「生」有出生之意。「生」在甲骨文中作「　」，《說文》曰：「　進也。象草木生出土上。」它表示一種自然生命的發生和生長。如《廣雅·釋詁》所釋：「生，出也。」《廣雅·庚韻》曰：「生，生長也。」《玉篇》曰：「生，產也，進也，起也，出也。」劉巘《易注》：「自無出有曰生。」這些都是出生之「生」。小草從大地中破土而出，它既是出生、生長，同時也蘊含著無限的生機和希望。這也是「生」的最基本的意思。

「生」還指人的生長。《說文》曰：「人所生也……從女叢生。」《白虎通·姓名》曰：「姓者，生也。人稟天氣所以生者也。」朱駿聲《說文通訓定聲》曰：「生假借爲姓。」「姓」爲「生」體現了生命的繁衍與聯繫。

「生」還與「命」相連。《論語》中子夏曰：」商聞之矣，死生有命，富貴在天。」(《論語·顏淵》)《荀子·王制》：「草木有生而無知。」「生」指生命。《禮記·祭法》：「大凡生於天地之間者皆曰命。」以上通過對「生」字的探討，可見中國古代對「生」是非常重視的。

但是把「生」提到一個核心範疇地位的還屬《周易》。《周易》的美學是以「生」爲基點的。《周易》終篇都在言「生」，「生」是《周易》美學思想的核心。《周易》中直接提到「生」處的有33處。

由「生」在《周易》中的出處統計表可知（見下表），《周易》中「生」字共出現四十三次，多集中在《易傳》中，《易經》中僅出現五次，即《觀》與《大過》中的爻辭。從詞性上看，有作爲名詞的「生」，如「觀我生」、「觀其生」等，其餘則是作爲動詞的「生」，如「兩儀生四象，四象生八卦」、「吉凶生而悔吝著」、「幽贊於神明而生蓍」等。縱觀以上對「生」字的論述，「生」主要有以下幾種含義。

「生」作爲名詞，主要存在於《觀·六三》：「觀我生，進退」等處，此處「生」字指生民、百姓。「生」與「姓」通。金文「百生」即「百姓」。李鏡池先生在《周易通義》中說：「我生：即我姓，指親族。生，姓本字。金文

〔註2〕張岱年：《中國古典哲學概念範疇要論》，中國社會科學出版社1989年版，第146頁。

『百生』即『百姓』。」〔註3〕其次，作為動詞，《周易》中的「生」還有出生的意思。如「地中生木」之「生」，指漸進，象徵上昇。但是作為出生、產生而言，《周易》之「生」又有自己獨特的內涵。它大多體現體現在《易傳》中。《易傳》中「生」字出現三十八次。《大象》與《小象》與爻辭相關，《象》、《繫辭》、《說卦》、《序卦》中「生」的意義較為豐富，尤其是《繫辭》與《象》，是探討「生」字內涵及其生命精神的主要依據。它主要有以下幾種內涵。

「生」在《周易》中的出處統計表〔註4〕

經傳		卦名章數	編號	原文	詞性	「生」字次數
經	卦辭					無
	爻辭	觀卦	1	六三，觀我生，進退。	名	5
			2	九五，觀我生，君子無咎。	名	
			3	上九，觀其生，君子無咎。	名	
		大過卦	4	九二，枯楊生稊。	動	
			5	九五，枯楊昇華。	動	
傳	大象傳	升卦	6	地中升木，生。	動	1
	小象傳	觀卦	7	六三，觀我生，進退，未失道也。	名	4
			8	九五，觀我生，觀民也。	名	
			9	上九，觀其生，志未平也。	名	
		大過卦	10	九五，枯楊昇華，何可久也。	名	
	象傳	屯卦	11	屯，剛柔始交而難生。	動	4
		坤卦	12	至哉坤元，萬物資生。	動	
		咸卦	13	天地感而萬物化生。	動	
		益卦	14	天施地生，其益無方。	動	
	繫辭傳	繫辭上	15	天地之大德曰生	名	23
			16	天地氤氳，萬物化醇；男女構精，萬物化生。	動	
			17	易與天地準，故能彌綸天道。……原始反終，故知死生之說。	名	

〔註3〕 李鏡池：《周易通義》，中華書局1981年版，第12頁。
〔註4〕 本表編排參照王汝華：《〈易〉尊「生」思想四探》，見《臺南女子學院學報》第23期。

經傳		卦名 章數	編號	原文	詞性	「生」字次數
傳	繫辭傳	繫辭上	18	生生之謂易。	動	23
			19	夫乾，其靜也專，其動也直，是以大生焉。夫坤，其靜也翕，其動也闢，是以廣生焉。	動	
			20	是故易有太極，是生兩儀，兩儀生四象，四象生八卦，八卦定吉凶，吉凶生大業。……是故天生神物，聖人則之。	動	
			21	天尊地卑，乾坤定矣。……方以類聚物以群分，吉凶生矣。	動	
			22	聖人設卦觀象，繫辭焉而明吉凶，剛柔相推而生變化。	動	
		繫辭下	23	吉凶悔吝者，生乎動者也。	動	
			24	是故易者，象也。象也者，像也。……爻也者，效天下之動也。是故吉凶生而悔吝者也。	動	
			25	物相雜，故曰文，文不當，故吉凶生焉。	動	
			26	是故愛惡相攻而吉凶生，遠近相取而悔吝生，情偽相感而利害生。	動	
			27	日月相推而明生焉……屈信相感而利生焉。	動	
			28	子曰：「亂之所生也，則言語以爲階。」	動	
	說卦傳		29	昔者聖人之作易也，幽贊於神明而生蓍，發揮於剛柔而生爻。	動	3
			30	震爲雷，爲龍……其於稼也爲反生。	名	
	序卦傳		31	有天地，然後萬物生焉。	動	3
			32	屯者，物之始生也。	動	
			33	物生必蒙。	動	

一、生殖

生殖是《周易》之「生」的最基本含義。《周易》之「生」是建立在生殖

的基礎上的。生殖崇拜是原始社會思想文化的遺留，《周易》與原始巫術有著密切關係，從生殖出發探討生命問題是自然而然之事。黑格爾認為：「在討論象徵型藝術時我們早已提到，東方所強調和崇敬的往往是自然界的普遍的生命力，不是思想意識的精神性和威力而是生殖方面的創造力。」〔註5〕男性與女性的生殖是構成生命的基礎，由此出發，孕育無窮的生命，《周易》並且把宇宙的生命系統都比附為男女的生殖經驗。

生殖的內涵在《周易》的卦爻符號和《易傳》中都能得到充分的體現。八卦是遠取諸物、近取諸身的結果，對於《周易》最基本的兩個符號：「――」和「―」，儘管有很多說法，但是生殖器說也佔有很大份量。文字學家錢玄同說：「我以為原始的易卦，是生殖器崇拜時代底東西，乾、坤二卦即是兩性底生殖器底符號。初演為八，再演為六十四，大家拿它來做卜筮之用；於是有人作上許多卦辭、爻辭……孔丘以後儒者借它來發揮他們的哲理（這也是『託古』）。」〔註6〕郭沫若說：「八卦的根柢我們很鮮明地可以看出是古代生殖器崇拜的孑遺。畫一以象男根，分而為二以象女陰，所以由此而演出男女、父母、陰陽、剛柔、天地的觀念。」〔註7〕《易傳》中的「生」也多體現為生殖之生。如：

> 乾道成男，坤道成女。乾知大始，坤作成物。（《繫辭上》）
>
> 天地氤氳，萬物化醇；男女構精，萬物化生。（《繫辭下》）
>
> 乾坤其易之門邪？乾，陽物也；坤，陰物也。（《繫辭下》）

《繫辭》云：「天地絪縕，萬物化醇。男女構精，萬物化生」。孔疏：「絪縕，相附著之義，……唯二氣絪縕，共相和合，萬物感之，變化而精醇也。……媾，合也，言男女相感，……故合其精而萬物化生也。」其中天地、乾坤、陰陽、男女在《周易》中都是象徵意義上的，對於《周易》來說區別不大，可以互相指涉。《周易》用陰爻「――」和「―」排列組合成八卦、六十四卦，進而演為三百八十四爻，標誌著陰陽兩性生育出天地間的萬事萬物。

儘管《周易》之「生」主要指生殖，但是僅以「生殖」來考察的「生」

〔註5〕〔德〕黑格爾：《美學》第三卷（上冊），朱光潛譯，商務印書館1979年版，第40頁。

〔註6〕錢玄同：《答顧頡剛先生書》，見顧頡剛編：《古史辨》第一冊，上海古籍出版社1982年版，第77頁。

〔註7〕郭沫若：《中國古代社會研究》，郭沫若著作編輯委員會編：《郭沫若全集》（歷史編）第一卷，人民出版社1982年版。

的內涵還有失偏頗。王明居先生認為:「這種觀點建立在純生物學觀點的基礎上,帶有認識論的偏頗。它僅僅注意到《易經》中所包孕著的生物性價值,並把生物性價值看成是《易經》所揭示的價值的全部,因而犯了片面性的錯誤。由於以生殖性的觀念涵蓋《易經》的一切,這不僅否定了《易經》的豐富性、複雜性,歪曲了《易經》真實的內涵,縮小了《易經》的價值範疇,而且也損害了生物性的生殖觀念本身。因為它無限誇大了生殖作用,無限膨脹了生物系數,強使生殖的力量載體負荷著無法承擔了體重。」〔註8〕但是,不可否認,生殖是原始初民對於生命問題的最為感性和最為基本的看法。易學家蘇淵雷說的比較客觀:「八卦除表示生殖器崇拜與宗教魔術外,另有其原始世界觀之價值焉。⋯⋯以生殖崇拜始,不必以生殖崇拜終;以卜筮始,不必以卜筮明者乎!」〔註9〕

二、創生

「生」指創生。《周易》曰:

> 大哉乾元,萬物資始,乃統天。(《乾·彖》)

> 至哉坤元,萬物資生,乃順承天。(《坤·彖》)

「資始」與「資生」都體現了生命的初生狀態。同時也說明這種生是陰陽相合而生。乾者「統天」,坤者「順承天」。即是說明「生」是陰陽交感而生。「生」也意味著化育新的生命。《周易》認為,創生是艱難的。如《屯》中說:「屯,剛柔始交而難生。」但愈是艱難,愈體現創生之可貴。如方東美說:「生命資源正是其原始的『始』,像一個能源大寶庫,蘊藏有無窮的動能,永不枯竭;一切生命在面臨挫折困境時,就會重振大「道」,以滋潤焦枯,因此,生命永遠有新使命。縱然是艱難的使命,但永遠有充分的生機在期待我們,激發我們發揚創造精神,生命的意義因此越來越擴大,生命的價值,也就在這創造過程中,越來越增進了。」又說:「整個宇宙是一個普遍生命的拓展系統,因此,整個大化流行不但充塞蒼冥,而且創進無窮,在生命的流暢節拍中,前者未嘗終,後者已資始,前者正是後者創造更偉大生命的跳板,如此後先相續,波瀾壯闊,乃能蔚成生命的浩渤大海,邁向無窮的完美理想,正如上面

〔註8〕 王明居:《叩寂寞而求音——〈周易〉符號美學》,安徽大學出版社1999年版,第156頁。

〔註9〕 蘇淵雷:《易學會通》,中州古籍出版社1985年版,第46~47頁。

所說，「原其始」則知雄奇的生命源自無窮上方，「要其終」，則知當下的生命
邁向無窮拓展，而兩者之間正是綿延不絕的創造歷程。」〔註10〕

「生」的過程也是不斷變化、變易產生新的生命的過程。《周易》曰：「富
有之謂大業，日新之謂盛德。」（《繫辭上》）「日新」。「日新」是生命的不斷
地創生。「日新」即新而又新。王夫之說：「天地之間，流行不息，皆其生焉
者也，故曰『天地之大德曰生』。……天地之大德，則既在生矣。陽以生而為
氣，陰以生而為形。……今日之日月，非用昨日之明也；今歲之寒暑，非用
昔歲之氣也。」（《周易外傳》卷六）「化醇」指粗化而為精，「化生」指舊化
而為新。如《尚書大傳》所言：「日月光華，旦復旦兮」，也是表達這種日新
的宇宙生命觀。生命化育，不是機械的重複，而是蘊含著新質的產生，《雜卦》
云：「革，去故也；鼎，取新也。」「生」就是革故取新。「日新」是「易」最
盛大的德性。如王夫之說：「由致新而言之，則死亦生之大造矣。」（《周易外
傳》卷二）因此，「生」就是不斷地創生化育。

三、變易

變是宇宙生成的動力和源泉，也是宇宙生命的表現。「生」不僅指創生化
育，同時還是一個發展變化的過程。變是陰陽之間的轉變，變也是「易」。《周
易》曰：「生生之謂易。」「易」是變易、變化。「生」即是變，即是「易」。
孔穎達《周易正義》序中說：夫易者，變化之總名，改換之殊稱，自天地開
闢，陰陽運行，寒暑往來，日月更出，孕萌庶類，亭毒群品，新新不停，生
生相續，莫非資變化之力，換代之功。」「生」與變、易可以說都是可以互換
的。「生」是《周易》之根本，「易」也是其根本。《周易》稱為「易」經。「易」
也就同生一樣具有了本體性的地位。可以看出，變易也就是「生」的應有之
義。「生」是在變易中實現的，只有變易，才有「生」，「生」是變易的結果。
同時，「生」的過程本身也就是變易的過程。熊十力認為：「生生不息，變動
不居的現象世界即是真實本體。」〔註11〕《周易》曰：「變則通，通則久」，
沒有「變」，才有「通」，由此才能「久」。「變易」是說明恒久性的表現。

《周易》的生命精神就體現在其生生不已的創化變易中。「生」不僅僅存
在於生命的感性形態，同時還是一種價值體現，它是在創生和變化中所蘊含

〔註10〕方東美：《生生之美》，北京大學出版社2009年版，第129頁。
〔註11〕熊十力：《中國哲學精神及其發展》，臺北成均出版社1984年版，第155頁。

的一種抽象的生命精神。《周易》所說的「天地之大德曰生」,「日新之謂盛德」。《周易》認爲「生」是一種德行,「大德」、「盛德」就是《周易》對生命精神的推崇。可以看出,《周易》已把「生」提升爲一種精神,即生命精神。天地流行不已,就是因爲有「生」的存在。如王夫之說:「天地之間,流行不息,皆其生焉者也。(《周易外傳》卷六)「生」爲一種普遍本質,萬物皆稟此而生。

《周易》的這種生命精神影響深遠。宋明儒學對這種生命精神大爲欣賞,並把它發揚光大,作爲天地之道的體現。如程顥云:「天只是以生爲道,繼此生理者,即是善也……成之者性也。成卻待它萬物自成性須得。」又說:「『成性存存,道義之門』,亦是萬物各自成性存存,亦是生生不已之意,天只是以生爲道」(《河南程氏遺書》卷二)朱熹也說:「某謂天地別無勾當,只是以生物爲心,一元之氣,運轉流通,略無停間,只是生出許多萬物而已。」(《朱子語類》卷一)宋儒認爲「生」即是「仁」。張載說:「天地則何意於仁,鼓萬物而已。」(《橫渠易說·繫辭上》)程伊川:「生之性便是仁。」(《河南程氏遺書》卷十八)對於「仁」,朱熹曰:「仁是天地之生氣」,「仁是個生底意思」,仁貫通了宇宙與人生。錢穆在《朱子新學案·朱子論仁》中指出:「自孔孟以下,儒家言仁,皆指人生界,言人心、人事,朱子乃以言宇宙界。」也就是說,朱子以前,儒家談仁都是指人生界;到朱於則以仁通指宇宙界。

宋儒家還把「生」與大自然的「生意」結合起來。把天地境界的超越精神與對感性生命活潑潑的體驗結合起來。按朱熹的話說,就是「活潑潑地」,而不是「死搭搭地」。生命精神就體現在對活潑潑地生命的體驗上。「生」不僅是形而上之本體,還存在於形而下的生活中。據《二程遺書》載,「明道書宙前有茂草覆砌,或勸之芟,曰:不可,欲常見造物生意。又置盆池畜小魚數尾,時時觀之,或問其故,曰:欲觀萬物自得意。」(《二程遺書》卷二上)又曰:「觀雞雛可以識仁。」(同上書,卷三)與他同時的另一個哲學家張載則經常「觀驢鳴」,即觀看驢子的鳴叫。因此,「生」又體現爲大自然的生機與活力。這些都是對《周易》生命精神的發展。

可見,由《周易》開創的這種生命精神的內涵由生殖、創生、變易等不斷拓展、衍生,它不僅表現形而下的生命的創化變易,還指形而上的創生之道,同時還指生命生命在創生變化中所體現生機和生意。生命在不斷地繁衍化育,「生」的內涵在在不斷的發展創造中,其精神也在不斷的傳承中。如朱良志所言:「在先秦哲學中,『生』乃指一種抽象的精神形態。即從生命的形

態、生命滋生的動態、生命延展的過程，抽象爲一種哲學精神。」〔註12〕

第二節　「生」的特點

　　《周易》的生命精神立足於宇宙生命，宇宙並不只是一個機械的物質性場所，而是充滿無限生機，彌漫生命活力，廣大和諧生生不已的場所。從空間的角度看，「生」具有普遍性；從時間的角度看，「生」具有綿延性。《坤·象》曰：「坤厚載物，德合無疆；含弘光大，品物咸亨。」《周易正義》曰：「凡言『無疆』者，其有二義：一是廣博無疆，而是長久無疆。」普遍性即是「廣博無疆」，綿延性即是「長久無疆」。同時，《周易》是天人合一之學，《周易》的生命精神也是從天人合一的出發的。對於人而言，人作爲宇宙中的重要組成部分，具有超越性，即從精神生命上德合天地，妙贊化育，進而達到與宇宙生命和諧爲一，共同生生不已。

一、綿延性

　　綿延性是從時間的維度來考察「生」的品格的。它主要體現了《周易》生生不息的生命精神。「生」的連綿性不僅體現在《易經》中的卦爻象、卦爻辭中，也體現在《易傳》中與「生」有關的看法中。

　　首先，從《周易》六十四卦中我們可以看出其卦序體現了綿延不已的生生之理。六十四卦中以乾坤作爲起始卦，「有天地，然後萬物生矣。」乾坤兩卦作爲首卦預示著生命的開始，而卦與卦之間環環緊扣，連環相生，體現了《周易》的生生不息之理。《序卦》曰：

　　　　有天地，然後萬物生焉。盈天地之間者唯萬物，故受之以屯。
　　屯者盈也，屯者物之始生也。物生必蒙，故受之以蒙；蒙者蒙也，
　　物之穉也。物穉不可不養也，故受之以需；需者飲食之道也。飲食
　　必有訟，故受之以訟。訟必有眾起，故受之以師；師者眾也。眾必
　　有所比，故受之以比；比者比也。比必有所畜也，故受之以小畜。
　　物畜然後有禮，故受之以履。履而泰，然後安，故受之以泰；泰者
　　通也。物不可以終通，故受之以否。物不可以終否，故受之以同人。

〔註12〕朱良志：《中國藝術的生命精神》（修訂版），安徽教育出版社2006年版，第3頁。

與人同者，物必歸焉，故受之以大有。有大者不可以盈，故受之以謙。有大而能謙，必豫，故受之以豫。豫必有隨，故受之以隨。……陷必有所麗，故受之以離。離者，麗也。

有天地然後有萬物。有萬物，然後有男女，有男女，然後有夫婦。有夫婦，然後有父子。有父子然後有君臣；有君臣，然後有上下；有上下，然後禮儀有所錯。夫婦之道，不可以不久也，故受之以恒；恒者久也。物不可以久居其所，故受之以遯；遯者退也。物不可終遯，故受之以大壯。物不可以終壯，故受之以晉；晉者進也。進必有所傷，故受之以明夷；夷者傷也。傷於外者，必反其家，故受之以家人。家道窮必乖，故受之以睽；睽者乖也。乖必有難，故受之以蹇；蹇者難也。物不可終難，故受之以解；……有過物者必濟，故受之以既濟。物不可窮也，故受之以未濟終焉。

從卦象上看，《周易》六十四卦還並非一個完滿的生命體，它以《未濟》卦作為結束，「未濟」即是未完成之意，《周易》以此來說明無始無終的世界。

其次，「生」的綿延性還體現在「生生」、「死生」、「終始」等與生有關的詞中。《周易》曰「生生之謂易。」（《繫辭上》）「生生」是《周易》中一個非常重要的概念，它是易道的體現，其中「生生」就體現了《周易》之「生」的綿延性。

對於「生生」一詞，有厚養生命、化育生命，同時也可指生命的生長狀態等多種內涵。道家學派也常說「生生」，但是「生生」一詞在道家著作中為貶義詞，《老子·五十章》曰：「人之生，動之以死地，亦十有三。夫何故？以其生生之厚。」「生生之厚」，按照陳鼓應的解釋是「求生太過度了，酒肉饜飽，奢侈淫佚，奉養過厚了」〔註13〕。老子是從養生的角度來看待生命的。另外受道家思想影響比較明顯的《淮南子·精神訓》中也說：「夫人之所以不能終其命而中道夭於刑戮者，何也？以其生生之厚。」以上「生生」之意都是從養生的角度出發，反對淫樂奢侈，強調順其自然的頤養。即晉潘尼《安身論》中所言：「非謂崇生生之厚，而耽逸豫之樂也。」

「生生」還有「進進」之意。《尚書·盤庚》中曰：「往哉生生，今予將試以汝遷，永建乃家。」「朕不肩好貨，敢恭生生，鞠人謀人之保居。」「無

〔註13〕陳鼓應：《老子注譯及評介》，中華書局 1984 年版，第 258 頁。

總於貨寶，生生自庸。」孔安國認爲其「生生」爲「進進」，意思是生命的生長。孔穎達《周易正義》釋「進進」曰：「物之生長，則必漸進，故以『生生』爲『進進』。」

「生生」又指化育生命。朱良志曰：「『生』之迭用，謂生命之綿延不絕。」〔註14〕第一個生爲動詞，產生。第二個生爲名詞，即生命。《黃帝內經・素問》：「生生化化，品物成章。」《列子・天瑞》曰：「有生不生，有化不化，不生者能生生，不化者能化化。」「生生」體現的就是這種生生不息、綿延不已的狀態。如孔穎達所釋：「生生，不絕之辭。陰陽變轉，後生次於前生，是萬物恒生謂之易也。前後之生，變化改易。」（《周易正義》）方東美則引用的懷特海對宇宙的一個描述，即 creative creativity，說明「生」本身是不斷創造的過程。對於《周易》來說，「生」是絕對的，永無止息的，如楊萬里所說：「易者何物也，生生無息之理也。」（《誠齋易傳》）

以上可以看出，《周易》中「生生」的意思主要是體現在化育生命這個層面上，同時也兼「進進」之意。「生生」就是易道，這一點與莊子對「生生」的看法有相似之處，儘管二者對「道」的看法不同。《莊子・大宗師》曰：「無古今，而後能入於不死不生。殺生者不死，生生者不生。」「生生」在這裡也是產生生命的意思。按照陳鼓應的解釋，這句話的意思是突破時間的限制才能進入不受死生觀念拘執的精神世界。死滅生命的和產生生命的都是道，道本身是不死不生的。〔註15〕《周易》之「生生之謂易」的看法也體現了「生生」是永恒不變之道。

《周易》對「生生」的看法還表現在它對「終始」與「死生」之詞的運用上。《周易》中有諸多「終始」的說法，如《乾・彖》中說到「大明終始」，《歸妹》中說「人之終始也」，《繫辭下》說「懼以終始」。對於「終始」的意義，《蠱・彖》曰：「終則有始，天行也。」《恒》曰：「終則有始也，日月得天而能久照，四時變化而能久成，聖人久於其道，而天下化成。」另有《說卦》曰：「萬物之所成終而成始也，故曰：成言乎艮。」又曰：「終萬物，始萬物者，莫盛乎艮。」《周易》先說「終」，再說「始」，體現了生命永遠沒有終止，在終止的地方會重新開始，即「終則有始」，《恒》卦即有恒久之意，

〔註14〕 朱良志：《中國藝術的生命精神》（修訂版），安徽教育出版社 2006 年版，第 8 頁。

〔註15〕 陳鼓應：《莊子今注今譯》（上冊），中華書局 1983 年版，第 185 頁。

因此，從「終始」的用法上，我們從中可以感受到《周易》對生生不已的生命精神的推崇，如黃慶萱說：「『終始』便具有濃厚的哲學意味，可以從中直探生命的眞相」。〔註16〕

《周易》還有「死生」之說。《周易》說「死生」，而不說「生死」，這個微妙的用法與「終始」有異曲同工之妙。《周易》通篇言生，「死」字只出現一處，且與「生」相連，《繫辭下》曰：「原始反終，故之死生之說。」其中深意同「終始」一樣，也是把一個生命的結束作爲下一個生命的開始，以此表明生命的綿延不絕，無有窮息。如王夫之說：「凡自未有而有者皆謂之始，而其成也，則皆謂之終。既生以後，則刻刻有所成，則刻刻有所終；刻刻有所生於未有，則刻刻有所始。故曰曾子易簀，亦始也，而非終也。」（《讀四書大全說·論語先進篇》）

因此，這種生生不已的精神可以日月永無止息的運行來體現，如《周易》所說「寒往則暑來」，朱熹以川流來比喻：「天地之化，往者過，來著續，無一息之停，乃道體之本然也。然其可指而見者，莫如川流，故於此發以示人。欲學者時時省察，而無毫髮之間斷也。」「道之體用，流行發現，充塞天地，亙古亙今，雖未嘗有一毫之空闕，一息之間斷，然其在人而見諸日用之間者，則初不外乎此心。」（《論語集注·中庸或問》）

但是《周易》的這種生命精神是在變易中的綿延，創生中的綿延，而非單純的時間性綿延。《周易》曰：「一陰一陽之謂道」，「日新之謂盛德」，「日新」即新而又新，孔穎達曰：「『日新之謂盛德』者，聖人以能變通體化，合變其德，日日增新，是德之盛極，故謂之盛德也。」（《周易正義》）它是在陰陽之間的變化創新中綿延持久的。如王夫之所說：「天地之德不易，而天地之化日新。今日之風雷非昨日之風雷，是以今日之日月非昨日之日月也。」「江河之水今猶古也，而非今水之即古水；燈燭之光昨猶今也，而非昨火之即今火。水火近而易知，日月遠而不察耳。爪髮之日生而舊者消也，人所知也。肌肉之日生而舊者消也，人所未知也。」（《思問錄·外篇》）因此，《周易》之綿延是在創新中綿延，在綿延中創新。

二、普遍性

從空間的維度上看，「生」則具有普遍性。《周易》的生命精神不僅與動

〔註16〕黃慶萱：《周易縱橫談》，廣西師範大學出版社2006年版，第79頁。

植物等生命有機體的「生殖」、「生存」、「創生」有關，也是關於整個宇宙的發生、變化、繁衍的深刻思考和形象概括。《周易》曰：

夫乾，其靜也專，其動也直，是以大生焉。夫坤，其靜也翕，

其動也闢，是以廣生焉。（《繫辭上》）

其中「大生」、「廣生」是指生命的廣大悉備，無所不包，孔穎達疏曰：「以言乎天地之間，則備矣」者，變通之道，遍滿天地之內，是則備矣。」（《周易正義》）

　　《周易》把宇宙中的一切現象都看成是與生命有關的。這一點從八卦中可以看出。乾、坤、震、巽、坎、離、艮、兌八個卦，分別代表天、地、雷、風、水、火、山、澤等八種自然現象或物質，它們各有自己的生命特性：

乾，健也；坤，順也；震，動也；巽，入也；坎，陷也；離，

麗也；艮，止也；兌，說也。

根據黃壽祺、張善文《周易譯注》對此段的解釋，乾，表示剛健；坤，表示溫順；震，表示奮動；巽，表示潛入；坎，表示險陷；離，表示附麗；艮，表示靜止；兌，表示欣悅。從中可以看出，《周易》中的天地自然也並不是沒有生命的自然，而是生命流行的場所。

　　同時，這八種自然現象本身也是生命的來源或生命的化身。乾坤二卦被認為是八卦和六十四卦中的兩個最基本的卦，又被稱為父母卦，而其它卦則是其衍生出來的，《說卦》曰：

乾，天也，故稱乎父；坤，地也，故稱乎母。震一索而得男，

故謂之長男，巽一索而得女，故謂之長女；坎再索而得男，故謂之

中男，巽一索而得女，故謂之長女；坎索而得男，故謂之中男；離

再索而得女，故謂之中女；艮三索而得男，故謂之少男；兌三索而

得女，故謂之少女。

可以看出，《周易》把八卦中的乾坤作為父母，其餘六卦作為其子女，震為長男，巽為長女，坎為中男，離為中女，艮為少男，兌為少女。由此而概括了宇宙中的一切現象都為天地所生，都具有生命性。

　　《周易》的生命精神的普遍性還體現為把所有的事物都納入一個生命的系統內。《說卦》曰：

乾為馬，坤為牛，震為龍，巽為雞，坎為豕，離為雉，艮為狗，

兌為澤。

乾爲首，坤爲腹，震爲足，巽不股，坎爲耳，離爲目，艮爲手，兌爲口。

乾爲天，爲圜，爲君，爲父，爲玉，爲金，爲寒，爲冰，爲大赤，爲良馬，爲老馬，爲瘠馬，爲駁馬，爲木果。坤爲地，爲母，爲布，爲釜，爲吝嗇，爲均，爲子母牛，爲大輿，爲文，爲眾，爲柄，其於地也爲黑。震爲雷，爲龍，爲玄黄，……爲妾，爲羊。

從上面的引文可以看出，《周易》認爲宇宙中的一切事物和現象都是有生命的。在生命的基點上可以互相聯繫，互爲一體。這種普遍聯繫的觀點是與原始思維分不開的。卡西爾說：「在中國人的思想中……所有質的差別和對立都具有某種空間『對應物』，形式不同但卻演化得極爲精妙和準確。萬事萬物又是以某種方式分佈在各種基本點之中。每一個點都有特殊的顏色、要素、季節、黃道標誌、人類身體的一種特定器官，一種特定的基本情緒，等等，它們與每個點都有特殊的從屬關係，借助於這種與空間中某個確定位置的共同關係，一些最具有異質性的要素似乎也彼此發生接觸，一切物種在空間某處都有它們的『家』，它們絕對的相互異質性因而被一筆勾銷：空間性媒介導致它們之間的精神性媒介，結果是把一切差異構造成一個宏大整體，一種根本性的、神話式的世界輪廓圖。」〔註17〕在古人看來，一切都是互相聯繫的，這種聯繫是一種生命性聯繫。

漢代更是把這種互相聯繫的生命性推向極致，一切現象都納入宇宙大化的生命系統中，把東南西北與春夏秋冬相匹配，並結合陰陽五行，以及顏色、音律、氣味、五臟六腑等等，物質世界與精神世界互相貫通，圓融無礙，充分體現了宇宙中具有普遍性的生命精神。如方東美說：「宇宙乃是普遍生命流行的境界，天爲大生，萬物資始，地爲廣生，萬物咸亨，合此天地生生之大德，遂成宇宙，其中生氣盎然充滿，旁通統貫，毫無窒礙，我們立足宇宙之中，與天地廣大和諧，與人人同情感應，與物物均調浹合，所以無一處不能順此普遍生命，而與之全體同流。」〔註18〕

〔註17〕　〔德〕卡西爾：《神話思維》，黃龍保、周振選譯，中國社會科學出版社 1992 年版，第 99 頁。

〔註18〕　蔣保國、周亞洲主編：《生命理想與文化類型——方東美新儒學論著輯要》，中國廣播電視出版社 1992 年版，第 82～83 頁。

三、超越性

《周易》的「生」不只言天，其最終還是要落實到人，天地精神的實現和最後完成仍要靠人來完成。沒有人，也就無從談宇宙的生命精神。而這種生命精神對於人來講，是一種超越的精神。《周易》認為人是天地人三才之一，就要把人的個體生命與宇宙生命結合起來，把個體生命價值提升到宇宙天地的高度。在天人關係上，先言天，再言人，如：

> 乾道成男，坤道成女。乾知大始，坤作成物。(《繫辭上》)

> 天地絪縕，萬物化醇；男女構精，萬物化生。(《繫辭下》)

> 立天之道曰陰與陽，立地之道曰柔與剛，立人之道曰仁與義。
> (《說卦》)

> 有天地，然後萬物生焉。(《序卦》)

> 有天地然後有萬物。有萬物，然後有男女，有男女，然後有夫
> 婦。(《序卦》)

> 天行健，君子以自強不息；地勢坤，君子以厚德載物。(《大象》)

由此，對於個人來說，個體不僅是作為宇宙生命的一個分子存在，而是超越自身生命的局限，以人的生命去契合廣大和諧的宇宙，與天地合德，與四時合序，與日月同輝，從而成就理想的人格，提高人生的境界。如王振復所說：「《易經》的生命哲學，既重視生命之個體的發生、發展、繁衍，又重視個體之靈魂的淨化、昇華。」〔註19〕

如此一來，人的生命與宇宙生命也就具有了同一性。《周易》把元亨利貞視為宇宙的生命流程，而人也須德配天地，《乾·文言》曰：

> 「元」者，善之長也；「亨」者，嘉之會也；「利」者，義之和
> 也；「貞」者，事之幹也。君子體仁足以長人，嘉會足以合禮，利物
> 足以和義，貞固足以幹事。君子行此四德者，故曰：「乾：元、亨、
> 利、貞。」

所以，《周易》對「元亨利貞」的界定不僅是針對宇宙生命，也是對人的要求，即要求與天合德，其德也就是宇宙之生命精神，由此，人的生命精神與宇宙就合二為一。如現代新儒家熊十力關於「生命」的界定：「此中生命一詞，直

〔註19〕 王明居：《叩寂寞而求音——〈周易〉符號美學》，安徽大學出版社 1999 年版，第 164 頁。

就吾人研以生之理而言，換句話說，即是吾人與萬物同體的大生命。蓋吾人的生命，與宇宙的大生命，實非有二也。」來知德《易經集注序》也說：「乾坤者萬物之男女也，男女者一物之乾坤也。……盈天地間莫非男女，則盈天地間莫非易矣。」正如現代新儒家方東美所說：「自然與人生雖是神化多方，但終能協然一致，因爲『自然』乃是一個生生不已的創進歷程，而人則是這歷程中參贊化育的共同創造者。所以自然與人可以二而爲一，生命全體更能交融互攝，形成我所說的『廣大和諧』（Comprehensive Hamony），在這一貫之道中內在的生命與外在的環境流衍互潤，熔融浹化，原先看似格格不入的，此時均能互相涵攝，共同唱出對生命的欣賞讚頌。」〔註20〕

因此，《周易》天人合一的生命境界是以人的超越爲前提的，人若要發揮乾元與坤元的廣生與大生之德，必須具有超越的精神，才能與天地大化同流，共同創進不已，人也才能成爲一個頂天立地的人，完成自己的生命理想。

中國近現代受柏格森的生命哲學影響頗多，如宗白華、方東美等人，甚至以柏格森的生命哲學來解釋《周易》，認爲《周易》生生不已的生命精神與柏格森的生命哲學有相似之處。如二者都認爲人的生命與宇宙生命息息相通，都強調生命的綿延性，但是二者相比較仍有顯而易見的不同。

首先，柏格森的綿延是從意識出發，他認爲生命的本質在於人的精神、意志、直覺，綿延具有內在性，由人的內在的綿延推出整個宇宙的綿延的品格，他說：「意識，或者寧可說超意識，是生命的本原。意識或超意識是這樣一種火箭的名稱，其燃燒了的碎片退化爲物質，意識則是存在於火箭自身中的東西，它貫穿於碎片之中，並點燃這些碎片使之成爲有機體。」「直覺就是心靈本身，在一定意義上就是生命本身。」〔註21〕而《周易》中的生命精神卻與此相反，它是由天及人，由天地的生命精神推出人的生命精神。《象》曰：「天行健，君子以自強不息；地勢坤，君子以厚德載物。」即是以人合天。

其次，柏格森把生命等同於精神、意志，並且與物質對立。他認爲精神是絕對自由的，物質是生命的障礙。生命之流沿著順行和逆行兩個方向運動，順行時產生出生物有機體，逆行時產生出無生命的物質。《周易》美學則將人與自我、人與社會、人與自然的關系統一起來，其生命精神具有普遍性。當

〔註20〕黃克劍、鍾小霖編：《方東美集》，群言出版社1993年版，第163頁。
〔註21〕〔法〕柏格森：《創造進化論》，王珍麗、余習廣譯，湖南人民出版社1989年版，第26、173頁。

然，二者產生於不同的社會背景，故會有諸多不同的理念和追求。一者高揚
生命主體的主動性，具有人本主義傾向，一者是強調人與天地自然的和諧共
生。

總之，《周易》的生命精神具有綿延性、普遍性和超越性的品格。它是宇
宙生命普遍流行的過程。也是人的生命的自我實現，自我超越，與天合一的
過程。它不僅是天地精神，還是人的精神。人通過與宇宙大化共同創進不已，
完成自己的生命理想，實現生命的超越。

第三節 「生」的價值

《周易》的「生」具有真、善、美的意義。真即合規律性，善即合目的
性，美即是合規律性與合目的性的統一。《周易》中的「生」包含真、善、美，
它是合規律性與合目的性的統一，是美的體現。《周易》對「生」之真善美的
看法都與天地之道有關，天地與生命不可分割，它是真善美的基礎，真善美
也都統一在天地之道中。

一、「生」即真

真是合規律性的體現。《周易》認為生命之道具有不易的規律性。這種規
律性表現為天地之道的規律性，天地與生命在《周易》中具有不可分割的聯
繫。一方面，《周易》認為天地本身就是生命。天與地就是陰與陽的最大最典
型的代表，天為陽、地為陰，乾以大生、坤以廣生，而《周易》的生命意識
是建立在陰陽化生的基礎上的，如程顥認為「生」就是天之道：「『生生之謂
易』，是天之所以為道也。天只是以生為道。」（《河南程氏遺書》卷二）《周
易》在言天地時也就預示著創生變化的可能性。另一方面，《周易》認為一切
生命都是天地之所出，「有天地然後有萬物，有萬物然後有男女」，沒有天地
也就無生命可言。因此，《周易》說：「天地設位而易行乎其中矣。乾坤毀則
無以見易，易不可見則乾坤或幾乎息矣。」（《繫辭上》）「易」的解釋眾說紛
紜，有以變化解，有以《易經》解。對「易」的紛繁複雜的理解卻恰恰體現
了《周易》作者的智慧，因為《易經》就是變化之書，英文中稱 The Book of
Changes，所謂「天地設位而易行乎其中矣。乾坤毀則無以見易，易不可見則
乾坤或幾乎息矣」（《繫辭上》）。因此，研究生命也要從天地入手，天地之道

也是生命之道,「生」的規律性也就表現爲天地自然的規律性。《周易》曰:

> 天地以順動,故日月不過,而四時不忒。(《豫‧彖》)
>
> 天地之道,恒久而不已也。……日月得天,而能久照。四時變化,而能久成。(《恒‧彖》)
>
> 日中則昃,月盈則食,天地盈虛,與時消息。(《豐‧彖》)
>
> 天地節而四時成。(《節‧彖》)
>
> 大亨以正,天之道也。(《臨》)
>
> 天地之道,貞觀者也。(《繫辭下》)

由上可以看出,《周易》以「順」、「正」、「貞」「節」「恒」等解釋天地的運行。「順動」之「順」有「順應」的意思,也有秩序和規律的意思,「天地以順動」即天地運行順應規律而動,如果「順以動」,日月周轉就沒有過失,四時的運行也沒有差錯。「貞」也有正的意思。「節」是節制的意思,「正」、「貞」、「節」都是表明天地運行是合規律的,有條理的。同時規律性又體現了永恒性,《周易》認爲天地之道又是「恒久而不已」的,具有永恒性。如日月之運行,寒暑之往來,晝夜之更替,又如春生夏長秋收冬藏等等,都體現了規律性和永恒性。

天地之規律在《周易》中具有重要意義,天地之規律不僅代表眞,同時而天地之道也是善與美的基礎。《周易》曰:

> 天地交而萬物通也。(《泰》)
>
> 天地養萬物,聖人養賢及萬民。(《頤》)
>
> 天地感而萬物化生,聖人感人心而天下和平。(《咸》)
>
> 天施地生,其益無方。(《益》)
>
> 天地相遇,品物咸章也。(《姤》)
>
> 乾知大始,坤作成物。(《繫辭上》)
>
> 有天地然後萬物生焉,盈天地之間者唯萬物。(《序卦》)
>
> 有天地然後有萬物,有萬物然後有男女。(同上)

《周易》對善與美的認識都是從天地之規律出發的。天地之規律也是善與美的規律,《周易》認爲天地之規律與社會倫理道德並行不悖,而社會倫理道德要以天地之道爲根據。因此,《周易》之天道不僅是眞的體現,也是善的根源。

《周易》作爲天人之學，在建構宇宙模式的同時，也爲人制定了行爲準則與規範。如「觀乎天文，以察時變；觀乎人文，以化成天下」；（《賁・象》）「天地感而萬物化生，聖人感人心而天下和平」；（《咸・象》）「天地養萬物，聖人養賢及萬民」（《頤・象》）等等，都是把天地之道作爲人之道的依據和準則，即如《周易》所說「乾元用久，乃見天則」。

因此，天地之規律具有重要的意義，如劉綱紀所言：「《周易》從天地出發來講美亦即是從生命出發來講美。更進一步，《周易》所講的生命的規律也就是美的規律。這正是《周易》中許多不是講美的思想都可具有美學意義的根本原因。但《周易》認爲人類的道德行爲的準則都是效法自然，以自然爲根據的，從而它所說的生命之美也就具有倫理道德意義，與善相通、一致。儘管如此，由於《周易》是從天地自然生命的運動出發來講美與善的，因此《周易》所講的善具有與生命相聯的很爲明顯的美學意義。」〔註22〕可以看出，在《周易》中，眞是善與美的基礎，人類的道德行爲與美的表現都以天地規律爲原則。

二、「生」即善

「生」即善是指「生」的合目的性。何謂善？《繫辭上》云：「一陰一陽之謂道，繼之者善也，成之者性也。」善是陰陽往復連續不斷地生長萬物。《周易》對善的規定是由生而來，善即是生生之德。如北宋張載說：「繼繼不已者善也，其成就者性也。」（《橫渠易說・繫辭上》）「繼繼不已」則指生生之德。又如程頤提出「『生生之謂易』，是天之所以爲道也。天只是以生爲道」，同時他又把善與生聯繫在一起：「繼此生理者，即是善也。」（《河南程氏遺書》卷二）「此元者善之長也，斯所謂仁。」（《河南程氏遺書》卷一）天地萬物生生不息，無不體現出「生意」。體現、發揚萬物生意便是善，便是仁。朱熹也說：「道具於陰而行乎陽。繼，言其發也；善，謂化育之功，陽之事也。」（《周易本義・繫辭上》）也把萬物的發生與化育作爲善。明清之際的王夫之也把「善」解釋爲繼往開來、生生不已，他說：「繼之則善也，不繼則不善矣。天無所不繼，故善不窮，人有所不濟，則惡興焉。」（《周易外傳》卷五）

由此可見，《周易》認爲「善」就是天地的生生不已的特性，並且認爲這

〔註22〕劉綱紀：《〈周易〉美學》，武漢大學出版社2006年版，第58頁。

是天地偉大的德性，提出了「天地之大德曰生」。以「生」爲天地之「德」。說明《周易》已賦予天地一種目的性，天地之生生不已就是「德」的體現，是合目的性的行爲。如徐復觀所言：

> 「繼之者善也」的「繼之」的「之」字，我以爲指的是由上文一陰一陽的變化而來的生生不息。一陰一陽的結果便是生育萬物，所以繼之而起的，便是生生不息的作用。一陰一陽的變化，與生生不息，照理論說，是同時的，也可以說是一件事。但爲了表示創生的順序，所以用有時間性的「繼」字。此生生不息的繼續，用另一語言表達，即所謂「顯諸仁」，即天地仁德的顯露。既是仁德的顯露，便自然是「善」的，所以便說「繼之者善也」。作《易傳》的人，若不點破此一句，則宇宙的生生不息，可能只是某種勢力的盲目衝動；由盲目衝動的結果所形成的萬物，自然也是一種盲目衝動的渾沌世界。作《易傳》的人，有「繼之者善也」這一句的點醒，便頓覺宇宙間一切皆朗徹和諧，所生生者不僅是物質，而實際也是人的價值。〔註23〕

徐復觀認爲，「繼」字表明宇宙的生生不息，而「善」表明此生生不息的繼續是天地之仁的顯露，說明宇宙的生生不息不是盲目的衝動，而是合目的性的行爲。

宋儒在解釋《周易》的生命意志時，便以「心」來說明其目的性，認爲天地是有心的，此心便是生物之心。朱熹曰：「天包著地，別無所作爲，只是生物而已。亙古亙今，生生不窮。人物則得此生物之心以爲心，所以個個肖他，本不須說以生物爲心。緣做個語句難做，著個以生物爲心。」（《朱子語類》卷五三）「發明『心』字，曰：一言以蔽之，曰『生』而已。『天地之大德曰生』，人受天地之氣而生，故此心必仁，仁則生矣。」（《朱子語類》卷五）

同時，《周易》認爲，「生」不僅是天地之德，對於人來說，也要繼承此「德」，只有「繼善」才能「成性」，實現人的價值。《周易》把萬物生長的過程比作君子的德行。因此，「生」是生生不已的過程，但不是物質性的沒有意義的過程，而是宇宙與人生共生共進、繼善成性的價值實現過程。如方東美所說：「各物皆有其價值，是因一切萬物都參與在普遍生命之流中，與大化流

〔註23〕徐復觀：《中國人性論史》（先秦篇），華東師範大學出版社 2005 年版，第 126～127 頁。

衍一體並進，所以能夠在繼善成性，創造不息之中綿延長存，共同不朽。」「宇宙的普遍生命遷化不已，流衍無窮，挾其善性以貫注人類，使之漸漬感應，繼承不隔。人類的靈明心性虛受不滿，存養無害，修其德業以輔相天與之善，使之恢宏擴大，生化成純。天與人和諧，人與人感應，人與物均調，處處都是以體仁繼善，集義生善為樞紐，我們的宇宙是價值的增進，我們的生活是價值的提高，宇宙與人生同是價值的歷程。」〔註24〕

三、「生」即美

《周易》對美的認識與「生」息息相關。《周易》以生為美，天地自然、萬事萬物的創生及其運動變化都具有美的意義。美不僅體現在生命的發生、過程，乃至生命的形態都與美相關中，還體現在生命之美的過程同時又可以產生天下大和、萬國咸寧之功業。

首先，《周易》美的範型體現在對乾之德的讚美中：

> 大哉乾元，萬物資始，乃統天。雲行雨施，品物流行。大明始終，六位時成，時乘六龍以御天。乾道變化，各正性命，保和大和，乃利貞。首出庶物，萬國咸寧。（《乾·彖》）

這段話的意思是：

> 《彖傳》說：偉大啊，開創萬物的（春天）陽氣！萬物依靠它開始產生，它統領著大自然。（夏天）雲朵飄行，霖雨降落，各類事物流佈成形。光輝燦爛的太陽反覆運轉（帶來秋天），《乾》卦六爻按不同的時位組成，就像陽氣按時乘著六條巨龍駕馭大自然。大自然的運行變化（迎來冬天），萬物各自靜定精神，保全太和元氣，以利於守持正固（等待來年生長）。陽氣周流不息，又開始重新萌生萬物，天下萬方都和美順昌。〔註25〕

可以看出，《周易》認為美體現在生命的創生、發展及其活力和生機上。其一，《周易》之美體現為創生之美，也即「元」之美。「元」是萬物之始。《文言》曰：「元者，善之長也。」「元「作為「善之長」是因為「元」能「首出庶物」，並使「萬國咸寧」。因此，從功能上說，「元」為眾善之長。《周易正義》曰：「天地之性，生養萬物。善之大者，莫善施生。元為施生之宗，故言元者善

〔註24〕方東美：《中國人生哲學概要》，問學出版社 1984 年版，第 51～52 頁。
〔註25〕黃壽祺、張善文：《周易譯注》，上海古籍出版社 2004 年版，第 7 頁。

之長也。」把生命的產生視爲最高的善而大加讚頌，可見《周易》對「生」的尊崇。

在《周易》的六十四卦中也可以看到《周易》對生命的交感化生的讚美，如《姤》卦，意謂陰陽相遇，《姤・象》曰：「天地相遇，品物咸章也。剛遇中正，天下大行也。姤之時義大矣哉！」《周易正義》曰：「卦得『遇』名，本由一柔與五剛相遇，故『遇』辭非美；就卦而取，遂言『遇』不可用，是『勿用取女』也。故孔子更就天地歎美『遇』之爲義不可廢也。天地若各亢所處，不交相遇，則萬品庶物無由彰顯；必須二氣相遇，乃得化生。」

其二，《周易》認爲美還體現在生命的生生不息的運動過程中。即上面提到的「雲行雨施，品物流行」。「流行」，《周易正義》釋爲「流佈其形」，《周易集注》釋爲「物各以類而生生不已，其機不停滯」。「品物流行」也是生命生生不息的具體體現。「雲行雨施，品物流行」意思是萬物因雨水的滋潤而不斷變化發展，壯大成形，體現了生命過程的流暢之美。

其三，《周易》還認爲美在於生命運動的空間與時間上。即《乾・象》所說的「大明終始，六位時成，時乘六龍以御天。」「大明」指太陽，是天上最光明之物，故曰「大明」。《繫辭上》也說「懸象著明莫大乎日月」。太陽反覆運轉即是時間與空間的廣大無邊，無有窮盡，同時也是生命的變化之美，如太陽的運行帶來晝夜的更替，也帶來春夏秋冬四時的變化。劉綱紀認爲「大明終始，六位時成」，就字面看與美無關，實際包含有豐富的美學意義。「這同樣是因爲中國自古以來是以人的生命存在與發展來看生命問題的，而人的生命的存在離不開空間，也離不開自然界四時季節的變化。對一個農業民族來說，這是很明顯的事。因爲它的生產活動，從而它的整個生活的安排，處處都必須考慮到天象、季節。」〔註26〕

其四，生命運動過程中的活力與氣勢也是美的體現。即《乾・象》所說的「時乘六龍以御天」。龍是生命力的體現，《乾》卦以「潛龍勿用」、「見龍在田」、「亢龍有悔」等表現龍的運行過程，也表現出龍的生命之偉力。龍代表天，「健」是其特性，《周易》曰「天行健，君子以自強不息」，包含了對生命之力的讚美與肯定。這種充盈於宇宙天地之間的無限活力，使萬事萬物呈現出勃勃生機，體現了生命之美。

再者，《乾・象》還表明，美不僅體現在生命自身的創生及其運動變化，

〔註26〕劉綱紀：《〈周易〉美學》，武漢大學出版社2006年版，第64頁。

而且它還可以使天下大和，萬國咸寧，邦國繁榮。《乾·彖》曰：「乾道變化，各正性命，保和大和，乃利貞。首出庶物，萬國咸寧。」「乾道變化」就是指天道的變化和萬物的生長，天地之道可以萬物保持各自的特性與生命，進而使天下和諧，才能吉利、正常。「首出庶物，萬國咸寧」，是指物質財富的富有與國家的安康。這也是《周易》所說的「暢於四肢，發於事業，美之至也。」生命之美又發揮於事業，這是最美的事。在此也體現了生命之美與善的合一。

從以上對《乾·彖》的分析也可以看出，「生」之美同時也是真善美的合一，生命創生與變化的過程體現為真、同時也是美的對象，而且從生命之真與美中又流出「事業」等善的事物來，由此可以說明生是真善美的統一，是合規律性與合目的性的統一。

「生」之真善美的統一在「元亨利貞」中可以得到更充分的體現。「元亨利貞」始見於《乾》卦辭：「乾，元亨，利貞」，其本義是舉行大享之祭的時候筮遇此卦，是有利的占問。元、亨、利、貞四者是《周易》中使用頻率極高的詞，有元亨利貞連用，《乾》、《屯》、《隨》、《臨》、《無妄》、《革》，六卦的卦辭都是元亨利貞四字連用。也有元亨與利貞分用的，如《坤》卦：「元，亨，利牝馬之貞」，《蠱》卦辭「元亨，利涉大川」，《升》卦辭「元亨，利見大人」，《大有》卦辭僅有「元亨」二字。「利貞」連用的較多，《大畜》、《大壯》、《漸》、《渙》、《中孚》、《明夷》、《損》、《鼎》、《咸》、《萃》、《兌》、《小過》、《蒙》、《恆》、《遯》等卦的卦辭或爻辭中皆「利貞」連用。另有元、亨、利、貞分用，這種更多，茲不一一列舉。元亨利貞在《周易》被頻繁使用，說明古人對此四者非常重視，經過《文言》對元亨利貞專門的解釋，更加凸顯了真善美在元亨利貞中的和諧統一。《周易》曰：

> 元者，善之長也；亨者，嘉之會也；利者，義之和也；貞者，事之幹也。君子體仁足以長人；嘉會足以合禮；利物足以合義；貞固足以幹事。君子行此四德者，故曰：乾：元、亨、利、貞。（《乾·文言》）

從上面可以看出，元亨利貞四者儘管各有特性，但都體現了真善美的統一。同時元亨利貞又有著不可分割的聯繫，是一個統一的整體。

「元亨利貞」以「元」為始。《說文》曰：「元，始也。」《爾雅·釋詁》曰：「元，首也。」說明「元」有始的意思。《周易》認為「元」是萬物之始。

《乾‧彖》中有「大哉乾元，萬物資始。」，萬物由「元」而生。因此，元在生命中的意義重大。而《文言》曰：「元者，善之長也。」元作為「善之長」，是從生的意義上來說的，《周易正義》曰：「天地之性，生養萬物。善之大者，莫善施生。元為施生之宗，故言元者善之長也。」把生養萬物最為最高的善而大加讚頌。元作為善之長同時也是因為「元」能「首出庶物」，並使「萬國咸寧」，說明元有具有社會倫理上的意義。因此，從功能上說，「元」為眾善之長，善中最善者。

「元」對於君子來說，就是仁。《乾‧文言》曰：「君子體仁足以長人。」仁是君子最高的美德，仁就是要君子效法天之元德，董仲舒《春秋繁露王道通三》曰：「仁之美在於天。天，仁也。天覆育萬物，既化而生之，有養而成之，事功無已，終而復始，凡舉歸之以奉人。察於天之意，無窮極之仁也。」即說君子要效法天之生養萬物那樣去奉養萬民，即是《周易》所說的「天地養萬物，聖人養賢及萬民。」（《頤》）

「亨」為美。「亨」是美的體現，《乾‧文言》曰：「亨者，嘉之會也。」「嘉」即美的意思。《說文》曰：「嘉，美也。」以美釋「嘉」說明「亨」也就是美。《周易正義》釋「亨者，嘉之會也」曰：「嘉，美也。言天能通暢萬物，使物嘉美之會聚，故云嘉之會也。」《伊川易傳》也說：「亨者，嘉美之會也。」《漢上易傳》說：「亨者，天地之極，通眾美之期會也。」明來知德《周易集注》也釋「亨」為「乃嘉美之聚會也」。清張惠言《周易虞氏義》釋「亨」以「嘉美所合」。以上這些都說明亨就是美。

「亨」有通意。《子夏傳》曰：「亨，通也。」亨為美是因為亨能使生命亨通。《周易》認為美是生命的成長及其運動變化的亨通之美，也即亨之美。《乾‧彖》所言的「雲行雨施，品物流行」就是亨的體現。《周易正義》認為此句是解釋「亨」的，《正義》曰：「言《乾》能用『天』之德，使運氣流行，雨澤施布，故品類之物流佈成形，各得亨通，無所壅蔽：是其『亨』也。」生命如果亨通則無不美，如朱熹《周易本義》曰：「亨者，生物之通，物至於此莫不嘉美，故於時為夏，於人則為禮，而眾美之會也。」生命之亨通體現了合規律性的體現。

這些都說明「亨」意為美。當然，亨不只有「通」意，還有其它意思。朱熹曰：「古者亨通之亨，享獻之享，烹任之烹，皆作亨字。」（《周易本義‧大有》）因此，亨還可表示祭祀之獻享。馬王堆帛書《周易》與戰國楚簡《周

易》中寫作「享」或「鄉」、「芳」〔註27〕,「享」、「鄉」、「芳」有祭祀、宴鄉、獻貢之意。「亨,通也」通過意思是說宴鄉、祭祀等能溝通人與人、人與神之間的聯繫。元吳澄《易纂言》釋「亨」曰:「字與獻享之享同,備物以獻謂之享。亨者,極盛之時,百嘉聚會,有如享禮,眾美之物具備也。」清朱駿聲《六十四卦經解》也說:「亨享同字,百嘉會聚而通也。」不管是「亨」還是「享」、「芳「等其意義都相關聯,都與溝通、獻享之意。

由上可知,亨在《周易》中主要代表美。

「利」為善。利體現了社會人倫中的秩序。《乾・文言》曰:「利者,義之和也。」又曰:「利物足以和義」。對於「利」的含義,按照劉綱紀的看法,它與《荀子》的思想有關〔註28〕,《荀子・王制》中說:「人何以能群?日分。分何以能行?日義。故義以分則和,和則一,一則多力,多力則強,強則勝物。故宮室可得而居也。故序四時,裁萬物,兼利天下,無它故焉,得之分義也。」「義」是「分」,即是說人有長幼尊卑之分。荀子認為人應該按照長幼尊卑的順序,分別行事,只有分,才能和。而只有「義之和」,才能產生「利」。《周易》中也有尊卑有序的思想,《繫辭上》說:「天尊地卑,乾坤定矣。卑高以陳,貴賤位矣。」天地秩序也是人間道秩序。朱熹《周易正義》對「利」的解釋也是從這個方面說的,朱熹曰:「利者,生為秋,於人則為義,而得其分之和。」也是說只有遵循禮儀,恪守其分,才能達到和諧。

《周易》還認為「利」表現了生的功能與作用在於利天下。如《乾・文言》曰:「乾始能以美利利天下。」前一個「利」為名詞,後一個「利」為動詞,都與利惠、利益有關。孔穎達《周易正義》疏引莊氏云:「利者義之和者,言天能利益庶物,使物各得其宜而和同也。」但是《周易》接著說:「不嚴所利,大矣哉。」乾具有利天下的功德卻不說出其所施予的利惠,真是偉大啊。如孔子《論語》中所說:「天何言哉,四時行焉,百物生焉,天何言哉。」天只是運行不已,使四時變換,百物興茂,天卻什麼也不說,此句顯示了天的美德。可以看出,「利」不只是善,也是真與美的體現,在「利」中體現了真善美的統一。

「貞」為真。《周易》認為「貞」為「事之幹」。「貞」為正的意思,《師・

〔註27〕 參見劉保貞:《從今、帛、竹書對比解〈易經〉「亨」字》,《周易研究》2004年第6期。
〔註28〕 見劉綱紀:《〈周易〉美學》,武漢大學出版社2006年版,第29頁。

象》曰：「師，眾也。貞，正也。能以眾正，可以王矣。」《子夏傳》也說「貞，正也。」對於「事之幹」之「幹」，朱熹解釋爲「木之身而枝葉所依而立者也。」（《周易本義》）「幹」就是萬事萬物的生長變化的規律與根本。《周易》曰：「貞固足以幹事。」意思是固守根本，遵照萬事萬物活動的規律，就可以成就事業。對於人來說，「貞固」意謂著堅守自己的德操，堅守正道，「富貴不能淫，威武不能屈」。「貞」還體現了一種人格美，這種貞德又可以「暢於四肢，發於事業」。如《坤‧文言》所言：「君子黃中通理，正位居體，美在其中，而暢於四支，發於事業，美之至也。」這裡所謂「黃中通理，正位居體」，是說君子若保持自身之正，就會「美在其中，而暢於四支，發於事業」。「暢於四肢」體現了生命的亨通之美，「發於事業」則是君子說明這種居正可以成就之功業，美德、生命、事業都是通暢無滯，在《周易》看來，是「美之至也」。從中也可以看出，「貞」與「亨」、「利」有著密切的關係。

從中可以看出，「貞」既與事物的規律性密切相關，對於人則體現爲堅貞的人格美，而且又可成就功業。從「貞」中也體現了眞善美的統一。

元亨利貞是一個統一的整體。項安世《周易玩辭》曾說，元亨利貞四德可以用一句話概括：「乾始能以美利利天下，不言所利，大矣哉！」元爲善之長，所以元在四德中起著統帥作用，子夏《傳》云：元，始也；亨，通也；利，和也；貞，正也。言此卦之德有純陽之性，自然能以陽氣始生萬物，而得元始亨通，能使物性和諧，各有其利，又能使物堅固貞正得終。「《伊川易傳》曰：「四德之『元』，猶五常之『仁』。偏言則一事，專言則包四者。」朱熹說：「蓋天地之心，其德有四，曰元亨利貞，而元無不統。其運行焉，則爲春夏秋冬之序，而春生之氣無所不通。故人之爲心，其德亦有四，曰仁義禮智，而仁無不包。」（《仁說》）呂祖謙《與朱熹書》中也說：『『元』可以包四德，而與『亨利貞』俱列；『仁』可以包四端，而與『義禮智』同稱。此所謂合之不渾，離之不散者也。」「元」可以包四德，說明「元」同時也具有「亨」、「利」、「貞」之德，同時也說明這種統一是在生命基礎上的統一。因爲乾元的功能就是創生萬物，乾爲始體現了四德在生命基礎上的統一性，所以《周易》以乾元爲「善之長」統帥其餘，從中也體現了《周易》強烈的生命精神。《周易》以「生」的規律性和目的性來解釋和規定宇宙和人的行爲，這對後人有很大影響，如：

《子夏傳》曰：元，始也。亨，通也。利，和也。貞，正也。

言乾稟純陽之性，故能首出庶物，各得元始、開通、和諧、貞固，不失其宜。是以君子法乾而行四德，故曰「元、亨、利、貞」矣。（李鼎祚《周易集解》引子夏）

《子夏傳》云：元，始也；亨，通也；利，和也；貞，正也。言此卦之德有純陽之性，自然能以陽氣始生萬物，而得元始亨通，能使物性和諧，各有其利，又能使物堅固貞正得終。（孔穎達《周易正義》）

元者，春也，仁也。春者，時之始；仁者，德之長。時則未盛，而德足以長人：故言德而不言時。亨者，夏也，禮也。夏者，時之盛；禮者，德之文。盛則必衰，而文不足以救之：故言時而不言德。利者，秋也，父也。秋者，時之成；義者，德之方。萬物方成而獲利，義者不通於利：故言時而不言德也。貞者，冬也，智也。冬者，時之末；智者，德之衰。正則吉，不正則凶，故言德而不言時也。（邵雍《皇極經世・觀物外篇》）

元，亨，利，貞，謂之四德。元者，萬物之始；亨者，萬物之長；利者，萬物之遂；貞者，萬物之成。（程頤《伊川易傳》）

元者，生物之始，天地之德莫先於此，故於時爲春，於人則爲仁，而眾善之長也。亨者，生物之通，物至於此莫不嘉美，故於時爲夏，於人則爲禮，而眾美之會也。利者，生爲秋，於人則爲義，而得其分之和。貞者，生物之成，實理具備，隨在各足，故於時爲冬，於人則爲智，而爲眾事之幹。（朱熹《周易本義》）

上人爲元，上從一，始也。春木，仁也。亨享同字，百嘉會聚而通也。夏火，禮也。利，和也：如刀刈禾，順而使之也。秋金，義也。貞，正也，冬水，智也。孔子曰：「智者樂水。」始萬物爲元，達萬物爲亨，益萬物爲利，不私萬物爲貞。（朱駿聲《六十四卦經解》）

以上都是從生命的規律出發由天到人來說明眞善美，元亨利貞體現了生命運行的規律性，朱熹說：「元亨利貞，性也。」（《朱子語類》第六十七卷）「生」與「性」通，《左傳・召公八年》杜預注：「性，生也。」《呂氏春秋・孟春紀・性情篇》：「性者，生也。」「性」即「生」，「生」即「性」，也說明是元亨利貞是天地自身的意志和趨勢，體現了其自然而然的本性。

元亨利貞是生生不已、循環往復的生命過程，同時它也是價值實現的過程，它從宇宙生命出發來說明善，而不是從心靈出發來說明善，元亨利貞的生命過程也為善提供了的原則，它區別於孟子等從心性出發來說明善，也不同於莊子在「大人不仁」（《莊子‧齊物論》）、「去善而自善」（《莊子‧外物》）中所體現的通過否定而達到善的看法。

元亨利貞也是美的體現，美的根源。元亨利貞鮮明地體現了《周易》美學的生命精神，這種生命精神是天地之精神，也是道德之精神，同時也是藝術之精神。如方東美所說：「宇宙之美寄於生命，生命之美形於創造。宇宙假使沒有豐富的生命充塞其間，則宇宙即將斷滅，那還有美之可言？」「一切藝術都是從體貼生命之偉大處得來的。」「生命之所以偉大，即是因為它無論如何變化，無論如何進展，總是不至於走到窮途末路。一切美的修養，一切美的成就，一切美的欣賞，都是人類創造的生命欲之表現。」又說：「不論在創造活動或欣賞活動，若是要直透美的藝術精神，都必須先與生命的普遍流行浩然同流，據以展露相同的創造機趣，凡是中國的藝術品，不論他們是任何形式，都是充分表現這種盎然生命。」〔註29〕

以上通過對「生」的內涵、特點和價值的探討可以看出，總之，從「生」中可以看出，「生」表示形而下的生殖、創生，也表現形而上之精神，它是個體生命與宇宙生命的融合，是真善美的統一。在「生」字中反映了《周易》最基本的精神，如梁漱溟所說：

> 這一個「生」字是最重要的觀念，知道這個就可以知道所有孔家的話。孔家沒有別的，就是要順著自然道理，頂活潑頂流暢的去生發。他以為宇宙總是向前生發的，萬物欲生，即任其生，不加造作必能與宇宙契合，全宇宙充滿了生意春氣。〔註30〕

〔註29〕 方東美：《中國人生哲學》，臺北黎明文化事業公司 1982 年版，第 55～56、218頁。

〔註30〕 梁漱溟：《西洋中國印度三方哲學之比較》，見《孔子學說的重光——梁漱溟新儒學論著輯要》，中國廣播電視出版社 1995 年版，第 69～70 頁。

第二章 《周易》生命精神的審美生成

　　《周易》中「生」的內涵和特點是通過一陰一陽的內在生成表現出來。「生」之道也就是一陰一陽之道。《周易》曰:「一陰一陽之謂道。」道也就存在於一陰一陽之間。陰陽是《周易》的根本範疇,對於陰與陽的關係,朱熹說:「陰陽有個流行底,有個定位底。『一動一靜,互爲其根』,便是流行底,寒暑往來是也。『分陰分陽,兩儀立焉』,便是定位底,天地上下四方是也。《易》有兩義:一是變易,便是流行底;一是交易,便是對待底。」(《朱子語類》卷六十五)他批評程頤「只說得相對底陰陽流轉而已,不說錯綜底陰陽交互之理」,指出易兼有變易、交易兩義。臺灣學者張肇祺曰:「交易者,陰中有陽,陽中有陰;互藏其宅者也。變易者,陰極而陽,陽極而陰,互爲其根者也。」〔註1〕前者注重於「生」之普遍性,後者注重於「生」之綿延性。

　　在審美生成的原則上,清代學者惠棟的一句話極具概括性:「易道深矣!一言以蔽之,曰:時中。」「時中」內涵非常豐富,既是對「中」的限定,同時也是對「時」的強調。由於「時」與「中」內涵不同,本章把「時」與「中」分開討論,「時」與「貞」相反相成,既是天地生成原則,也是人生原則,但主要體現了人生原則。「中」與「和」主要體現在天地之道中,同時也是社會倫理和藝術的原則與規範。

第一節　「感」、「化」

　　《周易》的生命精神體現在「生」中,而「生」的過程也是陰陽之「感」

〔註 1〕 張肇祺:《美學與藝術哲學——美學的構架》,季嘯風主編:《哲學研究第三輯:臺港及海外中文資料專輯》,書目文獻出版社 1986 年版,第 123 頁。

與「化」的過程。《周易》賦予「感」以重要地位，並以「感」為基礎建立了自己的生命體系，因此後世有人稱「易以感為體」。《世說新語》載：「殷荊州曾問遠公：『《易》以何為體？』答曰：『《易》以感為體。』」（《世說新語·文學第四》）「化」是生命相「感」的結果，同時也是「變」的開始，「化」中既包含陰陽交易，又包含陰陽變易。

一、「感」：生命的交感

　　《周易》關於「感」的基本義主要體現在《易經》之《咸》卦中，《易傳》對其作了重要的發揮，並把「感」擴大到天地的一切生命現象。它是生命的創造也是美的創造，「感」是生命的根源，也是審美生成的基礎，生命的交感是自然生命與精神生命的交感，同時它也是美與藝術的生成。在萬物交感中體現變幻多姿的生命精神。

（一）「感」的特點

《周易》中與「感」有關的論述有以下：

> 天地感而萬物化生，聖人感人心而天下和平。觀其所感而天下萬物之情可見矣。（《咸》）

> 天地絪縕，萬物化醇。男女媾精，萬物化生。（《繫辭下》）。

> 天地交而萬物通，上下交而其志同也。（《泰·彖》）

> 天地睽而其事同也，男女睽而其志通也，萬物睽而其事類也：睽之時用大矣哉！（《睽》）

> 《易》，無思也，無為也。寂然不動，感而遂通天下之故，非天下之至神，孰能與於此。（《繫辭上》）

> 寒往則暑來，暑往則寒來，寒暑相推而歲成焉。往者屈也，來者信也，屈信相感而利生焉。（《繫辭上》）

> 愛惡相攻而吉凶生，遠近相取而悔吝生。情偽相感而利害生。（《繫辭下》）。

以上可以看出，「感」有以下特點：

　　首先，《周易》認為，「感」具有普遍性，囊括一切領域。「咸」是「感」的通假字，《說文》釋「咸」為「皆也，悉也」，正是指「咸」道的普遍性。《周

易正義》曰:「『觀其所感而天地萬物之情可見矣』者,結歎咸道之廣,大則包天地,小則該萬物。感物而動,謂之情也。天地萬物皆以氣類共相感應,故「觀其所感,而天地萬物之情可見矣」。杭辛齋也說:「咸者,『二氣感應以相與』,天地變化之根本,人事往復之樞紐也。六十四卦《序卦》無咸,而六十四卦之彙皆在於咸。」〔註2〕六十四卦作為宇宙的模型與密碼,六十四卦「皆在於咸」,也說明宇宙中的一切事物都是無相交感的。如宋儒張載說:「天地生萬物,所受雖不同,皆無須臾之不感」(《正蒙・乾稱》)。程頤曰:「天地之間,只有一箇感與應而已,更有甚事?」(《河南程氏遺書》卷十五)朱熹也說:「凡在天地間,無非感應之理,造化與人事皆是。」(《朱子語類》卷七十一)等等都說明「感」道之廣大。

其次,《周易》中的「感」是陰陽交感。「感」指存在於空間中兩種對立的生命,它是天地、男女、剛柔、情偽等對立雙方的交流感應。

「感」是陰陽對立之感。「感」是以雙方生命的相異為前提的,《睽・象》曰:「天地睽而其事同也,男女睽而其志通也,萬物睽而其事類也,睽之時用大矣哉!」《序卦》曰:「睽,乖也。」「睽」即乖背睽違。《周易》認為看似乖背睽違的雙方卻可以形成交感。張載在《正蒙・乾稱》中論感曰:「以萬物本一,故一能合異。以其能合異,故謂之感,若非有異則無合。」是說萬物為一整體,同時又有差異和對立。也正因為如此,不同的事物又相互影響和感應。通過「感」,乖違的雙方彼此感應,形成一個統一的整體,即便是天人之間也可以互相融通,所以《周易》曰「感而遂通天下」,即通過感可以直達生命的本體,與宇宙大化交合為一。

《周易》認為「感」是雙向的。《周易》在論「感」時,強調要有對立雙方的存在才能形成「感」,如提到最多的就是天地之「感」,還有聖人與百姓之「感」。「感」的內涵從《咸》卦中可以看出,《咸》卦是專門論「感」的卦,《咸・象》解釋曰:「咸,感也。柔上而剛下,二氣感應以相與。」(《咸・象》)「咸」上兌下艮,上兌為陰卦,下艮為陽卦,由於「本乎天者親上,本乎地者親下,則各從其類也。」(《乾・文言》)因此,陽氣上昇,陰氣下降,所以二卦相交相感。「二氣」指陰陽二氣。「與」,孔穎達訓為「授與」,陸德明《經典釋文》引鄭玄曰:「猶親也」。說明「感」是雙方的互相的給予,不是一方給予,而另一方被動的接受。如程頤所說:「有感必有應。凡有動皆為感,感

〔註2〕杭辛齋:《學易筆談・讀易雜識》,遼寧教育出版社1997年版,第272頁。

則必有應，所應復爲感，感復有應，所以不已也。」(《伊川易傳》卷三) 這說明「感」是一個雙向的往來過程，它是陰陽二氣的相感相交，相摩相蕩而構成的。

同時也說明「感」與「交」有關。如果沒有「交」，也就沒有「感」。《說文》曰：「爻，交也」(《說文·爻部》)「爻」字的基本元素是兩個「十」字，「十」從字形上也有「交」的涵義。《繫辭下》說「爻也者，效天下之動者也」。爻是對天地自然變化運動的傚仿，而其所以能變化運動，首先在於天地間陰陽兩氣的交互作用。只有相「交」，才有相「感」。明代哲學家王夫之說：「感者，交相感。」(《張子正蒙注》) 指的就是陰陽二氣之間的相互交感與滲透。《周易》通過泰卦與否卦鮮明的體現了其陰陽交感的思想。《泰·象》曰：

> 泰，小往大來，吉，亨。則是天地交而萬物通；上下交而其志同也。內陽而外陰，內君子而外小人，君子道長，小人道消也。

《泰》卦上坤下乾，陽在下，陰在上，蜀才注曰：「小謂陰也。天氣下，地氣上，陰陽交，萬物通，故吉亨。」(《周易集解》) 天與地本相隔絕，如何相交，這是因爲《周易》以氣來論天與地，由於宇宙中的氣的運動，天與地也會發生交合感應。如《周易折中》引邱富國云：「天地之形不可交而以氣交，氣交而物通者，天地之泰也；上下之分不可交而以心交，心交而志同者，人事之泰也。」《泰》卦體現了就反映了陰陽二氣相交的狀況。

第三、「感」的前提是「虛」。「虛」的特點可以用空和靜來歸納，但虛並非死寂的狀態，而是爲了更好的感受生命的動感。如蘇軾所說「靜故了群動，空故納萬境」(《送參寥師》)。

「虛」有空之意，與實相對。《周易·咸·象》曰：「山上有澤，咸。君子以虛受人。」王弼注曰：「以虛受人，物乃感應。」澤在山上，澤性潤下，山虛才能受澤。推而廣之，人若接受其他事物也必須先虛其心，若實彼此則滯塞不通。程頤曰：「夫人中虛則能，實則不能入矣。虛中者，無我也。中無私主，則無感不通。」(《伊川易傳》卷三) 朱熹《周易正義》也說：「『君子以虛受人』者，君子法此咸卦，下山上澤，故能空虛其懷，不自有實，受納於物，無所棄遺，以此感人，莫不皆應。」程頤說：「人心虛，故物能感之。」(《伊川易傳》卷四) 這些都說明「虛」其心，才能互感。

「虛」還有靜之意，與動相對。《繫辭下》曰：「易無思也，無爲也，寂然不動，感而遂通天下之故。」「寂然不動」也是指心的準備狀態。但是靜是

為了動，因為「虛」是為了動。「感」，就是運動。虞翻曰：「感，動也。」如朱良志所言：「『虛靜』不是虛無消極的等待，它以無載有，以靜追求動，生命飛躍的動勢就在這靜穆的心靈中形成。」〔註3〕他又說：「寂然不動，是靜穆的心靈持養，而感而遂通天下，則是以一靜之心，上下與宇宙渾然同體，寂然不是渺然的等待，而是生命的躍升。」〔註4〕

因此，《周易》所說的「虛」與老莊所言的「虛」有所不同。「虛」也是老莊所倡導的重要的概念，老子曰：「致虛極，守靜篤，萬物並作，吾以觀復。」（《老子》十六章）莊子提出「虛而待物」：「氣也者，虛而待物者也。唯道集虛。虛者，心齋也。……夫拘耳目內通而外於心知，鬼神將來舍，而況人乎！」（《莊子‧人間世》）老莊的虛靜說對作為一種心理狀態，對感官是排斥的，因為「五色令人目盲，五音令人耳聾」，真正的道是「無為無形」、「視之不見」、「聽之不聞」的。老莊的虛靜說完全是以虛無出世的消極思想為內容，是一種絕聖棄智、無知無欲的混沌境界，其心理導向就是神秘的虛空之境。而《周易》的虛靜作為「感」的前提，其目的是為了生命間更好的互感互應。

第四，「感」是一種自然而然的生命狀態。「感」是自然而然發生的，即便是以心相感，也是出於無心無意。古人把「咸」作為無心之感，不只是從字形上說，從「咸」卦的內容看也是如此，《咸》卦中以少男少女相感來象徵天地之感。程頤說：「物之相感，莫如男女，而少復甚焉。」（《伊川易傳‧咸卦傳》）二者相處自然會發生感應，無需用心追求。現代學者杭辛齋對此有精妙的闡發，他說：「咸《象》曰『感也』，而咸無心……蓋有心之感出於人，不可以為咸也。必感而無心，乃純出乎天然，其感始至。且有感而無應，亦非感也。咸則『二氣感應以相與』，隨天而動，皆出自然，又非磁石引針琥珀拾芥之蠢然無知者可擬也。故取象少男少女，天真爛漫，方足為得咸之真‧盡咸之妙焉。」〔註5〕對於「咸」的有心無心問題，前人多有論述，如清易學家杭辛齋認為「咸」為無心之感，金景芳則認為「咸」即感，既包括無心之感也包括有心之感。當代易學家金景芳說：「過多都講咸，不講感，以為感是

〔註3〕　朱良志：《中國藝術的生命精神》（修訂版），安徽教育出版社2006年版，第238頁。

〔註4〕　朱良志：《中國藝術的生命精神》（修訂版），安徽教育出版社2006年版，第254～255頁。

〔註5〕　杭辛齋：《學易筆談‧讀易雜識》，遼寧教育出版社1997年版，第273～274頁。

無心之感。我看不應這樣解釋。古代的咸字就是感字。後來在咸字上加一個心字。」〔註6〕從《周易》對《咸》卦之少男少女相感的描述看，本人認為，咸是無心之感與有心之感的統一，它不是天地之間的以氣相感，是以心相感，但感的方式和過程卻是無心的，是自然而然發生的，從這個意義上說，它又是無心之感。

所以，《周易》曰：「憧憧往來，朋從爾思。」對此，歷代多有闡釋，朱熹解釋的簡單明瞭，「憧憧只是加一個忙迫的心，不能順自然之理。」他又說，「方往時便又要來，方來時便又要往，只是一個忙。」（《朱子語類》）張載也說：「感非有意，咸三思以求朋，此則不足道。聖人惟於屈伸有感，能有屈伸，所以得天下之物，何用憧憧以思而求朋。」（張載《橫渠易說》）因此，自然而然的無心之感也被認為是咸的本義。「咸，感也。不曰感而曰咸。咸，皆也。無心之感，無所不感。所謂寂然不動，感而遂同通天下之故者。若有心於感，則非《易》之道矣。故卦名咸。」（陳夢雷：《周易淺述》卷四）荀子也繼承《周易》的「感」的思想，《荀子·正名》曰：「性之和所生精合感應不事而自然，謂之性。」又說「感而自然」（《荀子·性惡》）。這些都說明了「感」的自然而然的特點。《周易》以少男少女的交感為例正是為了說明天地萬物之感應該是隨任天機自然而然的，無為無不為。

對於「感」的這種特性，古人多以「感興」、「興會」、「觸」、「見」、「會」等來表示。如陶淵明《飲酒》詩中的「見」：

> 結廬在人境，而無車馬喧。問君何能爾？心遠地自偏。採菊東籬下，悠然見南山；山氣日夕佳，飛鳥相與還。此中有真意，欲辨已忘言。

對於「見」字宋代俗本作「望」，蘇軾不以為然。他在《題淵明飲酒詩後》裏說：「『採菊東籬下，悠然見南山。』因採菊而見山，境與意會，此句最有妙處。近歲俗本皆作『望南山』，則此一篇神氣都索然矣。」（《東坡題跋》，《蘇軾文集》第67卷）「見」本「現」，是一種不期然而然的狀態，而若改為「望」，則突出了「我」的意志，就難以體現「我」與「南山」相遇的欣喜狀態了。又如古人對「興」的看法，如謝靈運曰：「事出乎外，興不由己。」（《歸途賦序》）南宋葛立方曰：「觀物有感者，則有興。」（《韻語陽秋》）楊萬里曰：「我無意於作是詩，而是物是事適然觸乎我，我之意適然感乎是物是事，觸先焉，

〔註6〕金景芳：《周易講座》，廣西師範大學出版社2005年版，第224頁。

感隨焉，而是詩出焉……斯之爲興。」(《答建康府大軍庫監門徐達龍》)這些都說明觀物的狀態是物與我自然而然的相遇，作詩也是有感而發，而不是「吟安一個字，拈斷數莖鬚」的狀態。

第五，「感止於正」。「感止於正」體現了儒家的教化觀，這種「感」不是基於人的自然本性，而是禮法之感，其目的是爲了感化人心，以使天下和平。

《咸》卦辭曰：「亨，利貞；娶女吉。」說明交感可至亨通，其利在於守正，以「正道」結婚必吉。《周易正義》曰：「既相感應，乃得亨通；若以邪道相通，則凶害斯及，故利在貞正；既感通以正，即是婚媾之善。」從《咸》卦六爻的吉凶得失狀況可知，《周易》注重以心相感，同時又要守正。《咸》卦曰：

> 初六，咸其拇。六二，咸其腓，凶；居吉。九三，咸其股，執
> 其隨，往吝。九四，貞吉，悔亡；憧憧往來，朋從爾思。九五，咸
> 其脢，無悔。上六，咸其輔頰舌。

六爻之中初、二、三、五、六諸爻取諸於身，從下至上爲拇、腓、股、脢、舌，這些都代表一種與生命欲望相關的純粹的自然之感。九四所處的位置是心象，代表心。《周易》認爲這些都要與「正」結合，才能吉。如《咸》六二曰：「居吉」，《周易正義》釋曰：「六二：咸其腓，凶。居吉。咸道轉進，離拇升腓，腓體動躁者也。感物以躁，凶之道也。由躁故凶，居則吉矣。處不乘剛，故可以居而獲吉。」意思是都是守靜則吉，躁動則凶。朱熹也說：「此卦雖主於『感』，然六爻皆宜靜不宜動也。」(《周易本義》)可以看出，「感止於正」有「發乎情，止乎禮義」之意，體現了儒家的詩教觀。

由上可知，《周易》認爲「感」是天地間普遍存在的現象，「感」爲陰陽雙方生命的交相感應，同時「感」的產生又具有自然而然和「止於正」的特點，如果說上面提到的天地相感的自然而然的特點體現了道家的無爲思想，「感」的以心相感的這層含義則體現了儒家的禮法教化的思想。這與《周易》各篇的創作時代背景和社會文化思潮有著密切的關係，《易經》多與儒家的禮法教化有關，而《易傳》的解釋又摻入了道家當時流行的各種思想。從中也可以看出《周易》思想中儒道兼顧的特點。

(二)「感」的意義

《周易》把宇宙中的交感分爲三種：其一，存在於自然界中的自然生命之「感」，如天地、男女；其二，存在於人類社會的精神生命之「感」，如人

心相感，《咸‧象》中明確地提出這兩種類型的交感：「天地感而萬物化生，
聖人感人心而天下和平」。其三，《周易》還暗含著第三種「感」，即還包括自
然生命與精神生命之交感，如天與人，或曰物與心。前兩種是同類相感，天
與地、男與女、聖人與百姓，儘管是對立的，但是屬於同類，即《周易》所
說的「同聲相應，同氣相求。……則各從其類也。」(《乾‧文言》)《周易》
先言天地，次言聖人與百姓之感，這其中也暗含著天與人之間的交感，也即
是後來董仲舒進一步推崇的天人感應。

　　如果說三種交感第一種體現在自然中，第二種體現在社會中，第三種主
要體現在美與藝術中。於此相對應，「感」的意義也可以分爲三個層面，自然
層面，社會層面和藝術層面。

　　首先，在自然層面，「感」是萬物化生繁衍的基礎。《周易》把一切生命
現象都建立在陰陽交感的基礎之上，萬物由「感」而生，沒有「感」也就沒
有生命的繁衍。《咸》卦曰：「天地感而萬物化生」，如上經以乾坤二卦爲首，
下經以反映夫婦之道的《咸》卦爲首，都把「感」作爲生命的基始。天地交
感才能生育萬物，男女交感才能繁衍後代。「獨陰不生，獨陽不生，獨天不生。」
(《穀梁傳‧莊公三年》)只有下上相佐才能保持生機。因此，《周易》對陰陽
的交感相遇大爲讚美。《姤》卦也是專門描述陰陽相交相遇的一卦。「姤」即
象徵「相遇」。《姤‧象》曰：「姤，遇也。」《周易》同時對「姤」大爲讚美：

　　　　天地相遇，品物咸章也；剛遇中正，天下大行也。姤之時義大
　　矣哉！(《姤‧象》)

《周易正義》曰：「卦得『遇』名，本由一柔與五剛相遇，故『遇』辭非美；
就卦而取，遂言『遇』不可用，是『勿用取女』也。故孔子更就天地歎美『遇』
之爲義不可廢也。天地若各六所處，不交相遇，則萬品庶物無由彰顯；必須
二氣相遇，乃得化生。」說明一女遇五男雖不可取，但天地陰陽的正當相遇
則是萬物發展昌盛的根本。

　　又如《歸妹》曰：

　　　　歸妹，天地之大義也。天地不交，而萬物不興；歸妹，人之終
　　始也。(《歸妹‧象》)

「歸妹」是嫁出少女，「人之終始」是指人類能夠終而復始的繁衍。《王注》：
「陰陽既合，長少又交，天地之大義，人倫之終始。」程頤釋「歸妹」曰：「男
女交而後有生息，有生息而後其終不窮。前者有終，而後者有始，相續不窮，

是人之終始也。」(《伊川易傳‧歸妹傳》)這說明陰陽交感是「天地之大義」，它是萬物產生的基礎，如果陰陽不相交感，則萬物不興，《否》卦中也說：「天地不交而萬物不通也。」(《否‧彖》)「否」，上乾下坤，是陰陽不交之象。何妥曰：「若天氣上騰，地氣下降，各自閉塞，不能相交，則萬物無由得生。明萬物生由天地交也。」(《周易集解》)這些都是說明陰陽二氣的交感乃是生命生成的基礎。所以，清代蔣廷錫《古今圖書集成》中說：「一陰一陽謂之道，陰陽交感，男女配合，天地常理也。天地不交，則萬物從何而生，女之歸男乃生生相續之道。男女交而後有生息，有生息而後其終無窮，前者有終而後者始，是人之始終也。」

其次，在社會層面，通過「感」可以使社會和諧。人倫由天地而來，人與人之間的交感可以使「天下和平」，即《周易》所說的「聖人感人心而天下和平」。對此，《周易正義》曰：「『聖人感人心而天下和平』者，聖人設教，感動人心，使變惡從善，然後天下和平。」聖人把「感」作為動人心的一種手段和方法，究其原因，在於「感」更能深入人心，聖人的道德教化能夠與百姓發生感應，使百姓接受教誨安分守己，不需要武力就能使天下和平。通過人心之交感，除去人的自然本性，使自然生命的感性欲求符合於社會倫理道德的要求，以達到社會的和諧與安定。如果不相交感，則是《否‧彖》所說的：「上下不交而天下無邦也。」上為君，下為臣，如果君高高在上，不能體恤民情，與下臣交流，臣不能輔佐君王，與上溝通，則國家則不治。

再次，在藝術層面，交感也具有重要的意義。「感」深入到審美體驗和審美創作的核心。陳望衡說：「審美就是人與物的一種建立在感性基礎之上，不離感性又超越感性的精神活動。沒有交感就沒有審美。」〔註7〕可以說交感活動伴隨著審美和藝術創造的全過程。

交感說影響到中國傳統的藝術觀。在天與人、心與物的關係上，中國古人則把自然看成是有生命的對象，因此物與我的關係不是反映與被反映的關係，而是相互交流、相互贈答的交感關係。如劉勰《文心雕龍‧物色》云：「山沓水匝，樹雜雲合。目既往還，心亦吐納。春日遲遲，秋風颯颯。情往似贈，興來如答。」「往還」與「吐納」，「贈」與「答」反映了心與物、情與景雙向交流的關係。蕭子顯《自序》曰：「風動春湖，月明秋夜，旱雁初鶯，開花落葉，有來斯應，每不能已。」自然不是與人對立存在的客觀之物，而是與人

〔註7〕陳望衡：《中國古典美學史》，湖南教育出版社1998年版，第780～781頁。

親和的對象。它不僅表現爲由心到物的感應過程，同時還表現爲由物到心的感發過程。《禮記・樂記》云：「樂者，音之所由生也，其本在人心之感於物也。是故其哀心感者，其聲噍以殺；其樂心感者，其聲嘽以緩；其喜心感者，其聲發以散；其怒心感者，其聲粗以厲；其敬心感者，其聲直以廉；其愛心感者，其聲和以柔。」清劉熙載也說：「在外者物色，在我者生意，二者相摩相蕩而賦出焉。」（《藝概・賦概》）可以看出，交感是審美活動中審美主客體之間的理想關係，它是審美主體與審美客體之間完美的融合與統一。

而生命之所以能夠互相交感，也是因爲生命之間彼此聯繫，彼此溝通，本身就在一個一氣相通的統一體內。所以，中國古人不把外在的自然萬象當作客觀之物，而是與主體生命息息相通的生命體。因此，外在自然的變化也會引起人的情感、情緒的變化，如董仲舒曰：「人有喜怒哀樂，猶天有春夏秋冬也。」（《春秋繁露・如天之爲》）「春，喜氣也，故生；秋，怒氣也，故殺；夏，樂氣也，故養；冬，哀氣也，故藏；四者天人同有之。」（《春秋繁露・陰陽義》）陸機《文賦》曰：「遵四時以歎逝，瞻萬物而思紛；悲落葉于勁秋，喜柔條於芳春。」南梁蕭子顯《自序》曰：「風動春湖，月明秋夜，早雁初鶯，開花落葉，有來斯應，每不能已。」用阿恩海姆的理論解釋，即是互感的兩種物質具有異質同構性，具有同樣的力的模式，因此可以互相激發，互相感應，在情感上形成一種應和和共鳴，所以中國文人多具有「懷春悲秋」的情結，對於春天生命的勃發和秋天生命的蕭瑟會形成不同的情感。總之，不管是天地、男女、物我、主客都是在一個相互感通、整體和諧的生命體內。

以交感爲基礎的藝術創作與西方建立在主客二元對立基礎上的藝術創作具有明顯的不同（當然，西方進入現代社會以來所出現的現象學美學、存在主義美學等也強調主客關係的統一，但是長期以來處於「鏡」與「燈」的對立狀態）。西方藝術或偏於客體，如摹仿說，在主客關係上，是基於認識的摹仿者與被摹仿者的關係，以求眞爲準，主體是被動的。或偏於主體，如移情說，以立普斯爲代表，他認爲移情是主體的感情移入到客體，客體是沒有感情的無生命之物，主體對對象的欣賞，其實是對自我的欣賞。客觀物象所具有的生命是主體所移入的生命，美的根源是主體。主體情感的投射才使物我合一，所凸現的是主體意識。他說：

> 在我的眼前，石柱彷彿自己在凝成整體和聳立上騰，就像我自己在鎮定自持和昂然挺立，或是抗拒自己身體重量壓力而繼續維持這種鎮定他立姿態時所做的一樣。

　　　　美的事物的感性形狀當然是審美欣賞的對象，但也當然不是審
　　美欣賞的原因。無寧說，審美欣賞的原因就在我自己，或自我，也
　　就是「看到」「對立的」對象而感到歡樂或愉快的那個自我。

　　　　……

　　　　在對美的對象進行審美的觀照之中，我感到精力旺盛，活潑，
　　輕鬆自由或自豪。但是我感到這些，並不是面對著對象或和對象對
　　立，而是自己就在對象裏面。〔註8〕

以上都是說明審美觀照與審美對象都是對出於自我的欣賞，而不是物我雙向
的交流感應。而《周易》中所謂「感」是雙方的互相移入、互相給予，即陽
中有陰，陰中有陽。如太極圖中的陰陽魚，黑魚中有一白點，白魚中有一黑
點。移情儘管也體現了物我融合，但移情是以人度物，以人化物，移情說反
映了也人與自然統一的要求，但是自然是人化的自然，自然在這種統一關係
中是被動的無生命的對象。

　　可以看出，「感」體現了《周易》一而二、二而一的生命精神，「感」是
以雙方生命的相異爲前提的。《睽・彖》曰：「天地睽而其事同也，男女睽而
其志通也，萬物睽而其事類也，睽之時用大矣哉！」《序卦》曰：「睽，乖也。」
「睽」即乖背睽違。《周易》認爲看似乖背睽違的雙方卻可以形成交感。張載
在《正蒙・乾稱》中論「感」曰：「以萬物本一，故一能合異。以其能合異，
故謂之感，若非有異則無合。」是說萬物爲一整體，同時又有差異和對立。
也正因爲如此，不同的事物又相互影響和感應。通過「感」，乖違的雙方彼此
感應，形成一個統一的整體，即便是天人之間也可以互相融通。所以《周易》
說「感而遂通天下」，即通過「感」可以直達生命的本體，與宇宙大化交合爲
一。

二、「化」：生命的化生

　　「化」在《周易》美學中也佔有重要地位，「化」由「感」而來，由「化」
而產生新的生命，因此，「化」是《周易》生命體系中的重要一環。首先，《周
易》中的「化」與「感」相關，是「感」的結果；同時，「化」與「變」相關，

〔註8〕　古典文藝理論譯叢編委會編：《古典文藝理論譯叢》第八冊，人民文學出版社
　　　　1964 年版，第 41、43～44 頁。

「化」是「變」的一種形式，也是通向「變」的過程。「化」上達宇宙自然，下通社會人倫，又兼及審美與藝術，不論化生萬物、化成社會，還是藝術上的化境，「化」都起到重要的作用。它不僅是一種過程、一種方法，還是一種生命境界。

（一）「化」作爲「感」的結果

「化」與「感」有關，作爲「感」的結果，是一種陰陽對立的雙方如天與地、男與女、心與心、物與心的融合爲一的狀態，也是一種完成的狀態，也就是《周易》所說的「化成」。「化」是生命的孕育。

首先，在自然層面，「化」是生命之道。「天地氤氳，萬物化醇；男女媾精，萬物化生。」「化」中孕育著新的生機，生命是陰陽交感化生的結果，生命在「化」中孕育。孔穎達說：「初漸謂之變，變後時新舊兩體俱有，變盡舊體而有新體，謂之化。」(《周易正義》) 說明「化」是一種新生命的產生。周敦頤云：「二氣交感，化生萬物，萬物生生而變化無窮焉」(《太極圖說》)，意謂萬物生生不已，變化乃無止息。如程頤云：「天地之化，自然生生不窮」(《河南程氏遺書》卷十五)。如果沒有「化」，就沒有新生命的產生，更不會生生無窮。

其次，在社會與精神領域，「化」表現爲一種內在的人心化育過程。它是通過對人心之感而化成的。《周易》有許多關於人文教化的語句：

大觀在上，順而巽，中正以觀天下。「觀，盥而不薦，有孚顒若」，下觀而化也。(《觀·彖》)

離，麗也；日月麗乎天，百穀草木麗乎土。重明以麗乎正，乃化成天下。(《離·彖》)

觀乎天文，以察時變；觀乎人文，以化成天下。(《賁·彖》)

孚乃化邦也。(《中孚·彖》)

善世而不伐，德博而化。(《乾·文言》)

窮神知化，德之盛也。(《繫辭上》)

《周易》提出的這種「化」是一種通過感人心而推行的教化，是對人心的化育。從上面提到的可以看出，《周易》的教化觀念從宇宙論出發，把「化成天下」的社會功能與天地之道相提並論，以人道配天道來說明聖人感人心而化天下的天經地義。其所以「感人心」者，在於「人文」，而不是強制性的措施，

它是與外在的武力相對而言的。王弼注「觀乎人文，以化成天下」曰：「止物不以威而以文明，人之文也。觀天之文，則時變可知也；觀人之文，則化成可爲也。」即人類不是通過外在的威壓，而是通過文明禮義來形成的，通過「化」的作用，天下和諧，社會安定。「化」是通過對人的生命深處的精神之化育來培養、提升人的精神境界。「化」是由內而化，通過「感人心」而化。

再次，在藝術傳達上，「化」是陰與陽、主與客、物與我、情與景的交感相遇，化而爲一，也被稱之爲化境。化境的創造首先要人與物之化，羅大經《鶴林玉露》載宋代畫家曾雲巢（無疑）的故事：

> 曾雲巢工畫草蟲，年邁愈精。余嘗問其有所傳乎？無疑笑曰：「是豈有法可傳哉？某自少時取草蟲籠而現之，窮晝夜不厭。又恐其神之不完也，復就草地之間觀之，於是始得其天。方其落筆之際，不知我之爲草蟲耶？草蟲之爲我耶？此與造化生物之機緘，益無以異，豈有可傳之法哉？」

蘇軾描寫文同畫竹時的狀態也是如此：

> 與可畫竹時，見竹不見人。豈獨不見人，嗒然遺其身。其身與竹化，無窮出清新。（《書晁補之所藏與可畫竹三首》）

所以，「化」表現爲自然天成，而不是苦思冥想的結果。

「化」也體現爲情與景之化。如爲人所稱道的謝靈運的名句「池塘生春草，園柳變鳴禽」，葉夢得指出：「『池塘生春草，園柳變鳴禽。』世多不解此語爲工，蓋欲以奇求之耳。此語之工，正在無所用意，猝然與景相遇，藉以成章，不假繩削，故非常情所能到。詩家妙處，當須以此爲根本，而思苦言難者，往往不悟。」（葉夢得《石林詩話》卷中）又如北宋詩人晁補之《詠梅》詞曰：「開時似雪，謝時似雪，花中奇絕；香非在蕊，香非在萼，骨中香徹。」清人陳廷焯曰：「費盡氣力，終是不好看」，他認爲「詞貴渾涵，刻摯不能渾涵，終屬下承。」（陳廷焯《白雨齋詞話》卷六），「渾涵」不是單純的傳達的技巧性的問題。晁補之的《詠梅詞》不夠「渾涵」的原因是把梅花作爲客觀的對象進行刻畫，精雕細琢，沒有主客合一的渾一性。明代的李贄曾深入的分析「化工」與「畫工」之別：「《拜月》，《西廂》，化工也；《琵琶》，畫工也。……今夫天之所生，地之所長，百卉具在，人見而愛之矣，至覓其工，了不可得，豈其智固不能得之歟？要知造化無工，雖有神聖，亦不能識知化工之所在，而其誰能得之？由此觀之，畫工雖巧，已落二義矣。」（李贄《焚書》卷三，

《雜述雜說》）這裡，李贄比較了「畫工」與「化工」兩種境界。「畫工」只是對自然的模仿，「化工」，不是模仿，而是與造化合一。化境本身就是無我渾然之境，也即王國維所說的『不隔』之境。

臻於「化境」的作品，充滿了內在生機和靈動，但是卻不著任何痕迹。明詩論家謝榛云：「詩有不立意造句，以興爲主，漫然成篇，此詩之入化也。」（《四溟詩話》卷一）清人紀昀：「風水淪漣，波折天然，此文章之化境，吾聞之於老泉。」（紀昀《水波硯銘》）在藝術境界上，化境則表現爲生氣灌注，難以句摘，氣象渾圓的整體。如賀貽孫《詩筏》中所說：「清空一氣，攪之不碎，揮之不開，此化境也。」

由此可見，也只有人與物化、情與景化、主與客化，才能手與心化，創造出具有化境的作品。正如黃蓼園所云：「情景交融，筆墨人化，有神無迹矣。」（《蓼園詞選》）

（二）「化」作爲「變」的過程

「化」同時還與「變」有關，「化」是「變」的一種形式，「化」字古作「匕」。《說文解字》曰：「匕，變也。從到（倒）人。」《周易》中多次將「變」與「化」相提並論，如：

> 乾道變化，各正性命。（《乾・象》）

> 日月得天而能久照，四時變化而能久成，聖人久於其道而天下化成。（《恒・象》）

> 天地變化，草木蕃。（《文言傳》）

> 在天成象，在地成形，變化見矣。（《繫辭上》）

> 聖人設卦，觀象繫辭焉而明吉凶，剛柔相推而生變化。（《繫辭上》）

> 知變化之道者，其知神之所爲乎？（《繫辭上》）

由上可知，「化」與「變」密切相關。因此，後人也以「變」釋「化」，如張載說：「化，事之變也。」（《橫渠易說・繫辭下》）但是「變」與「化」還是有區別的。

「化」是一種無迹的漸變過程。「化」儘管也是一種「變」，但「化」是逐漸變化的過程。張載說：「變言其著，化言其漸。」（《橫渠易說・繫辭上》）「化」爲漸變，所以「化」是不可明見的。朱熹也有類似解釋：「化是逐漸不

覺化將去。」(《朱子語類》卷七十四)如張載說:「化不可言難知,可以言難見,如日景之行則可知之,其所以行則難見也。」(《橫渠易說‧繫辭下》)朱熹也說:「陽化爲柔,只憑地消縮去,無痕迹;故曰化。」「化是逐一挨將去底,一日復一日,一月復一月,節節挨將去,便成一年,這是化。」(《朱子語類》卷九十八)因此,在外在表現上,「變」是可見的,「化」如日月運行,是一種無迹的、自然而然的變化。

「化」與「變」有先後之別。《周易》是由「化」入「變」,「化」是通向「變」的過程,「化」在先,「變」在後。《內經》中也有類似觀點:「夫物之生,從於化;物之極,由乎變。變,化之相薄,成敗之所由也。故氣有往復,用有遲速,四者之有,而化而變。」(《素向‧六微旨大論》)「物生謂之化,物極謂之變。」(《素問‧天元紀大論》)著名哲學家張岱年也認爲:「化是變之漸,變是化之成。」〔註9〕

但不管是過程、結果,「化」都是不明顯的變化過程,也是一種你中有我、我中有你、化二爲一的交融狀態。

「化」作爲「感」的結果,是「感」的深入。如果說「感」還有主客二分的痕迹,「化」則是二者完全合而爲一。通過對心的感化使人的精神境界得到提升,實現生命的超越,並且由此實現天下大化。「化」是人與自然、物與我、心與物相感相融,彼此不分,主客兩化的狀態,是一種深層次的生命生成過程,體現了生命的圓融無迹的狀態。如牟宗三曰:「此『化』字最好,一切圓實皆化境也。不至於化,便不能圓,不能實,不能一切平平,無爲無作。故『化』字實圓之所以爲圓之最高亦是最後之判準。」〔註10〕因此,「化」可謂是生命之圓成狀態。

總之,《周易》美學的生命精神建立在「感」與「化」的基礎上,如果沒有陰陽交感,則沒有陰陽化生,也就沒有生命的生成。同時,「化」不僅是「感」的結果和生命的完成狀態,「化」也是通向「變」的開始,它意味著一個新的生成過程。這樣,便又形成了一個由「感」入「化」再生「變」的生命歷程。換句話說,如果說「感」體現了陰陽之交易,「變」體現了陰陽之變易,「化」中則既有交易,又有變易。「化」又可以說是「感」的完成,「變」的開始。「化」

〔註9〕 張岱年:《中國哲學大綱》,江蘇教育出版社 2005 年版,第 111 頁。
〔註10〕 牟宗三:《圓教與圓善》,見《道德理想主義的重建》,中國廣播電視出版社 1992
　　　　 年版,第 605 頁。

是連結溝通「感」與「變」的橋梁和紐帶，是生生不已的生成過程中重要的一環。

第二節　「變」、「通」

　　《周易》「一陰一陽之謂道」的生命精神不僅表現在陰陽交感的生命創造上，還表現在陰陽流轉的「變」、「通」中，「變」、「通」體現了生生而條理的生命精神。《周易》認爲，「化」積累到一定程度就會生「變」，而「變」的目的是「通」。「變」和「通」都是《周易》美學的重要範疇，也是《周易》生命精神的體現。《周易》美學作爲動態的生命的美學，就在於它是尚「變」的，無「變」則無「易」，而「變」的目的在於「通」，只有「通」才能使生命長久。「變」、「通」是時間性與空間性的結合，但主要體現了時間性。一陰一陽是對立的雙方在時間過程中的變化過程。「一陰一陽」在此表現爲時間中的流轉。「變」、「通」體現了《周易》綿延不已的生命精神。

一、「變」：生命的變化

　　《周易》尚變，「變」是《周易》的靈魂，「變」是《易經》的根本之意。「易」之義有簡易、變易和不易，其中變易是核心。《周易》中「變」字出現四十七次之多，在《彖》與《象》中有十二處，《繫辭》中則有三十三處提到「變」，此外，《說卦》中還有兩處提到變，因此，也有人稱《周易》爲「變經」。如熊十力《體用論贅語》稱：「《易經》，古稱《變經》，以其闡明變化之道故。」〔註11〕孔穎達在《論易之三名》中引鄭玄《易贊》和《易論》的話說：「《易》一名而含三義：易簡一也，變易二也，不易三也。」（《周易正義》卷首）清代章學誠在《文史通義・易教中》也認爲：「夫易者變化之總名，改換之殊稱」。「易者，陰陽錯綜交換代易之謂，如寒暑晝夜，闔闢往來，天地之間，陰陽交錯，而實理流行其間，非此則實理元以頓放，故曰其體則謂之易。」（江永《近思錄集注》）

　　《周易》認爲，沒有固定不變的，一切都在流轉變易之中，《周易》曰：
　　　　《易》之爲書也不可遠，爲道也屢遷。變動不居，周流六虛，
　　上下無常，剛柔相易，不可爲典要，唯變所適。（《繫辭下傳》）

〔註11〕黃克劍主編：《熊十力集》，北京群言出版社1993年12月版，第66頁。

「唯變所適」指出了「變」的絕對性。它在卦與爻中得到充分地體現。就爻位而言，爻的位置變動不居，在六十四卦中只有《既濟》一卦陰爻與陽爻全部得位，應該說此卦爻甚吉。然而其辭卻說「初吉終亂」！可見《周易》認爲萬事萬物都處於不斷發展、變化和聯繫之中，世上絕沒有什麼靜止不動的「得位」。如王弼言：「夫爻者何也？言乎變者也。」（《易略例》）《易傳》所謂的天道、人道、地道，也就是「三才之道」，都在變動之中，以崇尙變動爲聖人之道的一種。「《易》有聖人之道四焉：以言者尙其辭，以動者尙其變，以製器者尙其象，以卜筮者尙其占。」（《繫辭上》）

（一）「變」的特點

尙變是《周易》的精神，同時，《周易》認爲，「變」又不是無規律的變動。《周易》認爲「天下至動而不可亂」（《繫辭上》），「變」如「日月運行，一寒一暑」，雖然在變化，但不是亂動，是有條不紊的運行變化。

首先，「變」具有節奏性。關於節奏的定義，《禮記正義》云：「節奏謂或作或止，作則奏之，止則節之。」節奏也就是動靜之間的變化。而《周易》認爲「一闔一闢謂之變」，「變」是一陰一陽、一開一闔的轉變，開爲動，闔爲靜。由此，「變」也就體現了節奏性。《周易》還說：「化而裁之謂之變。」「裁」，意思是裁節，「節」有靜止之意，而「推而行之謂之通」，有運行之意。從《周易》對變通的定義看，變通也包含了一止一行的節奏感。《周易》循環往復的變化形式呈現出了生命的節奏感。

其次，《周易》之變易是循環往復有條不紊的過程。《周易》中的「變」體現了生命運行過程的循環性。如《周易》所說「變動不居，周流六虛」。「周流」、「往來」等就體現了「變」的循環往復性，《周易》還多次提到「復」，如：

> 無平不陂，無往不復。（《泰・九三》）

> 復：亨。……反覆其道，七日來復。……復，其見天地之心乎？
（《復・彖》）

> 復，反也。（《雜卦》）

對於「復」的意義，李鼎祚《周易集解》引何妥曰：「復者，歸本之名。」王弼注：「復者，反本之謂也。」從《周易》之《復》卦中可看出，其卦象爲一陽五陰，一陽在下，五陰在上，下震上坤，坤爲地，雷爲動，象徵大地中生

命的萌動，同時也蘊含著反本之意。歐陽修曰：「天地之心見乎動。復也，一陽初動於下矣，天地所以生育萬物者本乎此，故曰天地之心也，天地以生物為心者也。」（歐陽修《易童子問》）復是由生命出發，又返回生命的本源。循環性體現了生命不只靜態的一度之生，而是動態往復的歷程。可以看出，《周易》所說的「往來」、「復」等都體現了「變」的循環性。循環性也是空間性的表現，宗白華說「中國詩中常用的字眼如盤桓、周旋、徘徊、流連，哲學書如《易經》所常用的如往復、來回、周而復始、無往不復，正描出中國人的空間意識。」〔註12〕

（二）「變」的原因

　　《周易》認為，「變」的原因是「推」。《周易》曰：「剛柔相推而生變化」。（《繫辭上傳》）「變」反映了陰陽之間的矛盾和對立。虞翻注曰：「陽變闢陰，陰變闢陽，剛柔相推而生變化。王弼注曰：「凡不合乃變生，變之所生，生於不合者也。」《周易注》也說：「凡不合然後乃變生，變之所生，生於不合者也。」（《周易注・革》）所謂不合，就是「火欲上而澤欲下，水火相戰，而後生變者也」（同上）。《革》卦卦象是離下兌上，離為火，兌為澤，火炎上，澤潤下，火澤（水）矛盾而相交戰，於是生變。也就是《周易》所說的「故水火相逮，雷風不相悖，山澤通氣，然後能變化，既成萬物也。」（《說卦》）中國藝術也非常注重「推」的奧妙，關於「推」字，清華琳《南宗抉秘》曰：

　　　　舊譜論山有三遠云：自下而仰其巔曰高遠，自前而窺其後曰深遠，自近而望及遠曰平遠。此三遠之定名也。又云遠欲其高，當以泉高之。遠欲其深，當以雲深之。遠欲其平，當以煙平之。此三遠之定法也。乃吾見諸前輩畫，其所作三遠，山間有將泉與雲與煙顛倒用之者，又或有泉與雲與煙一無所用者，而高者自高，深者自深，平者自平。於舊譜所論，大相徑庭，何也？因詳加揣測，悉心臨摹，久而頓悟其妙，蓋有推法焉。局架獨聳，雖無泉而已具自高之勢；層次加密，雖無雲而已有可深之勢；低褊其形，雖無煙而已成必平之勢。高也，深也，平也，因形取勢。胎骨既定，縱欲不高不深不平，而不可得。惟三遠為不易。然高者由卑以推之，深者由淺以推之。至於平則必不高，仍須於平中之卑處以推及高。平則不甚深，

〔註12〕宗白華：《宗白華全集》第二卷，安徽教育出版社 1994 年版，第 148 頁。

亦須於平中之淺處以推及深。推之法得，斯遠之神得矣。但以堆疊為推，以穿斫為推，則不可。或曰「將何以為推乎？」余曰「似離而合。」四字實推字之神髓。假使以離為推，致彼此間隔，則是以形推，非以神推也。且亦有離開而仍推不遠者，況通幅丘壑，無處處間隔之理，亦不可無離開之神。若處處合成一片，高與深與平又皆不遠矣。似離而合，無遺蘊矣。或又曰「似離而合，畢竟以何法取之？」余曰無他。疏密其筆，濃淡其墨，上下四傍，晦明借映，以陰可以推陽，以陽亦可以推陰，直觀之如決流之推波，睨視之如行雲之推月，無往非以筆推，無往非以墨推，似離而合之法得，即推之法得，遠之法亦即盡於是矣。乃或又曰「凡作畫何處不當疏密其筆，濃淡其墨？豈獨推法用之乎？」不知遇當推之勢，作者自宜別有經營，於疏密其筆，濃淡其墨之中，又繪出一段斡旋神理，倒轉乎縮地勾魂之術，捉摸於探幽扣寂之鄉。似於他處之疏密濃淡，其作用較為精細，此是懸解，難以專注。必欲實實指出，又何異以泉以云以煙者拘泥之見乎！

宗白華注曰：「推」是由線紋的力的方向及組織以引動吾人空間深遠平之感入。不由幾何形線的靜的透視的秩序，而由生動線條的節奏趨勢以引起空間感覺。〔註 13〕「推」反應了生命的律動，陰陽之間的變化不是幾何的空間的構成，而是由內在生命的推動形成的變化。所以《周易》的變化觀念與其生生美學息息相關。「推」反應了運動感與力感。變化不是單純的幾何空間之變，而是生命的律動。英國藝術批評家裏德說：「有史以來，中國藝術便是憑藉一種內在的力量來表現有生命的自然，藝術家的目的在於使自己同這種力量融會貫通，然而再將其特徵傳達給觀眾」。〔註 14〕宗白華先生稱西畫的基礎構成是數學，中國則是動力學，也是在講這一意義上而言的。

（三）「變」的意義

「變」對於「生」來說具有重要的意義。「變」是宇宙生成的內在機制，《周易》認為，只有變易才有生生。陰陽之間的變易才能使生命得以延續。《周易》以「生」釋「變」，以「變」釋「生」，「變」即是「生」。《繫辭上》云：

〔註 13〕宗白華：《宗白華全集》第二卷，安徽教育出版社 1994 年版，第 433 頁。
〔註 14〕〔英〕里德：《藝術的真諦》，王柯平譯，遼寧人民出版社 1987 年版，第 74 頁。

「生生之謂易。」「變」是陰陽之變易，變易即「生生」，也就是生命的新舊更替，如孔穎達所說：「夫易者，變化之總名，改換之殊稱。自天地開闢，陰陽運行，寒暑迭來，日月更出，孚萌庶類，亭毒群品，新新不停，生生相續，莫非資變化之力，換代之功。」「生生，不絕之辭。陰陽變轉，後生次與前生，是萬物恒生謂之易也。」（《周易正義》）熊十力也說：「《易經》曰：『生生之謂易。』此云易者，變易義。而變易之實體即道，故曰道生生也。」〔註 15〕易就是變化，而變化的本質就是「陰陽變轉」、「新新不停，生生相續」。如唐李鼎祚《周易集解》引荀爽云：「陰陽變易，轉相生也。」「生生」是生命的綿延不絕，同時也是陰陽之變易。可以說，「生生」是「變」的內在本質，而「變」是生生的外在表現。

由上也可以看出，「變」是生命之道，也是藝術之道。四時之變化是宇宙生生不息而又具有節奏性的運動。這種變易流轉的時空也是藝術的時空，審美的時空。其生生不已的生命節奏充滿了美感，與音樂相通。如《呂氏春秋》的「月令模式」，將音樂中的五聲配於五行（五方），將音律的十一律呂配於一歲的十一個月，認爲音律與曆法都體現宇宙的創化節奏，《呂氏春秋·大樂》謂：「音樂之所由來者遠矣！生於度量，本於太一。太一出兩儀，兩儀出陰陽。陰陽變化，一上一下，合而成章」。《荀子·樂論》曰：「其清明象天，廣大象地，其俯仰周旋有似於四時。」這些都說明音樂的節奏與宇宙的節奏是相通的。如方東美所說：「據生命之進程以言時間，則其紀序妙肖音律，深合符節矣。是故善言天施地化及人事之紀者，必取象乎律呂，班孟堅曰：『夫陰陽登降運行，列爲十二而律呂和矣。』西方宇宙「希臘人與近代西洋人之宇宙，科學之理境也，中國人之宇宙，藝術之意境也。」〔註16〕

宗白華則把中國哲學稱爲律曆哲學。所謂律曆，也就是春夏秋冬四時與東南西北上下六方的律合。它是時空的統一體，也是生命的流行之境，宗白華說：「空間與時間是不能分割的。春夏秋冬配合著東西南北。這個意識表現在秦漢的哲學思想裏。時間的節奏（一歲十二月二十四節）率領著空間方位（東西南北等）已構成我們的宇宙。所以我們的空間感覺隨著我們的時間感覺而節奏化了、音樂化了！」同時，這種節奏又是循環往復的，從有限至無限，又從無限回到有限。這種具有節奏、循環性與條理性的宇宙也是藝術的表現對象。如宗白華所說：

〔註15〕熊十力：《讀經示要》，中國人民大學出版社 2006 年版，第 9 頁。
〔註16〕方東美：《生生之德》，北京大學出版社 2009 年版，第 134、127 頁。

中國畫所表現的境界特徵，可以說是根基於中國民族的基本哲學，即《易經》的宇宙觀：陰陽二氣化生萬物，萬物皆秉天地之氣以生，一切物體可以說是一種「氣積」（莊子：天，積氣也）。這生生不已的陰陽二氣織成一種有節奏的生命。中國畫的主題「氣韻生動」，就是「生命的節奏」或「有節奏的生命」。伏羲畫八卦，即是以最簡單的線條結構表示宇宙萬相的變化節奏。後來成為中國山水花鳥畫的基本境界的老莊思想及禪宗思想也不外乎於靜現寂照中，求返於自己深心的心靈節奏，以體合宇宙內部的生命節奏。

......

中國畫中所表現的萬象，正是出沒太虛而自成文理的。畫家由陰陽虛實譜出的節奏，雖涵泳在虛靈中，卻綢繆往復，盤桓周旋，撫愛萬物，而澄懷觀道。〔註17〕

總之，「變」是生命之道，「變」體現了生命生成的內在機制，只有「變」，才能「生」。同時，「變」也是藝術之道，《周易》之「變」所體現的節奏性、循環性也為藝術的節奏和韻律提供了哲學基礎。

二、「通」：生命的貫通

《周易》曰：「變則通，通則久」，可見「變」的目的是為了「通」，只有「通」才能恒久。「通」體現了暢達無礙的生命精神。朱良志曰：「通就是生命有機體之間的相互推挽，彼伏此起，脈絡貫通，由此形成生命的聯繫性。」〔註18〕

（一）「通」的產生

《周易》中提到的「通」是陰陽之間的貫通，陰陽之間的相交、相感，陰陽之間的變易形成通的狀態。「通」是「交」的結果，「通」的產生是陰陽對立兩方面的相交產生的。《周易》曰：

泰：小往大來，吉，亨。則是天地交而萬物通也；上下交而其志同也。（《泰·彖》）

〔註17〕宗白華：《宗白華全集》第二卷，安徽教育出版社 1994 年版，第 109、434 頁。
〔註18〕朱良志：《中國藝術的生命精神》（修訂版），安徽教育出版社 2006 年版，第 210 頁。

　　天地不交而萬物不通也；上下不交而天下無邦也。(《否・象》)
《泰》卦的卦象是乾下坤上，乾應居上位，坤應居下位，所以就形成位勢，
乾欲上而坤欲下，二者相交就形成「通」。與之相反的是《否》，坤下乾上，《象
辭》云：「是天地不交而萬物不通也，上下不交而天下無邦也」。王夫之有一
段論述：「以燥合燥者裂而不得剛，以濕合濕者流而不得柔。統二用而聽平調，
相承而無不可通也。」(《周易外傳》卷七《說卦傳一》) 故王夫之又說：「陰
陽者恒通。」(同上書，卷七《說卦傳二》)《呂氏春秋》和《淮南子》也有這
樣的論述：

　　天氣下降，地氣上騰。天地和同，草木繁動。(《呂氏春秋・孟
春季》)

　　天氣上騰，地氣下降。天地不通，閉塞而成冬。(《呂氏春秋・
孟冬季》)

　　陰陽相措，四維乃通。或死或生，萬物乃成。(《淮南子・天文
訓》)

如京房所說：「二氣陽入陰，陰入陽，二氣交互不停，故曰生生之謂易，天地
之內無不通也。」(《京房易傳》) 這些都說明「通」由陰陽相交而產生，若陰
陽不交則否蔽不通。《周易》曰：「感而遂通」。

　　《周易》中的「變」與「通」是一個不可分割的整體，「變」多與「通」
合言，如：

　　通變之謂事，陰陽不測之謂神。

　　廣大配天地，變通配四時。

　　是故闔戶謂之坤，闢戶謂之乾，一闔一闢謂之變，往來不窮謂
之通。

　　變通莫大乎四時。

　　變而通之以盡利，鼓之舞之以盡神。

　　化而裁之謂之變，推而行之謂之通。

出於《繫辭下》的有：

　　變通者，趣時者也。

　　「通其變，使民不倦，神而化之，使民宜之。

　　《易》窮則變，變則通，通則久。」

從上可以看出，「變通」與時間有關，即《周易》所說的「變通者，趣時者也。」同時，《周易》認爲變通之理最好的體現是四時，所謂「變通莫大乎四時」。四時一方面體現了春夏秋冬四季的生命變化，同時也是具有節奏性、循環性的恒久不已的系統。四時作爲生命在時空中的變化過程，充分地體現了《周易》的變通觀。四時具體體現在《說卦》中，《說卦》曰：

> 帝出乎震，齊乎巽，相見乎離，致役乎坤，說言乎兌，戰乎乾，勞乎坎，成言乎艮。萬物出乎震，震東方也。齊乎巽，巽東南也；齊也者，言萬物之絜齊也。離也者，明也，萬物皆相見，南方之卦也，聖人南面而聽天下，向明而治，蓋取諸此也。坤也者，地也，萬物皆致養焉，故曰：致役乎坤。兌，正秋也，萬物之所說也，故曰：說言乎兌。戰乎乾，乾西北之卦也，言陰陽相薄也。坎者水也，正北方之卦也，勞卦也，萬物之所歸也，故曰：勞乎坎。艮，東北之卦也。萬物之所成終而成始也，故曰：成言乎艮。

由此可見，四時之變是春分——立夏——夏至——立秋——秋分——立冬——冬至，這既是季節流轉的過程，也是東南西北空間變化的過程。同時還是萬物萌發——生長——成熟——歸藏的過程。這樣，時間與空間通過生命被緊密聯繫起來。因此，《周易》的變通觀體現了時空合一，但是重在時間性。王夫之曾說：「天地之可大，天地之可久也。久以持大，大以成久。若其讓天地之大，則終不及天地之久。」（《周易外傳》卷四）方東美認爲道家重空間性，而對時間性最爲重視的是《易經》，他說：「趨時以言易，易之妙可極於『窮則變，變則通，通則久』之一義。時間之眞性寓於變，時間之條理會於通，時間之效能存乎久。」〔註19〕因此，《周易》的變通觀也是以時統空、時空合一的變通觀。

（二）「通」的特點

「通」反映的生命的整體貫通的條理性。首先，「通」體現了生命的條理性。如果沒有條理性，則無法生生不息。戴震道：「一陰一陽，蓋言天地之化不已也，道也。一陰一陽，其生生乎？其生生而有條理乎？以是見天地之順，故曰『一陰一陽謂之道』。生生，仁也，未有生生而不條理者。條理之秩然，禮之著也；條理之截然，義之至也：以是見天地之常。」（《讀易繫辭論性》《戴

〔註19〕方東美：《生生之美》，北京大學出版社2009年版，第209頁。

震集》第一冊）戴震又從源流上論曰：「生生者化之原。生生而條理者化之流。」（《原善》）「由其生生，有自然之條理。」「惟條理，是以生生；條理苟失，則生生之道絕。」（《孟子字義疏證》）變易即生生，但是沒有條理則生生之道絕，生生之道無法延續下去。可見生生與條理作為變易的不可分割的內在性構成。

其次，「通」反映了萬事萬物相互聯繫的有機整體性。「通」就是不隔，與拘泥、執障相對，它是一種生生不已、無所滯礙的生命境界。對於宇宙而言，四時變通而往來不窮。對於個體生命而言，只有血脈貫通才能構成一個有機的生命整體。王充曾說：「夫不通者，惡事也，故其禍變致不善。」「氣不通者，強壯之人死，榮華之物枯。」「血脈不通，人以甚病。」「開戶納光，坐高堂之上，眇升樓臺，窺四鄰之庭，人之所願也。閉戶幽坐，向冥冥之內，穿壙穴，臥造黃泉之際，人之所惡也。夫閉心塞意，不高瞻覽者，死人之徒也哉。」（王充《論衡・別通》）所以中醫上也非常講究「通」，《內經》上所謂「痛則不通，通者不痛」也是從這個意義上說的。

（三）「通」的意義

因此，「通」對於生命具有重要的意義。只有「通」，生命才能流動，才能運行無礙。《周易》曰：「往來不窮謂之通」，「通」的貫通之義還表現在變的無窮無盡，永無止息。事物發展到極處，必生變化，變化能使通暢，進入新的層面，而後又發展至極，再變使其通暢，由此往來不窮，如四時之變，無有窮息。荀爽注曰：「謂一冬一夏，陰陽相變易也。十二消息，陰陽往來無窮已，故通也。」只有「往來不窮」的「變」，即「通」，才能使事物的生命長久地延續下去，所以《周易》曰：「通則久」。變——通——久的變通模式最終歸結於「久」。恒久性與循環性有著密切關係。如上所說的「復」，即是返回生命的本源，具有循環性，同時也預示著新的生命的開始，體現了恒久性的特點。《恒・象》曰：「恒，久也。……『利有攸往』，終則有始也。日月得天而能久照，四時變化而能久成。」其中「終則有始」，體現了天地運行規律的反覆性、循環性，同時也是恒久不已的表現。近人尚秉和對《恒》卦的解釋曰：「天地之道，循環往來，恒久不已。乾為日，兌為月，日月久照，恒也。震為春，巽為夏，兌秋，乾冬，四時反覆，無有窮期，恒也。」（《周易尚氏學》卷九）因此，變通目的在於恒久不已，體現了生命的綿延性。

中國傳統藝術也追求「通」的生命精神。如中國園林，在造型上曲折蜿

蜒、但又通過小橋、流水、漏窗等使之錯落有致，互相勾連交通。如朱良志所說：「園林要以一拳一勺一隅等有限的空間表現天地生生之韻，最忌流於滯礙、充塞，中國園林中普遍採用的封閉式的格局，若不採通透之法，園林就有可能成為僵物死態，無生意可言。通是園林成功的命脈之一。」〔註20〕又如在繪畫中，不通則為畫道之大忌。元饒自然《繪宗十二忌》就列出不通之弊：「亦須上下空闊，四旁疏通，庶幾瀟灑，若充天塞地，滿幅畫了，便不風致。」宋韓拙提出山水畫要「通山川之氣」，而清笪重光《畫筌》說：「勢以能透為生，影以善漏為豁。」通是繪畫生機的前提。」〔註21〕朱良志：「通就是生命有機體之間的相互推挽，彼伏此起，脈絡貫通，由此形成生命的聯繫性。通是中國藝術的極則之一。」

總之，「變」、「通」是陰陽之間的轉換與統一，體現了生命既變動不居，充滿動感，又具有節奏性、循環性的的整體特質。「變」、「通」的規律是宇宙的規律、生命的規律，也是藝術的規律。同時，時空合一、以時統空所體現的迴環往復的節奏和韻律也是藝術的所要表現的境界。「變」、「通」體現了《周易》生生不已的綿延性的生命精神。「變、通、久」是《周易》之大義，如方東美所說：「蓋時間之真性寓諸變，時間之條理會於通，時間之效通存乎久。生化無已，行健不息，謂之變；變之為言革也，革也者，喪故取新也。轉運無窮，往來相接謂之通，通之為言交也，交也者，綿延賡續也。喪而復得，存存不消，謂之久。久之為言積也，積也者，更迭恒益也。」〔註22〕

第三節　「時」、「貞」

一切都在「時」中生成，生命之美亦體現在「時」中。「時」是《周易》生命精神的集結點，在《周易》中佔有重要的位置。宋儒程頤曰：「看《易》，且要知『時』。」（《近思錄》卷三）朱熹更是把「時」等同於易與道。朱熹《朱文公文集·答范伯崇書》曰：「《易》，變易也，隨時變易以從道也。《易》也，道也。自其流行不息而言之，則謂之『易』；自其變易無常者言之，則謂之『時』；而其所以然之理，則謂之『道』。」（《朱文公文集》卷三十九）元代大儒吳澄

〔註20〕 朱良志：《中國藝術的生命精神》（修訂版），2006年版，第210頁。
〔註21〕 朱良志：《中國藝術的生命精神》（修訂版），2006年版，第210頁。
〔註22〕 劉夢溪主編：《中國現代學術經典·方東美卷》，河北教育出版社1996年版，第228頁。

也說：「時之爲時，莫備於《易》。程子謂之隨時變易以從道。」明代經學大師蔡清作《易經蒙引》更加明確地提出：「《易》道只是時。」

在《周易》中關於「時」的言辭，有五十餘次。「時」在《周易》中有以下幾種用法：

其一，「時」爲自然時間，也即春夏秋冬四季的變化。在《易傳》中，有九處提到「四時」：《乾文言》「與四時合其序」，《豫·象》及《觀·象》「四時不忒」，《恒·象》「四時變化而能久成」，《萃·象》「天地革而四時成」，《節·象》「天地節而四時成」，《繫辭傳》「變通配四時」，《繫辭傳》「揲之以四以象四時」，《繫辭傳》「變通莫大於四時」。從這些與四時有關的辭句中可以看出《周易》認爲四時是有序的，即「四時不忒」；四時是變化的，又是恒久不已的，即「四時變化而能久成」、「變通配四時」等等。

其二，「時」是與人生相關的時機、時宜之義。如《小過·象》曰「小過亨，小者過而亨也。過以利貞，與時行也。」《既濟·象》曰：「東鄰殺牛，不如西鄰之時也。」《損·象》曰：「損剛益柔有時。損益盈虛，與時偕行。」《益·象》曰：「天施地生，其益無方。凡益之道，與時偕行。」

其三是歎卦中對「時」的感歎，即歎時之大，在《頤》、《大過》、《解》、《革》四卦中，其《象》強調「時大矣哉」。在《豫》、《隨》、《遯》、《姤》、《旅》五卦中強調「時義大矣哉」。在《坎》、《睽》、《蹇》三卦中強調「時用大矣哉」。由此可見《周易》對時的重視。

「時」體現了《周易》的宇宙觀，也體現了《周易》的人生觀，對於人應該如何對待「時」的問題，一方面，《周易》大力提倡「與時偕行」；另一方面，《周易》又推崇「獨立而不改」的人格。體現了人一方面要投入到生生不已的宇宙大化中去，另一方面又推崇具有超越時空的操守和人格，以不變應萬變。在「時」中體現了《周易》既變易又不易的生命精神。

一、「時」：生命的圓動

如何對待「時」，概括的說，《周易》認爲應該「與時偕行」，趨時變通，即時動則動，時止則止，而不是一味的主張進取。

《周易》多處表現了這種「與時偕行」的精神。「與時偕行」在《易傳》直接提到的就有三次，《乾·文言》：「終日乾乾，與時偕行」。《損·象》「損益盈虛，與時偕行」，《益·象》「凡益之道，與時偕行。」另外，《周易》還提出「隨時」、「對時」、「趣時」、「待時」等也是此意。如：

隨，剛來而下柔，動而説。隨，大亨，貞無咎，而天下隨時。

隨時之義大矣哉！（《隨·彖》）

天下雷行，物與無妄；先王以茂對時育萬物。（《無妄·象》）

愆期之志，有待而行也。（《歸妹·象》）

變通者，趣時者也。（《繫辭下》）

首先，「時」指順應天時。如《無妄·象》所説：「先王以茂對時育萬物。」對於「對時」，《伊川易傳》解爲「順合天時」。此句意爲先王以天雷般的強盛威勢來配合天時，養育萬物。順應天時，不應妄動。因爲《周易》認爲人是宇宙中形形色色生命中的一種，人與宇宙息息相通，一體不分。《周易》曰：「有天地然後有萬物，有萬物然後有男女，有男女然後有夫婦，有夫婦然後有父子，有父子然後有君臣，有君臣然後有上下，有上下然後禮義有所厝。」（《序卦》）人是天地的產物，其行動也應該隨天而行，不可逆天而動，也就是《周易》説的「與四時合其序」，使自己的生命契合宇宙的生命，萬物同其節奏。

其次，在《周易》中，「時」更多地體現爲與人生相關的時機。如「待時」、「隨時」等等。在這個意義上，「與時偕行」不只是體現了行動和進取，同時還包括靜止和隱逸。《遯·彖》曰：「遯亨，遯而亨也。剛當位而應，與時行也。」唐陸德明解釋道：「遯，隱退也。匿迹避時之謂。」（《經典釋文》）孔穎達《周易正義》說：「遯者，隱退逃避之名。陰長之卦，小人方用，君子日消；君子當此之時，若不隱遯避世，即受其害，須遯然後得通，故曰『遯，亨』。」這是説，君子只有退隱才是亨通之道。因爲陰的勢力漸長，小人得意之時，君子不得不因時勢而行事，見機而行，暫時隱退。因此，隱遁也與時有關，「不能遯者，時不可也，故曰『與時行』。遯太早則有過情之譏，如嚴光是也；太晚則不能遯，沉溺於小人之中而不能免，如劉歆是也。」因此，「與時偕行」也包括靜止與隱遁，並非只是在行進中。

但是《周易》的這種隱遁的思想與老莊消極避世的隱遁又有所不同，《周易》之隱逸是與「時」相關的，其隱是爲了等待時機，即「待時」。《歸妹·九四》曰：「歸妹愆期，遲歸有時。」即是説，嫁女錯過了日期，遲些出嫁，是要等待適當的時機。其《象》曰「愆期之志，有待而行也。」《蹇·象》曰：「山上有水，蹇；君子以反身修德。」《蹇·初六·象》説：「往蹇來譽，宜

待也。」山上有水爲蹇卦之象；君子觀此卦象，受到啓發，當山險水阻行走艱難之時，惟有自我反省，修養品德，等待時機。因此，隱也並非消極避世之隱。如孔子所說：「天下有道則見，無道則隱。」（《論語‧泰伯》）孟子稱孔子爲「聖之時者也」，因爲孔子「可以仕則仕，可以止則止，可以久則久，可以速則速」（《孟子‧公孫丑上》）。

《周易》「與時偕行」的精神在《乾》卦中得到充分的體現。《乾》卦六爻是龍的變化過程，每一爻都是龍在特定的時間的象徵，也象徵著不同的時機，初爻是時間是初，六爻也象徵生命的成長過程，生命在不同的成長階段要有不同的變化，初爻，龍須潛伏於下，不可妄動。上爻，表示龍在高位時，不應一味亢進。乾卦說明了人應因時而動，因時而止。《文言》中說乾卦九三爻辭：「終日乾乾，與時偕行。」意思是說，君子終日勤勉奮發，至晚夕則安閒體息，雖處危厲之境，亦無災咎，是因爲能與時間、時運、時勢共同前進。因此，《文言》又曰：「乾乾因其時而惕，雖危無咎。」

《周易》以龍的變化歷程來說明人要「與時偕行」，不管是前行還是歸隱，只要是合時、順時、隨時、對時，不違時、逆時，都反映了《周易》趨時、順時的審美生成原則。《彖》中共有十二卦歎「大矣哉」。《周易正義》曰：「歎美爲『豫』之善，言於逸豫之時，其義大矣，此歎卦也。」《周易正義》又說：「凡言不盡意者，不可煩文其說，且歎之以示情，使後生思其餘蘊，得意而忘言也。然歎卦有三體：一直歎『時』，如『大過之時大矣哉』之例是也；二歎『時』並『用』，如『險之時用大矣哉』之例是也；三歎『時』並『義』，『豫之時義大矣哉』之例是也。」由此可見「時義大矣哉」！

「時進則進，時止則止」、「與時偕行」等「時」的哲學凸顯了《周易》「圓而神」的生命智慧，「中國以知進而不知退，爲人生之危機，而此正西方文化之特點。」「而此種圓而神之智慧，則可對一切普遍者之執，才起而不待其凸出，即已在心靈之內部超化。於是在人之意識之前者，唯是一與物宛轉，活潑周運之圓而神的智慧之流行。故略近於柏格森之所謂直覺。但柏格森之直覺，只是其個人之哲學觀念。而中國人則隨處以此圓而神之智慧，體會自然生命，觀天地化幾，欣賞讚美活的人格之風度，以至以此智慧觀時代之風會氣遠之變，並本此智慧，以與人淪學，而應答無方，隨機指點，如天籟之流行。」〔註23〕

〔註23〕 牟宗三等著：《爲中國文化敬告世界人士宣言》，見封祖盛編：《當代新儒家》，北京三聯書店 1989 年版，第 42、44 頁。

二、「貞」：生命的貞固

一方面，人在時間中；另一方面，人又超出時間之外。《周易》「與時偕行」的精神體現了其趨時變通的變易性，而另一方面《周易》又強調「利永貞」、「直方大」等，體現了遺世獨立，不隨波逐流的精神，體現了對「時」的內在超越，也體現了《周易》的超越時空的不易性。

如果說《乾》卦代表時間和變化，體現了《周易》的變易性，《坤》則代表空間和靜止，體現了《周易》的不易性及其對「時」的超越。《坤‧上六》：「利永貞。」對於「貞」，在甲骨文中寫成𩇥，可以看出，「貞」字為鼎形，鼎在古代為國家之重器，也是生活之必須。宗白華認為「鼎」為空間之泛型。「貞」也代表一種堅貞、方正的人格泛型，在《周易》中，「貞」則為吉，「貞」也有正的意思。對於「利永貞」三字，臺灣學者高懷民解釋道：「『利』義為宜，『永』言恆久，『貞』義為正，此『貞』字即坤卦卦辭中之『牝馬之貞』。坤性以順為正，與乾不同。乾性剛健進取，故用九戒以勿固執不變，應潛、見、躍、飛以時；坤則無論處六爻之任何時、任何位，都應常守牝馬之貞，以柔順為德。所以『利永貞』三個字已道盡其義。」〔註24〕又如《坤‧六二》曰：「直方大，不習無不利。」《文言》解釋「直方大」曰：「『直』其正也，『方』其義也。君子敬以直內，義以方外。敬義立而德不孤。『直方大，不習無不利』，則不疑其所行也。」《周易正義》曰：「生物不邪謂之『直』也；地體安靜是其『方』也；無物不載是其『大』也。」這些都說明了坤之敬直方正的內在德操。

從以下幾卦也體現出《周易》之人生的不易性與超越性：

如「大過」卦，其象曰：「澤滅木，大過，君子以獨立不懼，遯世而無悶。」此卦上兌為澤，下翼為木，為「澤滅木」之象。《伊川易傳》云：「君子觀《大過》之象，以立其『大過人』之行。君子所以能『大過人』者，以其能獨立不懼，遯世無悶也。天下非之而不顧，獨立不懼也；舉世不見知而不悔，遯世無悶也。」在危難之時能卓爾獨立，遯世無悶，可見君子之節操。

又如《豫》象徵歡樂，當豫之時也往往耽於享樂、喪失操守。《豫》卦諸爻多「凶」、「悔」之辭，而《豫‧六二》曰：「介於石，不終日，貞吉。」《伊川易傳》釋曰：「當豫之時，獨能以中正自守，可謂特立之操，是其節介如石

之堅也。介於石，其介如石也。人之於豫樂，心悅之，故遲遲遂至於耽戀不能已也。二以中正自守，其去之甚速，不俟終日，故貞正而吉也。處豫不可安且久也，久則溺矣，如二可謂見幾而作者也。」當悅豫之時，若能堅持操守，堅硬如磐石，就會吉利。

又如《隨》，《隨》動而外悅，象徵隨從。《隨》曰：「元亨，利貞，無咎。」《周易正義》謂：「『元亨』者，相隨之世，必大得亨通，若其不大亨通，則無以相隨，逆於時也；『利貞』者，相隨之體，須利在得正，隨而不正，則邪僻之道，必須利貞也；『無咎』者，有此四德，乃得無咎，以苟相從，涉於朋黨，故必須四德乃無咎也。」在此，《周易》說明了「隨」的「時」義，又說明「隨」不能失正。

《恒》卦「立不易方」也體現了這一特點。《恒・象》曰：「雷風，恒。君子以立不易方。」「雷風，恒。」清李道平曰：「蓋雷風至變，而至變之中有不變者存，變而不失其常者也。」（《周易集解纂疏》）程頤：「以常久之德，自立於大中常久之道，不變易其方所也。」（《伊川易傳・恒象傳》）李光地《周易折中》引徐幾的話說：「恒有二意，有不易之恒，有不已之恒。『利貞』者，不易之恒也；『利有攸往』者，不已之恒也。合而言之，乃常道也；倚於一偏，則非道矣。」如果說上面提到的「四時變化而能久成」體現了「不已之恒」，「立不易方」則體現了「不易之恒」。《周易》的這種生命精神可謂是孟子所說的「富貴不能淫，，貧賤不能移，威武不能屈」的「大丈夫」精神。

三、「時」與「貞」的統一

以上可看出，《周易》對「時」的態度，體現了「時」與「貞」、易與不易、融入時間與超越時間的統一。一方面，人生活在時間中，是有限的存在，與四時之序同步而「日日新」，另一方面，人又要內心貞固，以不易之方立德，追求生命的超越。

「時」與「貞」的統一也是圓與方的統一。《周易》乾卦所代表的「與時偕行」的人生可以說體現了圓而神的精神，而坤卦所代表的「直方大」、「利永貞」的人生態度則體現了方以智的精神。《周易》以「圓而神」和「方以智」來區別卦與蓍之德。《周易》曰：「是故蓍之德圓而神，卦之德方以智。」（《繫辭上》）韓康伯《周易注》曰：「圓者，運轉不窮；方者，止而有分。言蓍以圓象神，卦以方象知也。唯變所適，無數不周，故曰圓。卦列爻分，各有其

體，故曰方也。」孔穎達《周易正義》中進一步發揮了這一思想，其曰：「圓者運而不窮者，謂團圓之物運轉無窮已，猶阪上走丸也。蓍亦運動不已，故稱圓也。言方者止而有分者，方謂處所，既有處所，則是止而有分。且物之方者，著地則安。其卦即成，更不移動，亦是止而有分，故卦稱方也。」朱熹也說：「圓神，謂變化無方；方智，謂事有定理。」（《周易本義》卷七）因此，君子之道應當效法天地之道，方圓兼具，動靜結合。

　　總之，《周易》認爲，只有「時」與「正」、「變」與「貞」、圓與方相結合的人生才是完美的人生。如《周易》所說的「知進退存亡而不失其正者，其唯聖人乎！」（《乾・文言》）這句話完整的概括了《周易》對「時」與「貞」辯證的態度，其中「知進退存亡」體現了時間之人，「正」則體現爲空間之人，「正」是變易中之不易。所以，《周易》一方面推崇「天行健，君子以自強不息」，主張與時俱進、隨時變通，另一方面，又提出「地勢坤，君子以厚德載物」，主張內在道德的不易性。方東美曾說《易經》的人生哲學爲「時際人」，應該說只是抓住《周易》生命精神的變易的特色，而沒有涉及到其不易的一面，是不全面的。《周易》對於「時」與「貞」的辯證統一觀體現了其生命哲學，爲人們提供一種人生指導。

第四節　「中」、「和」

　　「中」與「和」反映了《周易》生命精神的生成原則。「中」是生命秩序的體現，而「和」則體現了生命的和諧。只有「中」，才能「和」，只有「和」，萬物才能生生不息。中和體現了有序性與和諧性的統一。《周易》的中和之道不僅是天地運行的原則和規範，同時「中」與「和」也是社會倫理與藝術生成的原則和規範。

一、「中」：生命的秩序

　　「中」字在《周易》中出現次數頗多，據統計，《彖》中言「中」者，有48處，《象》中言「中」者，有56處，合計共104處。《易經》卦爻辭中出現了中孚、中吉、中行、中饋、日中等，例如，《訟》卦卦辭：「中吉，終凶。」《師・九二》：「在師中，吉，無咎。」《泰・九二》：「尙於中行。」《復・六四》：「中行獨復。」《益・六三》：「益之用凶事，無咎。有孚中行。」《益・

六四》：「中行，告公從，利用爲依遷國。」《夬‧九五》：「莧陸夬夬，中行，無咎。」等等。《易傳》中提到的「中」更多，有中正、正中、在中、得中、時中、中心、中道、中行、久中、大中、位中、中心、中直、剛中等，所以黃宗羲說：「易之道，可一言而盡也，中焉止矣。」（《明儒學案》卷五十二《語要》）鮮明地體現了《周易》尚中的思想。

（一）「中」的內涵

「中」在《周易》中有多種用法，其內涵不一，但其主要內涵主要有以下兩種：

首先，「中」指中位，即一卦中的二爻與五爻。如《象》之《需》九二爻與九五爻。《訟》、《師》、《比》、《小畜》、《履》、《泰》、《同人》、《大有》、《謙》、《豫》、《隨》、《蠱》、《臨》、《復》、《大畜》、《坎》、《離》、《恒》、《大壯》、《晉》、《蹇》、《解》、《損》、《夬》、《姤》、《萃》、《困》、《井》、《鼎》、《震》、《艮》、《歸妹》、《巽》、《節》、《中孚》、《既濟》、《未濟》共三十八卦，四十三爻中。若陽居中位，象徵「剛中」之德，若陰居中位，象徵「柔中」之德。不管是「剛中」還是「柔中」，只要是「得中」、「在中」，即在中位，此爻一般是吉爻。如《繫辭》所說：「二多譽，四多懼。」「三多凶，五多功。」

其次，「中」指「行中」，它是對《周易》「中」的原則和標準的應用。《周易》中也有不在中位而言「中」的，如《益》六三、六四爻曰：「六三，益之用凶事，無咎；有孚中行，告公用圭。六四，中行告公從，利用爲依遷國。」對此，朱熹解釋說：「三、四皆不得中，故皆以『中行』爲誡。」（《周易本義》）又如《師‧六五‧象》：「『長子率師』，以中行也。」《泰》：「九二，……得尚於中行。」《復》：「六四，中行獨復。」《復‧六二‧象》「『中行獨復』，以從道也。」《夬》：「九五，莧陸夬夬，中行無咎」等等都說明「中」是一種行爲的準則。「中」在《周易》中並非僅爲空間與時間之「中」，對於人來說，已經內化爲一種心理和精神，抽象爲一種行爲的原則和準則，成爲人的精神支柱。

由此可見，「中」在《周易》具有豐富的內涵，它不僅體現爲一種原則和標準，同時也是對這種原則的實踐過程。

（二）「中」的特點

《周易》的尚中思想體現在生生不已的生命過程中，它是生命運行的原則，它反映了秩序性，也體現了統一性，同時也是動態的，隨時變易的。

1、秩序性

「中」在《周易》中體現爲一種秩序，它是在陰陽兩端內的一種平衡，也是各正其位的要求。如蘇淵雷曰：

> 蓋中者，即近世學者所稱均衡與軌迹之理也。音樂有抑揚，運動有韻律，自然循機械之法則，社會有安定之秩序，要皆各有其所謂「中」者以調節之。〔註25〕

《周易》對中爻的重視就體現了不偏於一方，維持秩序與平衡的意思。所以中爻多吉，而上爻多凶。如《乾》卦上九爻辭曰「亢龍有悔」，意思是說巨龍不是飛得越高越好，超過一定的限度，那麼就而是會走向不好的一面，最終會悔恨的。如《豫》卦初六爻辭曰：「鳴豫，凶。」指歡樂過頭，自鳴得意，會有兇險。而《豫》六二爻辭則曰：「六二，介於石，不終日，貞吉。」其所以「貞吉」，是因爲歡樂得體，居中持正。

因此，「中」又指「正」，它是萬物各正其位的表現。「正」是陰居陰位，陽居陽位。若陰居陰位，陽居陽位，體現在交感、變通中，必須以「中正」爲本。如男女交感，必須遵循中正之道，遵循尊卑之序才能使和諧相生。

2、統一性

「中」的目的不是爲了區分，而是爲了統一。「中」的文化原型即有統一之義。據今人考證，「中」本是是測天之器，是測量日影與風向的儀器。從甲骨文「中」的字形看，「中」爲一旌旗，下爲旗影，如下圖：

張法認爲：「中杆的建立，意味著四方空間的建立和四季時間的建立，同時還意味著（天）上（地）下關係的建立。……人生天地時空之中的觀念因『中杆』而具體化、感性化，神聖化了。」「中」不僅是「宗教、政治、地理、心理之中的統一，看來也是時間、空間，天上、地下的統一。」〔註26〕因此，「中」不僅意味著秩序的建立，同時也意味著統一的形成。

所以，儘管「中」與「正」都有秩序的意思，但「正」重在其區別，而「中」重在和同。《周易》的宇宙之道重在創生，因此認爲「中」比「正」重

〔註25〕蘇淵雷：《易學會通》，中州古籍出版社 1985 年版，第 94 頁。
〔註26〕張法：《中國美學史》，上海人民出版社 2000 年版，第 36 頁。

要。如程頤說：「不失中，則不違於正矣。所以中為貴也。諸卦，二五雖不當位，多以中為美；四雖當位，或以不中為過，中常重於正也。蓋中則不違於正，正不必中也。天下之理，莫善於中，於六二，六五可見。」（《伊川易傳‧震卦傳》）如《乾》卦九二，儘管陽居陰位，屬不當位，但九二居中位，仍為吉，其爻辭曰：「見龍在田，利見大人。」坤卦六五陰居陽位，不當位，但六五居中位，仍是吉爻，所以其爻辭曰：「黃裳，元吉。」

可以看出，「中」體現了一種秩序，秩序的建立不是為了分，而是為了「和」，「中」本身也體現統一性的體現。

二、「和」：生命的和諧

「和」也是《周易》中重要的美學原則。「和」在《周易》中出現次數並不多，在《易經》中有《兌》：「初九：和兌，吉。」《中孚》：「九二，鳴鶴在陰，其子和之；我有好爵，吾與爾靡之」，《乾‧象》中有「乾道變化，各正性命，保合大和，乃利貞。」「聖人感人心而天下和平。」（《咸‧象》）「和」的出現總給人以美的畫面，其指向也是吉、貞。

從與「和」有關的句子可以看出，「和」是指內心的平和，「和兌，吉」是說平和欣悅以待人，吉祥。「鳴鶴在陰，其子和之；我有好爵，吾與爾靡之」這句話首先描繪了鶴與其同類的唱和呼應，又描繪了人與人之間的共飲同樂之「和」，同時，《中孚》用比興手法，以鳴鶴起興，還體現了天人之和。「保合大和」一句則是對大自然的讚美，陽氣統領萬物，萬物各自鎮定性命，保全太和元氣，陽氣周流不息，重新萌生萬物，天下都和美順昌。它體現了自然之大美。

「和」在《周易》中作為生命之美的形態，也具有自己的特點。

首先，「和」是陰陽二氣的交匯。《周易正義》釋曰：「陰陽匯合、沖和之氣」，它不是純剛或純陽。對於「保合太和」，王弼注：「不和而剛暴。」即乾道陽剛，若無坤道陰柔的和，就會剛暴而亡，陰陽互補，剛柔相濟，才能「保合太和」，使萬物生長，萬國安寧。「和」體現了秩序和平衡，是建立在生命基礎上的內在的協調和聯繫，它反映了古人整體把握世界的能力。「和」是通過交感實現的：「天地感而萬物化生，聖人感人心而天下和平。」（《咸‧象》）「觀天之神道，而四時不忒；聖人以神道設教，而天下服矣。」（《觀‧象》）這種「和」是真正的和諧。

其次，「和」是陰陽對立雙方之「和」。「和」與「同」不同，「和」的前提是不同，只有不同的事物才能產生新的事物。《國語》曰：「夫和實生物，同則不繼，以他平他謂之和，故能豐長而物歸之。若以同稗同，盡乃棄矣。故先王以土與金木水火雜，以成百物。」（《國語‧鄭語》）孔子也說：「君子和而不同，小人同而不和。」但是《周易》之「和」又具有自己的特點，它更側重於兩個對立事物間的和諧統一，強調矛盾對立雙方之「和」。如《周易‧革‧象》曰：「二女同居，其志不相得。」「和」體現了對立雙方的和諧統一。

再次，《周易》從天地宇宙出發論「和」，「和」為「大和」，又稱「太和」。《乾‧象》說：「乾道變化，各正性命。保合大和；乃利貞。」「太和」為天地之和，是「和」的最高境界。王夫之曰：「太和，和之至地。」（《正蒙‧太和篇》）因此，《周易》著眼於天地宇宙來詮釋「和」與基於個體的心理感覺基礎上的「和」有很大不同。如或把「和」與味覺相聯繫起來：「和如羹也，水、火、醯、醢、鹽、梅以烹魚肉，燀之以薪，宰夫和之，齊之以味，濟其不及，以泄其過，君子食之，以平其心。」或把「和」與聽覺聯繫起來：「夫音亦有適：太巨則志蕩，以蕩聽巨，則耳不容，不容則橫塞，橫塞則振；太小則志嫌，以嫌聽小，則耳不充，不充則不詹，不詹則窕；⋯⋯以適聽適，則和矣。」（《呂氏春秋‧仲夏紀》）即是說音樂須使人「適聽」，太大、大小、太清、太濁都不是「和」。可以看出，《周易》所說的「和」是「大和」，具有更大的涵蓋性和包容性，它是宇宙生命精神的體現。

儘管「和」在《周易》中出現不多，但已觸到「和」的真諦。它是主體內心之和，主體與客體之和，以及人與自然之和，《周易》之「和」體現了生命的大和諧。

三、中和原則

中和是《周易》審美生成的原則，「中」與「和」在《周易》中並沒有作為一個整體出現，但《周易》思想中的「中」與「和」卻有著內在的聯繫。「和」是「中」的目的，「中」是「和」的原則。「中」所體現的有序性不是為了分，而是為了和。《周易》曰：「各正性命，保合大和」。「各正性命」體現了「中」的有序性的要求，而「保合大和」體現了統一性，二者又是相反相成的。

《周易》認為只有「各正性命」，才能「保合大和」。「中」在生成過程中體現了有序性，《周易》認為：「天地定位，山澤通氣，雷風相薄，水火不相

射」，天地萬物各有各的功能，他們分工合作，互相協調、共濟共存：「雷以動之，風以散之，雨以潤之，日以烜之，艮以止之，兌以說之，乾以君之，坤以藏之」（《易經・說卦》）。而且，萬物各有其屬性，應該充分尊重其各自的屬性，才能「保合大和」，如孔穎達疏曰：「性者天生之質，若剛柔遲速之別；命者人所稟受，若貴賤夭壽之屬。」（《周易正義》）即指萬物具有各自不同的性命。

因此，中和的生成原則體現了生命變動不居卻是在一定範圍內有秩序的運動，即《周易》所言「言天下之至動而不可亂也」，「和」是動靜之和。既「動」而又不「亂」，呈現出「和」的態勢。中和之美實則為和諧之美，它追求對立因素的和諧統一，既要維持統一體的存在，又要保護統一體內部各要素的特性及其存在的合理性，二者是互補互濟的。中和體現了不同事物既自由生長又具有整體性的和諧，即《周易》所說的「天下同歸而殊途，一致而百慮」（《繫辭下》）。

如果說「中」體現了陰陽之分，「和」則體現了陰陽之合。「中」與「和」的關係也是天地之和與天地之序的關係。生命的運行只有奉行中和之道，才能生生不息，化育不已。程頤說：「剛正而和順，天之道也。化育之功所以不息者，剛正和順而已。以此臨人，臨事，臨天下，莫不大亨而得正也」。（《伊川易傳・臨卦傳》）「剛正」並且「和順」，天地才能順利運行，化育不息。《禮記・中庸》就說：「中也者，天下之大本也；和也者，天下之達道也。致中和，天地位焉，萬物育焉」。」這說明中和作為生育之道，萬物的生育是在天地各正其位的基礎上的。

「中」與「和」是宇宙生成的原則，也是社會倫理的原則，以及審美與藝術的原則。先秦關於禮與樂的論述，就體現了《周易》的中和原則，如《樂記》曰：

> 樂者，天地之和也；禮者，天地之序也。和，故百物皆化；序，故群物皆別。樂由天作，禮由地制。過制則亂，過作則暴；明於天地，然後興禮樂也。（《樂記・樂論》）

> 大樂與天地同和，大禮與天地同節。（《樂記・樂論》）

由上可以看出，禮與樂的關係也就是「中」與「和」的關係。禮體現了秩序性，差別性，樂體現了和同性，荀子也說：「樂合同，禮別異。」（《荀子・禮論》）但是秩序是為了和諧，沒有秩序也就沒有和諧，孔子曰：「興於詩，立

於禮，成於樂。」樂作爲一種人生境界，必須經由禮才可完成。禮的作用在於別，樂的作用在於同。禮要求維持天尊地卑的社會秩序，荀子說：「禮有三本：天地者，生之本；先祖者，類之本；君師者，制之本。」「上事天，下事地，尊先祖而隆君師，是禮之三本也。」（《荀子·禮論》）「三本」是因爲人與天地、先祖、君師有別，所以要事、尊、隆。但是這種差別也不利於和諧安定，因此，又要發揮樂的作用，樂可以「耳聰目明，血氣和平，移風易俗，天下皆寧，美善相樂」（《荀子·樂論》）。程頤說：「禮只是一個序，樂只是一個和。只此兩字，含蓄多是義理。……天下無一物無禮樂。且置兩個椅子，才不正便是無序，無序便乖，乖便不和。」（《河南程氏遺書》卷十八）這段話簡單明瞭的說明了禮與樂的關係，也即中和在社會中的體現。

藝術的生成也有賴於既有序又和諧的中和關係。《繫辭下》曰：「道有變動，故曰爻；爻有等，故曰物。物相雜，故曰文。」程頤認爲：「賁者，飾也。物之合則必有文，文乃飾也。如人之合聚，則有威儀上下，物之合聚，則有次序行列，合則必有文也」（《伊川易傳·賁卦傳》）。文是剛柔相雜形成的一種井然有序的狀態。古人認爲音樂的創制就與中和之道相通，《樂記》曰：

> 天尊地卑，君臣定矣；卑高已陳，貴賤位矣；動靜有常，小大殊矣；方以類聚，物以群分，則性命不同矣；在天成象，在地成形，如此，則禮者天地之別也。地氣上齊，天氣下降，陰陽相摩，天地相蕩，鼓之以雷霆，奮之以風雨，動之以四時，煖之以日月，而百化興焉，知此，則樂者天地之和也。（《樂記·樂禮》）

古人把音樂看作天地之和的產物，也可以說藝術生成之道與天地生成之道相通。中和在章法上體現爲既有分別又有化合，清人鄒一桂曰：「章法者，以一幅之大勢而言，幅無大小，必分賓主。一虛一實，一疏一密，一參一差，即陰陽晝夜消息之理也。……大勢既定，一葉一花亦有章法。……縱有化裁，不離規矩。」（《小山畫譜》）鄒一桂認爲繪畫不管畫幅大小，都「比分賓主」，賓主之分體現了「中」的要求，其目的是則爲了虛實、疏密、參差能夠和諧統一，可見中和也體現了審美理想。

總之，《周易》把「中」與「和」作爲生命生成過程中的重要原則和標準，體現了陰陽有序性與陰陽和諧性的統一。中和之道不僅是天地之道，也是人倫之道與藝術之道。中和是天地生成過程中的原則和規範，也是社會倫理標準和規範，在社會倫理中體現爲禮與樂的統一，同時也寄寓了一種審美理想。

綜上可以看出，「感」、「化」與「變」、「通」，「時」、「貞」與「中」、「和」主要體現了《周易》生命精神的內在生成機制與生成原則。「感」、「化」主要指陰陽之交易；「變」、「通」主要指陰陽之變易。「感」、「化」是著眼於陰陽對待，「變」、「通」是著眼於陰陽流轉。若從時空關係上講，「感」、「化」著重於空間，但不廢時間。「變」、「通」著重於時間，但不廢空間。「中」與「和」則體現了生命的有序性與和諧性的統一。不管是「感」、「化」、「變」、「通」還是「時」、「貞」、「中」、「和」都體現了《周易》廣大和諧、恒久不已、生生而條理的生命精神。它是時間性與空間性的統一，秩序性與和諧性的統一。它既是天地的生成機制和生成原則，同時也是藝術和人生的生成機制和生成原則。

第三章 《周易》生命符號的審美創造

　　《周易》的生命精神不僅體現在《易傳》對生生之德的推崇上，也體現在卦爻象的創作方式上。其創作方式可以用「觀物取象」來概括。「象」是《周易》的核心，《周易》說：「易者，象也」。對於「象」的產生有多種說法，但影響較大的說法還是觀物取象說：

　　　　古者包犧氏之王天下也，仰則觀象於天，俯則觀法於地，觀鳥獸之文，與地之宜，近取諸身，遠取諸物，於是始作八卦，以通神明之德，以類萬物之情。(《繫辭下》)

　　　　聖人有以見天下之賾，而擬諸其形容，象其物宜，是故謂之象。
　　(《繫辭上》)

觀物取象反映了易象創作中仰觀俯察的觀照方式，以及「近取諸身，遠取諸物」的取象方式，同時也體現了從天地出發的創作原則，從而充分彰顯了《周易》的生命精神。

第一節 「觀」：生命的觀照

　　「觀」是我們認識世界、感受世界的重要方法和手段。成中英先生認為：「觀是中國古典哲學最原始的起點。」〔註1〕其實，「觀」不僅是中國古典哲學最原始的起點，也是中國美學最原始的起點，它作為一種美學概念和範疇在中國傳統美學中的地位不應忽視。「觀」在《周易》中佔有重要地位，它不

〔註 1〕 〔美〕成中英：《易學本體論》，北京大學出版社 2006 年版，第 398 頁。

僅被認爲與《周易》的創作有著直接的聯繫，而且在《周易》中還被列爲六十四卦之一，體現了「觀」在古人生活實踐中的重要性。由於《易經》和《易傳》各自的成書時間跨度較大，並且在巫術禮樂文化背景下的《易經》與在人文理性精神映照下的《易傳》所體現出的審美意識和審美境界也不盡相同。因此，「觀」在《易經》與《易傳》中的內涵也不盡相同。「觀」的流動性和創造性主要體現在《易傳》所提出的仰觀俯察和觀物取象中，內省性則主要體現在《易經》的《觀》卦中，它是道德意識與審美意識的結合，是《周易》之「觀」的基礎。儘管它還有著巫術時代的一些特徵，還不是一種純粹的審美觀照，但其中所體現的方法爲後世的美學思想提供了重要的思想根源，它不僅是一種審美的觀照方式，更是一種人與自然、人與社會、審美與道德相統一的審美的生存方式和人生境界。

一、「觀」的流動性

從「觀」的角度和方式看，《周易》之「觀」具有流動性。它表現在不是對某一定點的靜止的、局部的觀照，而是動態的、全面的觀照。因此也有人也把這種觀照法稱之爲「流觀」。

「觀」的流動性主要體現在仰觀俯察中。《易經》對幼童淺見之「童觀」和暗中竊窺之「窺觀」都持否定態度，認爲這兩種觀都體現了一種偏狹性，其正面肯定的主要是大觀和仰觀俯察，特別是從創作角度提出的仰觀俯察的方式最具代表性。《周易·繫辭》曰：「古者包犧氏之王天下也，仰則觀象於天，俯則觀法於地，觀鳥獸之文與地之宜，近取諸身，遠取諸物，於是始作八卦，以通神明之德，以類萬物之情。」仰觀俯察不局限於一時一地，既有仰觀，又有俯察；既觀於遠，又觀於近，呈現出流動性。

同時，這種流動性又不是一去不返的，它是迴環往復的，是《周易》「變動不居，周流六虛」的運動觀的反映，具有節奏性和韻律感。它以流動性、節奏性的眼光去體認同樣節奏化、音樂化的宇宙，是一種與宇宙節奏相合的觀察方式。如荀子《樂論》所言：「其清明象天，廣大象地，其俯仰周旋有似於四時。」反映了生命精神與宇宙精神的和諧與貫通。

仰觀俯察的觀照法反映了中國古人不同於西方的獨特的空間意識，這在中國傳統藝術中多有體現。宗白華先生認爲：「俯仰往還，遠近取與，這是中國哲人的觀照法，也是詩人的觀照法。而這種觀照法表現在我們的詩中畫中，

構成我們詩畫中空間意識的特質。」〔註2〕中國藝術特別是山水畫,其中的觀照法不是西洋畫法所採用的站在一固定點向遠處眺望的焦點透視,而是以大觀小、迴旋往復的散點透視。北宋中期的郭熙在《林泉高致》說山有三遠:「自山下而仰山巔謂之高遠;自山前而窺山後謂之深遠;自近山而望遠山謂之平遠。」用仰視、俯視和平視等散點透視來描繪畫中的景物,打破焦點透視觀察景物的局限,因而在畫面上就表現出「高遠、深遠、平遠」的意境。與西洋藝術中體現出的追尋的、探險的、一去不復返的空間意識不同,中國藝術的觀照法可以使嚮往無窮的心有所安頓,使人歸返自我。

「俯」、「仰」作為一種動態的具有節奏感的觀照方式,具有更廣闊的審美視野,更注重對事物全面性的刻畫。在漢賦中這種仰觀俯察和遠取近取的方式就展現得淋漓盡致:其鋪陳四面八方、縱橫上下、內外相應、大小往復,天地萬物無不囊括其中,如司馬相如所言:「賦家之心,包括宇宙」(《西京雜記》卷二)。而北宋著名畫家張擇端的長卷風俗畫《清明上河圖》,作為我國繪畫史上的瑰寶,與此有異曲同工之處。它用全景式構圖,生動細緻地描繪了北宋王都汴京時的繁華景象和世俗風情,全圖規模宏大,結構起伏有序。中國藝術就是以這種具有節奏感的觀照法和表現手法去體現同樣具有節奏感的宇宙萬象,從而也體現了《周易》俯仰觀察、與天地相合的思維方式。

仰觀俯察的觀照方式也是一種獲得審美愉悅的過程。古代藝術家偏愛仰觀俯察的觀照方式,主要是它能使心靈得到自由和快樂。因為眼睛與心靈相通,古今中外的哲學家、藝術家都賦予了視覺以極高的地位,《國語‧周語下》曰:「夫耳目,心之樞機也。」現象學美學家梅洛‧龐蒂也說「必須把眼睛理解為『心靈之窗』」〔註3〕。因此,「觀」也就不只是純粹的視覺經驗,而是用心靈去觀,去體驗,在其中怡情悅性、遊目騁懷。詩人、藝術家在仰觀俯察中「俯仰自得,遊心太玄」,體驗自我生命與宇宙大化同其節奏的快樂。古人有很多這種審美體驗的表達,如「仰觀宇宙之大,俯察品類之盛,所以遊目騁懷,足以極視聽之娛,信可樂也」(王羲之《蘭亭集序》);「目送歸鴻,手揮五弦,俯仰自得,遊心太玄」(嵇康《贈兄秀才入軍》之十四首);「俯仰終宇宙,不樂復何如」(陶潛《讀山海經十三首之一》)等等,都把仰觀俯察與

〔註2〕 宗白華:《宗白華全集》第二卷,安徽教育出版社 1994 年版,第 436 頁。
〔註3〕 〔法〕莫里斯‧梅洛－龐蒂:《眼與心》,楊大春譯,商務印書館 2007 年版,第 84 頁。

心靈之樂相聯繫，而且這種「樂」是「自得」之樂，無任何道德性和社會性制約的心靈釋放之樂，是一種獨立自由的審美體驗。而仰觀俯察所造就的審美心胸和審美體驗又容易激發藝術家的創作欲望，這從古典詩文對「俯」、「仰」二字的偏愛就可見一斑，如南宋范晞文《對床夜雨》曰：「蘇子卿詩云：『俯視江漢流，仰視浮雲翔。』魏文帝云：『俯視清水波，仰看明月光。』曹子建云：『俯降千仞，仰登天阻。』何敬祖云：『仰視垣上草，俯察階下露。』又：『俯臨清泉湧，仰觀嘉木敷。』謝靈運云：『俯濯石下潭，仰看條上猿。』又：『俯視喬木杪，仰聆大壑淙。』辭意一也，古人句法極多，有相襲者。」

不難看出，俯仰觀察中體現的流動性和節奏性的觀照方式對藝術創作有重要影響，同時它又是一種審美體驗。仰觀俯察的觀照方式逐漸擺脫了《易經》時代「觀」的神秘性和道德性的束縛，在天地萬物間安頓身心，使心靈更加自由活潑，人格精神更加趨於獨立解放。與《易經》中所言的觀照方式相比，仰觀俯察之觀更具有審美意味，這種審美的觀照方式經過莊子及後來魏晉玄學的發揚光大，深深地影響了中國藝術追求自由無礙、與宇宙節奏相合的生命精神。

二、「觀」的意向性

「意向性」是現象學哲學的一個核心概念。現象學的創始人胡塞爾繼承其師布倫塔諾師的見解，他說：「我們把意向性理解為一個體驗的特性，即作為對某物的意識。」〔註4〕意向性作為意識的基本結構意味著意識總是指向某個對象，總是有關某對象的意識，而對象也只能是意向性對象。意向性反映了心與物、主與客生命的整體性聯繫。

可見，觀物取象作為《周易》的一個著名的命題，體現了「觀」的意向性。在「觀物取象」中，「觀」不是無對象的，它是對物的觀照。同時又與主體之「意」相連，其目的在於「盡意」，所以它又不是對物的被動感知，它超越了事物的外在形態，包含了對事物的加工創造，反映了主體的感受、意願和價值取向。

因此，觀物取象之「觀」是溝通心與物、主體與客體的媒介，具有意向性。它不像古希臘的柏拉圖那樣認為靈魂高於肉體而否定感官，去追求抽象

〔註4〕〔德〕胡塞爾：《純粹現象學通論》，李幼蒸譯，商務印書館1992年版，第210頁。

的不變的理式和終極實在，也不是像近代西方的自然主義的觀察，以一種理智的、分析的、科學的態度看待外在於人的自然。而且觀物取象之「觀」與老莊所說之「觀」也有很大不同。《老子》說「不出戶，知天下；不窺牖，見天道。其出彌遠，其知彌少。是以聖人不行而知，不見而明，不爲而成。」(《老子‧四十七章》)老子所說的「觀」並非經驗性觀察，所觀的對象也非形而下之「物」，而是形而上之「道」。儘管在老子看來道也是一種物：「道之爲物，爲恍爲惚。惚兮恍兮，其中有象；恍兮惚兮，其中有物。」(《老子‧二十一章》)這種「觀」更多地是一種內心體悟，或者說是一種內視。這是因爲他認爲「天下萬物生於有，有生於無」(《老子‧四十章》)。「爲學日益，爲道日損」，莊子也把「觀」視作對道的體悟，莊子曰「以神遇而不以目視，官知止而神欲行。」(《莊子‧養生主》)莊子所說的觀照方式其實是一種玄虛的冥想、「見獨」。在這種觀照下，其指向是形而上之道，所謂「目擊而道存」(《莊子‧田子方》)。

觀物取象的物我統一的整體性、意向性的觀照方式是一種通向藝術和審美的觀照方式，具有重要的美學意義。它在理論上爲中國古典美學的核心範疇「意象」和「意境」的形成提供了一個邏輯起點，一種方法和視角，其所表現的思維方式和表現方式已有詩性思維和詩性智慧的萌芽，深刻地影響了後來的思維方式和言說方式，也影響了後世的藝術批評和創作。從觀物方式對中國美學進行考察的要數王國維最爲著名，他自號「觀堂」、「永觀」，「觀」是其哲學和美學的出發點，其「意境」說也以「能觀」爲基礎，他認爲：「原夫文學之所以有意境者，以其能觀也。」(《附錄‧人間詞乙稿序》)他從物我關係出發，他沿襲邵雍「以我觀物」、「以物觀物」的說法，用之於藝術批評和創作：「有我之境，以我觀物，故物皆著我之色彩。無我之境，以物觀物，故不知何者爲我，何者爲物。」(王國維《人間詞話》)他把觀照方式作爲藝術的一個支點，由於審美心態及物我關係的不同而產生「有我之境」和「無我之境」兩種不同的藝術境界，而且「以我觀物」和「以物觀物」兩種觀照方式還體現出外物帶給觀者不同的美感。葉維廉則把「以物觀物」和「以我觀物」分別同具體性、生動性、暗示性和抽象性、概念性、單一性的藝術形象聯繫起來，他從中西比較的高度認爲中西文化模子的不同在於中西觀物方式的不同，從而也決定了中西山水詩創作的顯著差異。

「觀」的意向性說明了「觀」與「象」密不可分，二者是異質同構的關

係。「象」是在觀照中被建構成的，不是現成的，「象」不是物的再現，所謂
「象者疑於有物而非物也。」（呂惠卿《道德眞經傳》）因此，「觀」的意向性
的觀照方式所生成的既不是形而下之物，也不是形而上之道，而是充滿生機
和活力的、具有整體意蘊的、介於形而上和形而下之間的「象」，它是一種渾
然整一、不涉理路的狀態，是心與物、人與自然合一的狀態。通過意向性之
觀，生命具有了聯繫性和整體性。

三、「觀」的內省性

　　從「觀」的主體來看，「觀」具有內省性。「觀」不僅指觀外，還有觀內
之意。如果說體現在仰觀俯察中的流動性和觀物取象中的深度性都是主體觀
照外在世界時的特徵，那麼，「觀」的主體的內省則是這種外在之觀的前提和
基礎。如果說前面所說觀的屬性體現了其審美意識，內省性則主要表現爲道
德意識和人格修養。觀是道德意識與審美意識的融合，人格修養是其前提和
根基，而人的道德人格又是與內省或曰內視分不開的。
　　這種內省性多體現在《易經》中。《觀》卦曰：「六三，觀我生，進退。」
黃壽祺、張善文《周易譯注》釋曰：「觀，此處含有既觀仰於外又自視於內之
意」〔註5〕，即外觀美德而又內省自己的行爲。「九五，觀我生，君子無咎。」
此句意爲受人觀仰而省察自己的行爲。「六三」與「九五」由於爻位不同，與
其對應的人的地位也不同，「六三」指觀仰別人，「九五」受人觀仰，但相通之
處都是在觀與被觀的同時進行內省。故其《象》曰「『觀我生進退』，未失道也」。
通過「觀其生」、「觀我生」，觀聖人、觀民眾而「見賢思齊焉，見不賢而內自
省焉」，從而提高人的人生境界。即便是觀仰祭祀儀式，也能使主體內省以自
我完善。《觀》卦曰：「觀：盥而不薦，有孚顒若。」《周易本義》謂「盥」爲
「將祭而潔手」之禮，「有孚顒若」，《周易正義》謂「嚴正之貌」，即觀仰「盥」
禮可使人產生誠信、肅敬之心。也就是說，在觀仰祭祀開始傾酒灌地的降神儀
式時，即便不觀後面的獻饗細節，內心就已充滿敬仰肅穆的情緒，從而使主體
境界得到昇華和充實，正如成中英所說：「正是『觀』及其深刻的應用，聖人
才能夠修養，在這個意義上，才能使聖人成之爲聖人。」〔註6〕
　　與「觀」的內省性有關的是「觀」的感化作用。由於「觀」具有內省性，

〔註 5〕黃壽祺、張善文：《周易譯注》，上海古籍出版社 2004 年版，第 163 頁。
〔註 6〕成中英：《易學本體論》，北京大學出版社 2006 年版，第 80 頁。

所以能夠將外在的規範轉化爲內在的自覺，主客體通過「觀」可以互感互化。不論是《觀》卦中上觀下的俯觀，還是下觀上的仰觀，或是《繫辭》中提到的聖人的仰觀俯察，都是一種主體與客體的精神互相影響、互感互化的過程，所謂「易無思也，無爲也，寂然不動，感而隧通天下之故。」「觀」是聖人感化別人的過程，同時又是被別人感化的過程。它是「化」人心的過程，而不是以刑獄使百姓服的過程，如孔穎達《周易正義》曰：「統說觀之爲道，不以刑制使物，而以觀感化物者也。神則無形者也。不見大之使四時，『而四時不忒』，不見聖人使百姓，而百姓自服也。」它是主體與客體互相感化的過程，通過上觀下，在上以人格和神道示人，觀風以感化民心。而下以敬仰之心觀上，被感化而使民風淳樸，天下和諧。即《周易》所說的「觀乎人文以化成天下」，《觀·象》也說：「觀天之神道，而四時不忒；聖人以神道設教，而天下服矣。」即觀仰大自然四季交替運行的神妙的規律，而聖人效法大自然神妙的規律來設教於天下，使天下順服。觀的過程是一個天地萬物、聖人君子、普通百姓互通互感的過程，而不是表現爲主客間強烈的對抗，體現了《周易》行不言之教而使天下和諧的和諧觀，也體現了《周易》以德合天、由道德而審美的精神。如李澤厚、劉綱紀《中國美學史》所言：「在中國美學中，達到了善的最高境界，也就是在根本上和最廣大的意義上達到了美的境界。」〔註7〕

《周易》之「觀」的內省併非導向神秘、空冥和虛無，其內省性和超越性緊密相關。內省的最終追求是達到心與物、個人與社會、道德和審美的和諧統一的天地境界。宋明理學對此多有發揮，如周敦頤喜歡「綠滿窗前草不除」，他認爲以此可「觀天地生物氣象。」（《二程遺書》）因爲在觀天地生物氣象之時，也是感受自身生命氣象之時。主體通過「觀」感受萬物之生長、繁衍、消亡，從而反觀自身，使自身也投身於宇宙的大化流行中。在生生不息、往返不已的整體流動中，萬物融爲一體，從而「與天地合其德，與日月合其明，與四時合其序」（《乾·文言》），使自我生命與宇宙生命融爲一體。它把主體的心胸和修養與對宇宙的體驗溝通起來，將道德境界與審美境界相結合。在其「大觀」、仰觀俯察中，天地人融爲一體，從而「胸次悠然，直與天地萬物上下同流」（朱熹：《論語集注》），使人在趨向至善中，通向至美，而且把天道自然與社會的完善相聯繫，眞正到達了一個盡善盡美、與天地合

〔註7〕 李澤厚、劉綱紀：《中國美學史》（先秦兩漢編），安徽文藝出版社1999年版，第32頁。

的境界，在觀中實現了道德人格、審美自由、宇宙生命和社會價值的大和諧。

通過以上對「觀」的方法特徵的探討，我們可看出它不僅是一種認識方式，更是一種生命存在方式。從《易經》到《易傳》中觀的內涵的嬗變也反映了先秦的審美意識的醞釀和發展，也可看出它與儒道二家的交匯、影響與融合。宗白華先生曾經說過「宗教的，道德的，審美的，實用的溶於一象」，〔註8〕我們也可以說「宗教的，道德的，審美的，實用的溶於一觀」，它體現了中國古代傳統的盡善盡美的審美理想和萬物一體的生命境界。

第二節　「物」：生命的本源

劉成紀《物象美學》認為：「在大地與天空之間，不同的民族和文化總是在不同的方向上展開自己的審美暢想，並將作為審美對象的物象向一種理想的方向提升。一般而言，西方古典美學精神是一種具有上昇情結的美學精神。」「與此相對，東方，尤其是中國的美學精神則表現出對塵世的肯定和對周遭物象世界的迷戀。」〔註9〕這種對「物」的迷戀應該說古已有之，《周易》的觀物取象是「近取諸身，遠取諸物」就充分地體現了這一點。

《周易》中的卦爻象皆是取自天地自然中的萬事萬物，既有「天文」，又有「地文」，又有「人文」，既有各種自然現象和社會現象，還包括人自身。其次，卦爻辭中所包含的物除了自然界中的事物，還包含社會和歷史事件，涵蓋著整個社會生活，即人文。可以看出，《周易》六十四卦廣泛地攝取了天地間的種種物象和事象。何謂「物」？這曾經是海德格爾苦苦追尋的問題。透過《周易》紛繁複雜的物象，可以看出《周易》之「物」具有以下特性：

一、「物」的聯繫性

「物」具有普遍的聯繫性。萬事萬物都體現了互相關聯的特點。天地間的動物、植物、人、甚至生活用具都可以發生聯繫。《說卦》曰：

> 乾為天、為圓、為君、為父、為玉、為金、為寒、為冰、為大赤、為良馬、為老馬、為瘠馬、為駁馬、為木果。」「坤為地、為母、為布、為釜、為吝嗇、為均、為子母牛、為大輿、為文、為眾、為柄、其於地也為黑。……

〔註8〕宗白華：《宗白華全集》第一卷，安徽教育出版社1994年版，第611頁。
〔註9〕劉成紀：《物象美學：自然的再發現》，鄭州大學出版社2002年版，第233頁。

坤爲地，爲母，爲布，爲釜，爲吝嗇，爲均，爲子母牛，爲大
輿，爲文，爲眾，爲柄，其於地也爲黑。

可以看出，《說卦》中的乾作爲卦德，同時也是具體的天，又爲人倫中的君、
父，在動物爲馬，在植物爲木果。坤中還包括生活用具，如「大輿」。坤的顏
色爲「黑」，品德爲「吝嗇」，等等，這些毫不相關的事物都屬於坤，對此，《周
易正義》解釋說：

坤既爲地，地受任生育，故謂之爲母也。爲布，取其地廣載也。
爲釜，取其化生成熟也。爲吝嗇，取其地生物不轉移也。爲均，取
其地道平均也。爲子、母牛，取其多蕃育而順之也。爲大輿，取其
能載萬物也。爲文，取其萬物之色雜也。爲眾，取其地載物非一也。
爲柄，取其生物之本也。其於地也爲黑，取其極陰之色也。

《周易正義》認爲，坤爲「布」，是因爲能廣載萬物，爲「釜」，是因爲能成
熟萬物，爲「吝嗇」，是因爲其生長萬物的不易性，爲「均」，是因爲地道平
均也。爲「牛」，是取其生育力旺盛，爲「輿」，是因爲它能載萬物，……爲
「黑」，是因爲，地爲純陰，極陰之色爲黑。由此，看似不相關的事物，但是
都與坤的「生養萬物」的品格具有聯繫。如海德格爾所說，物是天地神人四
方的聚集，物自成一個完滿的世界。

二、「物」的類比性

同時，《周易》中的物所體現的普遍聯繫是建立在類比基礎上的聯繫。在
《周易》中，紛繁複雜的世界並不是雜亂無章的，而是有規律的，其規律性
是通過分類揭示的。如《周易》所說：

方以類聚，物以群分。(《繫辭上》)

其稱名也，雜而不越……其稱名也小，其取類也大。(《繫辭下》)

萬物睽而其事類也。(《睽·象》)

同聲相應，同氣相求。水流濕，火就燥，雲從龍，風從虎，聖
人作而萬物睹。本乎天者親上，本乎地者親下，則各從其類也。(《乾·
文言》)

《周易》通過八卦把宇宙間的事物分爲八大類。並且「引而申之，推而廣之，
觸類而長之」(《繫辭上》)，通過類比併配合時間與空間將宇宙中所有的事物

囊括在內，即《周易》所說的「範圍天地之化而不過，曲成萬物而不遺」(《繫辭上》)。如下圖：

卦名	基本象	卦德	家人	人身部位	動物	植物	季節	方位
乾	天	健	父	首	馬	木果	秋冬間	西北
坤	地	順	母	腹	牛		夏秋間	西南
震	雷	動	長男	足	龍	萑葦	春	東
巽	風	入	長女	股	雞	木	春夏間	東南
坎	水	險	中男	耳	豬		冬	北
離	火	麗	中女	目	雉		夏	南
艮	山	止	少男	手	犬	果蓏	冬春間	東北
兌	澤	悅	少女	口	羊		秋	西

《周易》通過八卦能把所有的事物都通過分類的方法聯繫在一起，其根據就在於生命，生命是物與物聯繫的基點。朱良志認為：「由八卦所顯示的聯繫大都風馬牛不相及，沒有必然的邏輯聯繫，它們之所以能共存於一體，整合為一生生序列，不依據於邏輯聯繫，而得益於生命體驗。共存於同一類別的物象之間，有一種共通的生命結構，生命的似有若無的聯繫瓦解了它們表面的差異。如《坤》卦，基本象為地，而其擴大之象是大地生命特點的延伸，或者說是在卦象延伸中，我們看到了大地的精神，柔順、含容、溫情、勤勞、為而不有，功而不恃、寧靜、平曠、幽遠，等等，⋯⋯它們發生聯繫就在於一種『生命類似』，生命平行聯繫的產物。」〔註10〕朱良志認為其類比聯繫的原因是同一類別具有共通的生命結構，其聯繫是在生命基礎上的類似。

《周易》中的「物」具有普遍的聯繫性與類比性的根本原因在於《周易》是巫術時代的產物，還遺留濃厚的原始巫風。原始巫術思維與巫術智慧有關，古人認為宇宙是一個有機的聯繫的生命整體，宇宙中的一切都具有生命性。維柯指出，原始人在認知外物時，有兩個規律，其一是以己度物，把自己變成衡量一切的尺度。「原始人沒有推理的能力，卻渾身是強旺的感覺力和生動的想像力。」〔註11〕從認識方式上看，人從自身出發，去體驗外物、比附外

〔註10〕 朱良志：《中國藝術的生命精神》(修訂版)，安徽教育出版社 2006 年版，第16～17 頁。
〔註11〕 〔意〕維柯：《新科學》，朱光潛譯，商務印書館 1989 年版，第181～182 頁。

物，以人的感受來給無生命的事物命名，一切皆有生命。其二是物的類比，以物度物。《周易》所說的「方以類聚，物以群分」，就體現了原始社會人們的思維方式。

三、「物」的隱喻性

隱喻不僅是一種修辭方式，也是生命存在方式。《周易》中的「物」都具有隱喻性。它是人的命運的昭示，隱藏著一種啟示或者說暗示。卡西爾在其《語言與神話》中對隱喻的定義為：「在作為給定的始端和終端的這兩個意義之間發生了概念過程，導致從一端向另一端的轉化，從而使一端在語義上得以代替另一端。」〔註12〕《周易》中的「物」也具有豐富的隱藏的意義在內，它是吉凶的昭示。「物」的命運聯繫著人的命運。

《周易》作為占筮之書，其中所取的自然物象和身體之象都是以隱喻的方式存在的，如「見龍在田，利見大人」（《乾‧九二》）；「月幾望，馬匹亡，無咎」（《中孚‧六四》）；「鳥焚其巢，旅人先笑，後號咷；喪牛於易，凶」（《旅‧上九》）；又如取諸身的卦象有《艮》：「初六，艮其趾，無咎，利永貞。六二，艮其腓，不拯其隨，其心不快。九三，艮其限，列其夤，厲薰心。六四，艮其身，無咎。六五，艮其輔，言有序，悔亡。上九，敦艮，吉。」其餘還有《大壯》、《咸》、《剝》等。不管是自然物象還是身體之象都是吉凶之徵兆。如《周易》所說：「天垂象，見吉凶。」（《繫辭上》）劉綱紀認為：「『天垂象，見吉凶』的『垂』已含有由上而下，昭示世界的意思。」〔註13〕「天」在此可以理解為天地間的一切自然現象和社會現象都可以昭示吉凶。

「物」是顯與隱、有與無的統一，任何一物都是一種生命存在。如海德格爾認為，物不是認識的客體、感知的對象或使用的對象，它是一種境域。如孫周興對海德格爾「物」的概念的解釋所說：「人與物之間首先是一種「存在關係」（人總是已經寓於物而存在），爾後才是一種「認識關係」（人通過感覺去把握事物）。」〔註14〕海德格爾所說的「物」與《周易》之「物」的概念或有不同，但《周易》中的「物」也是一種存在的顯現，其自身不僅顯示自

〔註12〕〔德〕恩斯特‧卡西爾著：《語言與神話》，於曉等譯，北京三聯書店1988年版，第105頁。

〔註13〕劉綱紀：《〈周易〉美學》，武漢大學出版社2006年版，第42頁。

〔註14〕〔德〕馬丁‧海德格爾：《林中路》，孫周興譯，上海譯文出版社2004年版，第11頁。

身，而且從自身的存在昭示著「無」，即沒有在場的東西。「物」是一個巨大的隱喻場，通過其顯示的徵兆，人們可以預知自己的命運，確定自己的行動。因此，物在《周易》中具有本源性的意義。

《周易》對「物」的這種認識也反映早期人類的生命智慧，列維·布留爾曾說：「例如在中國，據格羅特說，生物的靈經常以預告災禍的方式來表現自己兇險的存在，對於這些簡單的不合邏輯的頭腦來說，這等於是災禍的準備和起因。典籍常常告訴我們，在沒有顯見的原因而摔倒東西以後，接著必定發生死亡、火災或者其他災禍。這裡，再一次說明了，原始人的思維對於這兩次事件的時間關係是不感興趣的，它的全部注意都集中在聯繫這些事件的互滲上。」〔註15〕他認為，「假如我們用因果律來解釋這些集體表象，那就是歪曲了它們，因為因果律要求前件與後件之間的不變的和不可逆的時間次序。實際上，這些集體表象服從於互滲律——原邏輯思維所固有的規律。任何奇異現象和以它為朕兆的災難之間是靠一種不能進行邏輯分析的神秘聯繫連結起來的。」〔註16〕它是一種原邏輯思維，原始人的思維服從於互滲律。

以上可以看出，「物」的聯繫性、類比性和隱喻性都是建立在「物」的生命性的基礎上的。中國古人認為天地間氳氤一氣，無所不包，宇宙並不是客觀的僵死的存在之物，而是生命之物。《周易》中的物都在一個生生不息的系統中。萬物皆有生命，不僅天地具有生命性，而且八卦所代表的風、雷、火、水等等都具有生命性。宇宙萬物一草一木都是生命的顯現，處處充滿生機。因此，物象並不是客觀的無生命的客體，而是生命的體現。大自然是生機勃勃的，充滿生意的。「一個對大地熱愛的民族，他所熱愛的絕對不僅僅是大地本身，而是熱愛那大地上生機盎然的自然生命；他所熱愛的也不是純粹生物學意義上的自然生命的內部構造，而是那可以訴諸人的感覺的生命的形象，以及因和人情感的聯繫而生發出的獨特的審美意味。」〔註17〕

「物」對於藝術創作來說具有重要的意義。「物」的生命形象也為藝術提供了不竭的創作源泉和動力。對於藝術創作來說，即是從自然萬物出發。《周易》曰：「易與天地準」，「是故法象莫大乎天地，……懸象著明莫大乎日月」

〔註15〕〔法〕列維·布留爾：《原始思維》，丁由譯，商務印書館1981年版，第278頁。

〔註16〕〔法〕列維·布留爾：《原始思維》，丁由譯，商務印書館1981年版，第279頁。

〔註17〕劉成紀：《物象美學：自然的再發現》，鄭州大學出版社2002年版，第245頁。

等等，因此，天地自然成了創作的最高原則。師天地、師自然成了古人創作的不二法則。古人在藝術創作上一直崇尚「師造化」，認爲天地自然是創作的本源。南朝陳姚最說：「學窮性表，心師造化。」（《續畫品錄》）唐張彥遠曰：「因知丹青之妙，有合造化之功。」他認爲繪畫要「體象天地，功侔造化。」（《歷代名畫記》）傳王維《畫山水訣》說，水墨畫要「肇自然之性，成造化之功。」明王履所說則更明確：「吾師心，心師目，目師華山。」（《華山圖序》）明董其昌也有此等言論：「畫家以天地爲師，其次以山川爲師，其次以古人爲師。」（《畫禪室隨筆》）袁宏道亦云：「善爲詩者，師森羅萬象，不師先輩。」（《敘竹林集》）清石濤曰：「黃山是我師，我是黃山友。」（《畫語錄》）清鄒一桂曰：「奪天地之工，泄造化之秘。」（《小山畫譜》）孫過庭說書法要「同自然之妙有」（《書譜》），翁方綱則曰「天地何處不草書」等等，這些都說明自然是創作的本源。

但是古人從「物」出發，是把「物」作爲生命之物，並不單純是取法「物」的外在客觀形象，而是從其生命入手來構築一個生機盎然的藝術世界，因此，物象的生命力也是藝術生命力的來源。許慎在《〈說文解字〉序》中說道：「書者，如也。」段玉裁注云：「謂如其事之狀也……謂每一字皆如其物狀。」從萬物的生命出發進行創作是古人的創作原則，古代的藝術理論特別是書論鮮明地體現了這一點，如：

（橫），如千里陣雲，隱隱然其實有形。「、」（點），如高峰墜石，磕磕然實如崩也。「丿」（撇），陸斷犀象。（折），百鈞弩發。（豎），萬歲枯籐。（捺），崩浪雷奔。（橫折鈎），勁弩筋節。（衛夫人《筆陣圖》）

爲書之體，須入其形，若坐若行，若飛若動，若往若來，若臥若起，若愁若喜，若蟲食木葉，若利劍長戈，若強弓硬矢，若水火，若雲霧，若日月；縱橫有可象者，方得謂之書。（蔡邕《筆論》）

緬想聖達立卦造書之意，乃復仰觀俯察六合之際：於大地山川，得方圓流峙之形；於日月星辰，得經緯昭回之度；於雲霞草木，得霏布滋蔓之容；於衣冠文物，得揖讓周旋之體；於鬚眉口鼻，得喜怒慘舒之分；於蟲魚禽獸，得曲伸飛動之理；於骨角齒牙，得擺咀嚼之勢。隨手萬變，任心所成。可謂通三才之品彙，備萬物之情狀者矣！（李陽冰《上採訪李大夫論古篆書》）

> 觀夫懸針垂露之異，奔雷墜石之奇，鴻飛獸駭之姿，鸞舞蛇驚
> 之態，絕岸頹峰之勢，臨危據槁之形；或重如崩雲，或輕如蟬翼，
> 導之則泉注，頓之則山安；纖纖乎似初月之出天涯，落落乎猶眾星
> 之列河漢；同自然之妙有，非力運之能成，信可謂智巧兼優，心手
> 雙暢。（孫過庭《書譜》）

可以看出，自然中的生命也是藝術生命的源泉，藝術的生命力來自於自然的
生命力。宗白華說：「他（趙子昂）從『為』字得到『鼠』形的暗示，因而積
極地觀察鼠的生動形象，吸取著深一層的對生命形象的構思，使『為』字更
有生氣、更有意味、內容更豐富。這字已不僅是一個表達概念的符號，而是
一個表現生命的單位，書家用字的結構來表達物象的結構和生氣勃勃的動作
了。」〔註18〕由此也可看出，古人對物象的偏愛來源於對生命的熱愛。

　　總之，對物的看法反映了古人的詩性智慧和生命精神。當然，從大自然
中形形色色的物象中的占卜、圖騰等神秘觀念中走出來，通向一個審美的物
象世界，是一個長期的歷史過程。但是其巫術思維與詩性思維有著天然的聯
繫，王振復先生對此有過深入的探討，他認為巫術智慧和詩性智慧在感知、
想像、情感、理解等心理機制上有著異質同構的關係，為審美打下了一個心
理基礎〔註19〕，而當人的本質力量和主體意識凸顯出來時，附著在物象上的
巫術觀念也會逐漸隨之消解，人的審美意識逐漸增強，自然物也以其獨立的
姿態出現在人們面前，從《易經》到《易傳》的發展就可看出。但是在長期
的農耕、狩獵等生活實踐過程中，人們仍保持著與周圍各種自然物象的親密
聯繫，大自然也由人們敬畏的對象轉化為審美的對象。在《周易》中，「物」
並非與精神相對立的物質。「物」是既具有普遍聯繫性、類比性又具有隱喻性
的生命存在。它是命運的棲居地，是生命的本源。

第三節　「取」：生命的創造

　　「易者，象也。象也者，像也。」（《周易‧繫辭》）一部易經，皆由「象」
構成，可以說無「象」不成易。所以《周易》認為，聖人通過「近取諸身，
遠取諸物」的方法創作出卦爻象與卦爻辭，「取」的方式體現了《周易》的生

〔註18〕宗白華：《宗白華全集》第三卷，安徽教育出版社 1994 年版，第 402 頁。
〔註19〕參見王振復：《周易的美學智慧》，湖南出版社 1991 年版，第 35～88 頁。

命性創作方式。卦爻象的創造的抽象性、簡易性和虛擬性以及卦爻辭取象中的以象示象和類比象徵的手法都具有範式的意義，它承載者人們的心理積澱和心理模式，爲中國藝術的生命性創造提供了原則和基礎。

一、卦爻象的符號創造

《周易》認爲，卦爻象符號是聖人仰觀俯察，近取諸身、遠取諸物通過「擬諸其形容，象其物宜」創造出來的形象。它通過對自然萬物概括和提煉而成的的陰「— —」與陽「—」兩種符號來把握事物。

（一）卦爻象符號創造的特點

卦爻象所追求的不是對所要表達的事物的感性形象的再現，而是爲了能體現事物的規律。因此，在表現手法上，不是模仿事物，而是以象徵化、抽象化的手法以「通神明之德」，「類萬物之情」。卦爻象符號的創造體現了以下特點：

1、抽象性

卦爻象是對事物的抽象性把握。它是「近取諸身，遠取諸物」，「擬諸其形容，象其物宜」的結果，它取自自然，但不是對天地自然的外在形象的摹仿，而是一種對事物本質和特性的符號化把握。《周易》用「— —」和「—」兩種具有高度概括性的符號組合成八卦、由八卦組合成六十四卦，從而表現天地間的萬事萬物及其變化規律。《周易·繫辭》曰：「象也者，像也」，朱熹《周易本義》對此加注曰：「易卦之形，理之似也。」南朝顏延之也說：「圖理，卦象是也。」（《歷代名畫記》）卦象表現的是事物之理，而不是其形。因此，在《易經》中，有限的的卦爻符號可以象徵宇宙中無限的的事物，這種抽象的符號化表達使卦象形式具有充分的象徵性和涵蓋性。

2、簡易性

在表現手法上，卦象的取象方式體現了《周易》的簡易之理。「易」有三種含義：變易、簡易和不易，《繫辭上》說：「易簡之善配至德。」「夫乾，確然示人易矣；夫坤，隤然示人簡矣。」越是簡易的形式，其象徵意味也越濃，越能體現深刻的道理，包容事物的萬象，所謂「其稱名也小，其取類也大」。在取象方式上，卦象是用簡約的線條來表示所取物象的功能和性質，反映了人們對簡易的崇尚。對於卦象的取象方式，《易傳》中就有取象說、據數說、

河圖洛書說、揲蓍說，後世又有文字說、測影說、男根女陰說、竹節著草說等等。不管何種說法，在表現手法上均體現爲「— —」和「—」兩種，它把天地萬物簡化爲「— —」和「—」兩根線條。所以卦爻象具有極大的內涵和包容性，能「彌綸天地之道」，將宇宙生命的諸般變化囊括其中。通過簡易的形式以簡馭繁，以有限表無限，以更好地把握「天下之理」。

3、虛擬性

卦象以虛擬性的方式表現事物，而不是摹仿，體現了虛實結合而更尚虛的表現手法。卦爻象都是模擬傚仿萬物變化的。《周易》曰：「象也者，像也。」又指出：「爻也者，效天下之動也。」但這種傚仿是一種虛擬的傚仿，而不是模仿。在表現手法上，也不是對天地萬物具體的描繪，它是「擬諸其形容，象其物宜」（《繫辭上》）。如八卦之一的坎卦 ☵，上下兩爻爲陰爻，中間一爻爲陽爻，不只是其卦義爲水，其卦形在視覺上也有水的形象，通過對水的波紋的模擬和抽象來表達水，反映了卦象的既不脫離形象又偏於抽象的表達方式。這種表達方式不拘泥於物象，不是對物象亦步亦趨的摹仿，而是從中抓住物象具有生命性的特徵進行刻畫，凝聚了作者的主觀能動性和創造性。

卦象符號的抽象性、簡易性與虛擬性的創作方式也與其形而上追求密切相關。《周易》把體現事物之理作爲藝術創作的目的，其創作是「以通神明之德，以類萬物之情」，「通」與「類」表明所創作的事物能在本質上、道理上能體現天地規律。清人崔東壁曰：「聖人觀於天道人事，位有上中下之別，時有始中終之異，於是取畫而三重之。」（《崔東壁遺書》）這種方法是由其目的決定的，通過這種模擬來體現天地陰陽變化的規律，從而趨吉避凶，指導人事的行動，因此其旨歸不在於事物的形象本身，而是能否體現事物的本質規律。

（二）卦爻象符號創作的意義

卦象符號不是藝術符號，但是卦象符號的創作方式卻與藝術相通。卦象的創作理念、審美追求及其表達方式都爲中國傳統藝術奠定了基礎和模式。如劉勰所說：「人文之元，肇自太極，幽贊神明，《易》象惟先。」（《文心雕龍・原道》）卦象可謂是中國傳統文化的一種「原型」，它承載著中國人傳統的心理積澱和心理模式。卦爻象作爲宇宙的縮影，其本身不僅是「世界的生命圖式」，同時卦爻象的生命形式也爲藝術形式，特別是爲二維的空間藝術向動態的時間藝術的轉變提供了方法和範式。

　　卦爻象所提供的範式對中國傳統藝術的影響很大，尤其是空間藝術，譬如書畫藝術。這主要因爲書畫同卦象有著天然的聯繫。書畫的源頭都可以追溯到卦爻象。如鄭午昌所說：「卦者，掛也，其意原在圖形，但未能即成，僅有此單簡之線描，以爲天地風雷水火山澤之標記。由此配合生發，以象天地間種種事物之形及意，較之輪圜螺旋似稍富繪畫意義，是殆我國繪畫之胚胎。」〔註20〕文字作爲書法的載體，其來源也與卦象有著密切聯繫。許慎《說文解字敍》中說：「黃帝之史倉頡，見鳥獸蹄迒之迹，知分理之可相別異也，初造書契，百工以乂，萬品以察，蓋取諸『夬』。所以，卦象與書畫天然的聯繫使卦象的形式構成也爲書畫藝術提供了模式和方法。如徐官《古今印史》說：「八卦，便包涵許多道理，故曰六書與八卦相爲表裏。」張彥遠的《歷代名畫記》敍圖之源流曾指出：「圖敍之意有三：一曰圖理，卦象是也；二曰圖識，字學是也；三曰圖形，繪畫是也。又周官教國子以六書，其三曰象形，則畫之意也。是故知書畫異名而同體也。」這段文字不僅意在指「書畫同源」，而且也指出卦象爲圖之「理」，表明了卦象的影響與地位。

　　在具體的表達手段上，卦象運用線條即「－－」和「－」，是以線條的形式來表現的。「－－」和「－」，爲線條的形式。它也是生命的表達形式。《繫辭》曰：「聖人有以見天下之動，而觀其會通，以行其典禮，繫辭焉以斷其吉凶，是故謂之爻。」「爻也者，效天下之動者也。」可以說爻就是「天下之動」的符號表達，是生命的象徵。而簡化的線條最能傳達萬物的生命精神。沃林格說：「中國人要在這變動不居的世界找到一種永久的可依託的東西，讓靈魂有個棲息的島嶼，於是便盡最大力量從單個事物的變化無常中抽象出最具有概括力的要素——線來構築這種精神家園。」「這些線消除了與生命相關的以及爲它所依賴的那些事物的最後殘餘」，是「生命的純粹性的永久的象徵」〔註21〕。蘇珊·朗格則從知覺心理學出發，認爲線條既能表現運動，又能表現靜止；既具有時間性又具有空間性，因此線條具有塑造生命活動的機能。其研究認爲：知覺運動有一種自然規律，它使快速運動的點看上去就像不動的線，這一規律的反向作用，便使線可表現快速運動。線條還有另一種機能，它們可以作爲分隔空間的分界線或界定體積的輪廓線，是構成我們所生活的

〔註20〕 鄭午昌：《中國畫學全史》，東方出版社 2008 年版，第 4 頁。
〔註21〕 〔德〕沃林格：《抽象與移情》，王才勇譯，遼寧人民出版社 1987 年版，第 21 頁。

世界的一種穩定要素。如此以來，線條既可表現運動，同時又表現著靜止，「而由線條所創造出的空間又可以根據運動行爲本身成爲一個時間性的空間，這就是說，它應該成爲一個『空間——時間』性的形式，這個形式隨時都可以按需要變成一個表現持久性和變化性之間的辯證關係的形象，即呈現出生命活動的典型特徵的形象。」〔註22〕

與西洋畫法相比，線條具有強烈的表現力，更能滲入事物的生命，體現宇宙之大道。伍蠡甫認爲：「所謂『線條』意味著『形而上』的『道』或表現途徑，自始至終綴合意、筆，董理心、物，統一主觀與客觀。從而概括出藝術形象。簡言之，國畫線條具有創造藝術美的巨大功能。」〔註23〕宗白華也說「從伏羲畫八卦始，即是以最簡單的線條結構表示宇宙萬相的變化節奏。」〔註24〕在藝術表現上，卦象不爲具體的物象所束縛，而是能透過物象把握生命的本質。中國傳統藝術推崇捨形而取象、離形得似，不求表面的繁縟，以體現形而上之道，把握生命之理。若醉心於細節，亦步亦趨的描繪物象，則容易「謹毛而失貌」，也即張彥遠《歷代名畫記》中所說：「夫畫物特忌形貌採章，歷歷具足，甚謹甚細，而外露巧密。所以不患不了，而患於了。……精之爲病也，而成謹細。」

因而，在表現手法上，中國藝術推崇通過簡易的手法來表現生命的形象。尚簡是中國古代藝術的一大特色，傳統藝術推崇以簡約的筆法表現生命的形象。《禮記・樂記》中就說：「大樂必易，大禮必簡。」荊浩《筆法記》中論畫曰：「度物象而取求其眞」，「眞」，即是生命的本質，而不是物象的表面形態，荊浩又說：「象之，死也」，即是要從繁雜的物象中超脫出來，通過簡練的筆法，深入到事物之理。這一點與西方精雕細刻的藝術手法迥然不同，同樣是師法自然，西方畫從解剖學、透視法出發，注重凸凹、陰影、色彩等。中國傳統藝術面對物象時，其意不在色彩、明暗等寫實的手法上，認爲若「意在五色，則物象乖矣。」（張彥遠《歷代名畫記》）中國繪畫的筆法崇尚白描，逸筆草草，便能勾勒出審美對象的內在精神。從戲曲舞臺中也可以看出，傳統戲曲舞臺不像西方的戲劇那樣崇尚寫實而事無鉅細，設置繁雜逼眞的布景

〔註22〕〔美〕蘇珊・朗格：《藝術問題》，滕守堯譯，中國社會科學出版社1983年版，第52頁。

〔註23〕伍蠡甫：《中國畫論研究》，北京大學出版社1983年版，第46頁。

〔註24〕宗白華：《宗白華全集》第二卷，安徽教育出版社1994年版，第109頁。

和道具，而僅存「門簾臺帳」與「一桌二椅」，舞臺形式體現著簡易的風格，反而覺得形象逼眞生動。因此，簡易並不是簡單。如唐司空圖《二十四詩品·含蓄》中所說的「不著一字，盡得風流」，簡易的表現的手法更能表現生命的本來面目。簡易、簡約的表現手法其實也給觀眾想像力的發揮留下了廣闊的空間，能夠引起豐富的思致，讓觀眾回味無窮。

二、卦爻辭的取象

卦象本身作爲抽象的符號，無法表達自身，必須借助卦爻辭以及象辭、象傳的說明，才能明其意。卦爻辭通過擬取生活中人們常見的物象，經過文字的表述，使卦畫符號從隱晦的象徵變爲鮮明生動的形象，在卦爻象與卦爻辭的相互聯繫中體現了天地變化的生生之理。

卦爻辭的取象首先要說明組成卦象的上下卦所代表的事物，其次對這種組合所顯示的關係與意義作出說明以示吉凶。

（一）取象的特點

首先，以象示象。通過具體的自然物象來表示卦象的意義。「近取諸身，遠取諸物」概括了《易經》卦爻辭的創作時的特點。如近取諸身：乾爲首，坤爲腹，震爲足，巽爲股，坎爲耳，離爲目，艮爲手，兌爲口。遠取諸物：乾爲天，坤爲地，震爲雷，巽爲風，坎爲水，離爲火，艮爲山，兌爲澤。對於卦象的取象，孔穎達有過詳述：

> 萬物之體自然，各有形象。聖人設卦以寫萬物之象。……或直舉上下二體者，若雲雷，屯也；天地交，泰也；天地不交，否也；……凡此一十四卦，皆總兩體而結義也。取兩體俱成，或直舉上下兩體相對者：天與水違行，訟也；上天下澤，履也；……或直指上體而爲文者，若雲上於天，需也；……先儒所云此等象辭，或有實象，或有假象。實象者，若地上有水，比也；地中生木，升也，皆非虛，故言實也。假象者，若天在山中，風白火出，如此之類，實無此象，假而爲義，故爲之假也。雖有實象假象，皆以義承人，總爲之象也。
>
> （《周易正義》）

可以看出，取象是先言卦象上下兩體所代表的不同事物，進而說明上下體相合所得出的形象，然後進行引申出它在人事中的意義，即孔穎達所說的「皆

總兩體而結義也」。不管是實象還是假象，卦象的取象不脫離具體的事物，所以孔穎達又說：「凡《易》者，象也。以物象而明人事，若《詩》之比喻也。或取天地陰陽之明義者，若《乾》之『潛龍』、『見龍』，《坤》之『履霜』、『堅冰』、『龍戰』之屬，是也；或取萬物雜象以明義者，若《屯》之『六三』：『即鹿無虞』，『六四』：『乘馬斑如』之屬，是也。如此之類，《易》中多矣。」（《周易正義》）「以物象而明人事」是取象的一大特點，儘管《周易》的取象有「實象」，有「假象」，但都不脫離自然物象。

其次，類比象徵。即是對自然物象「引而伸之，觸類而長之」，由此及彼，根據已知來推論未知。如用戰國惠施的話來說就是「其所知喻其所不知而使人知之」（《說苑·善說》）。而《周易》所包含的類比象徵是天地自然與人事的類比，從天地引申到人事也就是《周易》所說的：「天垂象，見吉凶，聖人象之。」通過自然現象比喻象徵人事的活動，如《中孚·六四》「月幾望」與《中孚·九二》「馬匹亡」，「鳴鶴在陰，其子和之」與「我有好爵，吾與爾靡之」，又如《小蓄·九三》所說的「輿說輻，夫妻反目」，其中「說」同「脫」，把「車輪輻條脫離車體」和「結髮夫妻反目離異」相類比。比較典型的還有《大象》中的「天行健，君子以自然不息；地勢坤，君子以厚德載物」。這些類比都是從天地自然中的具體經驗出發，進而推諸一切事情，這種方式在《象傳》中體現的尤其明顯，陳鼓應認為「『推天道以明人事』的思維方式貫穿《象傳》全書」。〔註25〕

（二）取象的意義

取象是從具體的自然物象入手，由此及彼。取象所傳達的吉凶觀念不是直接說出的，而是通過讓物象自然呈現，引申出其意義。這種取象方式使卦象的意義具有無限的生發性。如《需》卦，卦形下乾上坎，其《象》曰：「雲上於天，需；君子以飲食宴樂。」《周易正義》曰：「雲上於天，無所復為，待其陰陽之和而自雨爾。」「雲上於天」說明要等待時機集結成雨，因此「需」有「等待」的意思。同時也說明「需」有「需要」的意思。近人李鏡池又把「需」解為「濡」，李鏡池說：「需與須通，須，待也。需待下雨，而雲上於天，則這雨是時雨是喜雨了。時雨則豐足快樂，所以『君子以飲食宴樂』。需有須待及滿足所需兩個意思。」〔註26〕（《周易探源》）可以看出，《周易》的

〔註25〕陳鼓應：《〈象傳〉的道家思維方式》，見《哲學研究》1994年第3期。
〔註26〕李鏡池：《周易探源》，中華書局1978年版，第235頁。

取象方式使卦象具有多義性，體現了「易道廣大，無所不包」的特點。

同時也可看出，所選取的象本身是有意義的，並不是隨意的選擇。《易經》儘管是一個以吉凶貞利爲價值判斷的體系，如朱熹所說「易本爲卜筮而作」（《朱子語類》卷六十六），但《周易》的取象並非像馮友蘭所說的「宇宙代數學」：「《周易》哲學可以稱爲宇宙代數學。……《周易》本身並不講具體的天地萬物，而只講一些空套子，但是任何事物都可以套進去。」〔註27〕馮友蘭認爲所取之象只是一個空套子，什麼都可以裝進去，應該說是不全面的，若如此，則無需取象。王弼《明象》就提出類似觀點，王弼曰：

> 夫象者，出意者也，言者，明象者也。盡意莫若象，盡象莫若言。言生於象，故可尋言以觀象；象生於意，故可尋象以觀意。……得意在忘象，得象在忘言。故立象以盡意，而象可忘也；重畫以盡情，而畫可忘也。是故觸類可爲其象，合義可爲其徵。義苟在健，何必馬乎？類苟在順，何必牛乎？爻苟合順，何必坤乃爲牛？義苟應健，何必乾乃爲馬？

統觀上文，他的出發點在於「意」。王弼所說的「言」指卦爻辭象，王弼並認爲「言」在於「明象」，「象」在於「得意」。在言——象——意的語言符號系統中，言是基礎，意是最高的目的。王弼說：「義苟在健，何必馬乎？類苟在順，何必牛乎？」認爲言所指的物象是不重要的。但是反過來說如果沒有物象本身所代表的意義，也無法說明「意」的內涵，應該說是取象才使卦象的意義得以顯現。

《周易》的取象鮮明地體現了古人的萬物一體的生命精神。朱良志說：「觀物取象是《周易》的創造原則，它的特點是以生命來呈現生命。《周易》中有它獨具的天人模式；天與人之間始終渾然不分，它不是有的研究者所說的『借天道外物而言人事』，在《周易》中外物絕不是一種比喻，或是象徵，物象是具有獨立價值意義的生命實體，僅僅從媒介論角度來考察它，只能撕破它的渾然合一的整體，因此，在《周易》中，沒有一卦是只講物象而與人的生命無關的，也沒有一卦是只講人的生命而與萬物生命無關的。」〔註28〕他認爲

〔註27〕李學勤，朱伯崑等著，廖明春選編：《周易二十講》，華夏出版社 2008 年版，第 16 頁。

〔註28〕朱良志：《中國藝術的生命精神》（修訂版），安徽教育出版社 2006 年版，第 116 頁。

《周易》並非僅僅借天道而明人事，生命自有其獨立的價值，《周易》的取象方式體現了自然萬物在生命基礎上的聯繫性，所以錢鍾書言：「蓋吾人觀物，有二結習：一以無生者作有生者看，二以非人作人看。」〔註29〕從這些藝術手法的運用上我們可以感受到人與自然之間生命氣韻的流貫。可以看出，近取遠取的方法不只是一種創作的表現技巧，它是人與世界打交道的一種生命方式。

第四節 「象」：生命的言說

觀物取象反映了「象」的來源，但是為何要取象，《周易》認為「書不盡言，言不盡意」，因此要「立象以盡意」。「立象以盡意」說明了易象產生的理論根源。「書不盡言，言不盡意」說明了語言的局限性。《周易》以「象」的方式言說，突破了書面語言的局限。卦爻象的模糊性、視覺性、動態性的表現方式與書面語言比起來更能「盡意」。而卦爻辭的生命性比喻的言說方式也是語言呈現出「如在目前」的形象，這種言說方式對藝術創作和批評都產生了很大影響。易象的這種直觀性、形象性的言說方式是一種生命的言說方式，「象」語言也是一種生命的表達方式。

一、卦爻象：生命的符號

在言象意三者關係中，「象」是中介，「意」是最終目的。聖人以「立象」來「盡意」，「立象以盡意」之「象」在此特指卦象。卦象既直觀又抽象的生命性言說使它具有書面語言不可比擬的優越性。

《周易》認為，聖人「立象以盡意」的原因是「書不盡言，言不盡意」。「言不盡意」是從「意」到「言」是從主觀的心理狀態轉化到客觀語言的過程。要想完全把自己的意思表達出來是不可能的，因為人的心理狀態是無限豐富的，同時也是混沌的，朦朧的，而語言形式是一種理性化、有序化的形式。因此，在表達的同時，由於「言」與「意」的不對應，會以一部分意義的喪失作為代價的。「書不盡言」是從口頭語言轉化成書面語言，「書」與「言」也不是一一對應的傳達關係。《說文》解釋「言」曰：「直言曰言」，「直言」與書面語言比起來，與人的思想聯繫的更為緊密，同時，由于口頭語言不只是語言的形式存

〔註29〕錢鍾書：《管錐編》第四冊，中華書局 1986 年版，第 1357 頁。

在，還以聲音的形式存在，與人的感情、思緒緊密相關，其表現力要大於書面語言。王夫之《周易內傳》釋「書不盡言」曰：「書謂文字，言口所言。言有抑揚輕重之節，在聲氣之間，而文字不能別之。」因此，從口頭語言轉化成書面語言，又會喪失掉一部分意義。對此，《周易正義》還從歷史的角度解釋「書不盡言」，認為「書所以記言，言有煩碎，或楚夏不同。有言無字，雖欲書錄，不可盡竭於其言，故云『書不盡言』也。」因為口頭語言的歷史要比文字早，會出現「有言無字」的情況，而且各地的語言也不同，所以要把所有的語言記錄下來是不可能的。因此，書面語言作為一種邏輯有序的言說方式，同時在一定程度上也是對意義的制約。而卦象符號的模糊性、視覺性、動態性的表達方式使其具有豐富的內涵，具有無限的闡釋空間。

（一）模糊性

從卦象符號的表現內容來說，它具有模糊性。卦象符號的模糊性體現在它以「——」和「—」兩種符號及其組合來表現宇宙中的萬事萬物，與文字符號組成的普通語言相比，其意義具有模糊性性。就「——」和「—」而言，就有許多說法，如結繩說、卜筮說、生殖器說等等，對於八卦和六十四卦所指涉的事物，如乾卦，就包含很多事物。《說卦》曰：「乾為天，為圓，為君，為父，為玉，為金，為寒，為冰，為大赤，為良馬，為老馬，為瘠馬，為駁馬，為木果」等，這些都說明了卦象符號意義的模糊性。

為何模糊性的卦象符號能夠更好的「盡意」？一方面由於卦象本身的虛擬性而能夠具有更大的闡釋空間有關。另一方面，這是與卦象所要表達的「意」的模糊性密切相關的。

對於《周易》所說的「立象以盡意」之「意」，首先有著「意」的一般性特點，與心相關。其次「意」又是聖人之「意」，而聖人之「意」又是天地之道的體現。《周易》多次提到：「聖人設卦觀象，繫辭焉而明吉凶」，「聖人有以見天下之賾，而擬諸其形容，象其物宜，是故謂之象。」「是故天生神物，聖人則之。」「昔者聖人之作《易》也，幽贊神明而生蓍。」等等，由此看來，聖人就是天的代言人，是溝通天與人的中介，聖人之意自然體現了天地之道。

聖人之「意」作為一種心理狀態，無疑具有模糊性。同時，其所表現的天下之道也具有模糊性，即《繫辭》所說的「天下之賾」，「賾」為幽深難見之意，指隱藏的、不可明說的形而上之道。對於道的模糊性，老莊也有過表述。老子曰：「視之不見名曰夷。聽之不聞名曰希。搏之不得名曰微。此三者

不可致詰，故混而爲一。其上不皦，其下不昧，繩繩不可名，復歸於無物。是謂無狀之狀，無物之象，是謂惚恍。」（《老子‧十四章》）又說：「道之爲物，惟恍惟惚。惚兮恍兮，其中有象。恍兮惚兮，其中有物。」（《老子‧二十一章》）《莊子》中有一則寓言也說明了道的這種特質：「黃帝遊乎赤水之北，登乎崑崙之丘而南望。還歸，遺其玄珠。使知索之而不得，使離朱索之而不得，使喫詬索之而不得也。乃使象罔，象罔得之。」即「道」與理智、感覺、語言無關，只有「象罔」可以得「道」。關於「象罔」，宋人呂惠卿注曰：「象則非無，罔則非有，不皦不昧，玄珠之所以得也。」（《莊子義》）清人郭嵩燾云：「象罔者，若有形，若無形，故眸而得之。即形求之不得，去形求之也不得也。」（《莊子集釋》）

因此，老子和莊子都認爲道不可說。老子曰：「道可道，非常道。」（《老子‧一章》）莊子也說：「道不可聞，聞而非也；道不可見，見而非也；道不可言，言而非也。」（《莊子‧知北遊》）充分說明了道與言的矛盾。如果不可說的東西強爲之說，只能用一種「負的方法」，即老子所說的「正言若反」的方式表達，莊子則除此之外還以寓言、重言、卮言的方式言說。

《周易》也認爲自然界中普通的語言符號是不足以傳達「聖人之意」，正如《周易正義》所說：「易有深邃委曲，非言可寫」。聖人於是以一種神秘的沒有明確意義的模糊性符號使之顯現，表示同樣具有模糊性的天地之道和聖人之意，顯示了世界的本然狀態。如果說老莊以超出常規的語言方式表達，但畢竟還在使用語言文字，而卦象則超出了普通語言的範圍，以「－ －」和「－」組成的卦象符號來「盡意」。

（二）視覺性

從表現形式上看，卦象符號是一種視覺語言，其本身就是生命的呈現。《易緯‧乾鑿度》曰：「卦者，掛也，掛萬物視而見之。」如六十四卦中的鼎卦，下巽上離 ䷱，朱熹《周易本義》稱：「鼎，烹任之器，爲勢下陰爲足，二三四陽爲腹，五陰爲耳，上陽爲鉉，有鼎之象。」毛奇齡也認爲鼎卦六爻之象寓含鼎足，鼎腹、鼎耳、鼎鉉諸形態：「下畫偶，似足；二、三、四畫奇，皆中實似腹；五畫偶，似耳；上畫奇，似鉉。」（《仲氏易》）近代學者于省吾承前說，也認爲：「《象傳》云『鼎，象也。』《乾坤鑿度》云『鼎象以器。』均謂卦畫像鼎之形也。」（《雙肩侈易經新證》）又如噬嗑卦，頤卦等等都反映了卦象的視覺性特點。

因此，歷代多把畫與卦相聯繫，「《易》六畫而成卦。」（《說卦》）「卦之言畫也，謂圖畫之也。」（古逸叢書本《玉篇》引劉瓛《易注》）後人也把伏羲畫卦視爲畫學之創始，宋代韓拙《山水純全集》云：「夫畫者，肇自伏羲氏畫卦象之後，以通天地之德，以類萬物之情。」清代唐岱《繪事發微》云：「畫有正派……派始於伏羲畫卦，以通天地之德。」今人金景芳先生也說「卦字本義就是圖畫的畫」〔註 30〕。這些都充分說明了卦與畫的淵源和聯繫，畫本是卦的應有之義。不過，卦象作爲一種抽象的模擬，與繪畫還是有所區別，如張彥遠所說：「圖載之意有三，一曰：圖理，卦象也；二曰：圖識，字學也；三曰：圖形，繪畫是也。」（張彥遠《歷代名畫記》）「圖理」說明卦象更具有「理」的因素。儘管如此，作爲一種「圖」，卦象的視覺性特點使它具有某種語言文字所不可比的天然優勢。對此，阿恩海姆認爲：

> 在思維活動中，視覺意象之所以是一種更加高級得多的媒介，主要是由於它能爲物體、事件和關係的全部特徵提供結構等同物（或同物體）。視覺形象在多樣性和變化性方面堪與語言發音相比。然而更重要的原因在於，它們能夠按照某些極易確定的形式組織起來，各種幾何形狀就是最確鑿的證據。這種視覺媒介的最大優點就在於它用於再現的形狀大都是二度的（平面的）和三度的（立體的），這要比一度的語言媒介（線性的）優越得多。這種多維度的空間不僅會提供關於某些物理對象或物理事件的完美思維模型，而且能夠以同構的方式再現出理論推理時所需要的各個維度。〔註 31〕

這段話主要是說視覺意象較之語言媒介的優越性在於其多維性和同構性。阿恩海姆這段關於視覺媒介和語言媒介的比較根植於西方的文化傳統，但對於我們來說仍具有啓發意義。因爲漢字儘管是象形文字，它與具體事物有著不可分割的聯繫，與西方表音的語言相比更形象直觀，但是漢字經過長期使用，愈加概念化了，離其本源越來越遠。卦象儘管是一種抽象的圖形，但是如阿恩海姆所說，「它能爲無體、事件和關係的全部特徵提供結構等同物」。這種「同構」的方式決定了形象的多維性，卦象通過自身結構形式的變化來闡釋變化，它是一個活的、全息的、發散性的、無限開放的空間。在卦象中，各

〔註 30〕 金景芳：《金景芳晚年自選集》，吉林大學出版社 2000 年版，第 223 頁。
〔註 31〕 〔美〕魯道夫・阿恩海姆著：《視覺思維：審美直覺心理學》，滕守堯譯，四川人民出版社 1998 年版，第 309 頁。

種事物是同時的、整體性的呈現，它是一種更接近事物本來面目的語言符號。事物在被語言反映時不免會有變形，卦象是讓事物本身說話的圖形。因此，與一維的、靜態的語言文字相比，以「——」和「—」兩種符號組成的具有視覺性的卦象圖形，更具有空間感、立體性和多維性，更能形象的、動態的描述宇宙萬物的生成變化，表達天地之道和聖人之意。

（三）動態性

卦象不是靜止的，還具有動態性。卦象以「——」和「—」兩種符號象徵天地萬物，並且以變幻無窮的組合來表現事物的生成變化，體現《周易》「變動不居，周流六虛。上下無常，剛柔相易，不可為典要，唯變所適」的生命精神。卦爻象的這種特性使漢代易學家如京房、虞翻等發明互體、旁通等使卦象進行無窮的繁衍，其內涵或顯或隱，無所不包，如易學家高懷民所說：

> 所謂卦象，無非是幾個符號，以幾個有限的符號涵攝宇宙間一切事、一切物、一切理，一切看得見的事和看不見的事、一切看得見的物和看不見的物、一切看得見的理和看不見的理。在這種情形下，人們對卦象的研究分析，隨著時間的延長愈精愈微，自是常情。互體的發明，無非在表示易卦顯象之中更有隱象潛在，告訴人，易卦象不是一望而儘其內涵的一個膚淺的象，而卦象有其立體的重疊，透過其立體性會發現象中更有象，一個象、兩個象……甚至有無窮多的象隱藏著。〔註32〕

當代學者張祥龍也說：

> 以易經為代表的中國古代哲理，它的終極實在是非形式對象化的、二對生的，而且是徹底構意化的，在構造著意義的。在最小處和最高處也還是一個生發著的結構，或者叫它「幾微」。永遠沒有一個實體，而是「惟變所適」，無處不有一個意義的機制在裏邊運作。所以意義機制並不表現為一個外在化的東西：有一些單元，有一些轉換規則，然後形成一個結構；不是這樣的。它的最小的地方已經包含了幾乎所有系統的信息，意義機制已經在那兒了。……在這個意義上我們說，《易》的結構是簡易的；但它不是簡單的。而西方的終極觀在根本處是簡單的，而不是簡易的，這是不一樣的。所以中

〔註32〕 高懷民：《兩漢易學史》，廣西師範大學出版社2007年版，第114～115頁。

國的終極實在，在中國古人的眼裏，不是一個系統，而是象生命界

那樣的意義發生的結構，使變通可能的那麼一個結構。〔註33〕

由此可見，卦象所組成的象是立體的，具有無限生發功能的生命體，如葉維廉所說「始創卦象的人，從實象在動變的境遇中取模，而在構成方法上，保持該象的多面放射性，讓我們彷彿站在象的邊緣，aporia，一時不能決定『義』的取捨，而有頓覺它同時包孕多義。這是詩的活動。」〔註34〕卦象可以說以最簡易的語言表達最廣大無窮的內涵，它不是一個實體，不是終極實在，而是一個在運動著的生命體，永遠在生發著意義。所以朱熹在《周易本義》中說：「言之所傳者淺，象之所示者深，觀奇偶二畫，包含變化，無有窮盡，則可見矣。」

　　卦象以「— —」和「—」符號的進行言說的方式超出了普通語言的範圍，也可以說是「超語言」。杜夫海納把人類符號系統一分為三，即語言和次言語、超語言，與此對應的是意義、消息和表現：「語言，它是意義的最佳場合，……在中央之外，有兩個極端：一端是次語言學領域，它包括所有尚未具有意義的系統，……意義被還原為消息（information）。另一端是超語言學領域，在這個領域裏，系統就是超意義的，它們能使我們傳達信息，但沒有代碼，或者說代碼越是不嚴格，信息就越是含糊不清；意義於是成為表現。當然，這三個層次並不是截然分開的；……藝術似乎是超語言學的最佳代表。」〔註35〕超語言與普通語言相比，其傳達的信息含糊不清，沒有確切的含義，但意義更為豐富。杜夫海納把藝術作為超語言的代表，卦象儘管不是藝術作品，卻與此有相通之處。所以易學家尚秉和說：「意之不能盡者，卦能盡之；言之不能盡者，象能顯之。」（《周易尚氏學》）而「象」之所以能夠盡意，在於其語言符號的呈現以及組合方式體現了一種生命精神，它是生命本身的言說，而不是邏輯的演繹。

二、卦爻辭：生命之喻

　　在《易經》中，「象」的地位高於「言」，但是《易經》並非以象廢言，《易

〔註33〕張祥龍：《中華古學與現象學》，山東友誼出版社 2008 年版，第 96 頁。

〔註34〕葉維廉：《中國詩學》，人民文學出版社 2006 年版，第 78 頁。

〔註35〕〔法〕米蓋爾・杜夫海納：《美學與哲學》，孫菲譯，中國社會科學出版社 1987 年版，第 79 頁。

經》的語言由兩套符號系統組成，一是卦爻象的符號系統，一是卦爻辭的語言系統，二者互相補充。如汪裕雄所言，《易經》是一個「言象互動」的符號系統，言是爲了「描述對象並對想像做出限定，使之不致於彌散而泛化。」〔註36〕

卦爻辭的語言系統一方面是「描述對象並對想像做出限定」，另一方面，卦爻辭本身也追求一種生命的表達方式。它是運用比喻象徵的手法來取象，儘管其目的在占卜，但是卦爻辭「近取諸身，遠取諸物」的取象方式也體現了一種詩性的言說。如「枯楊生稊，老夫得其女妻」，「枯楊生華，老婦得其士夫」，以及《中孚‧九二》：「鳴鶴在陰，其子和之。我有好爵，吾與爾靡之」等等，其中有比的手法，也有興的表現手法。這些優美的辭句和《詩經》比起來毫不遜色。對於《易》與《詩》，或者說取象與比興的異同，前人有很多比較，有人主同，如陳騤，對於《中孚‧九二》這樣的辭句，他認爲：「使入《詩‧雅》，孰別爻辭？」（《文則》卷上丙）章學誠也說：「《易》象雖包《六義》，與《詩》之比興，尤爲表裏。」（《文史通義‧易教》）但也有人主別，如錢鍾書對《易》與《詩》作了很好的區分：「《易》之象，義理寄宿之蓬廬也，樂餌以止過客之旅亭也。……象異不害旨同。」錢鍾書道：

> 《易》之有象，取譬明理也。「所以喻道，而非道也」。求道之能喻而理之能明，初不拘泥於某象，變其象也可；及道之能喻而理之能明，亦不戀著於象，捨象也可。詩也者，有象之言，以象以成言；捨象忘言，是無詩矣，變象易言，是別爲一詩甚且非詩矣。……取《車攻》之「馬鳴蕭蕭」，《無羊》之「牛耳濕濕」』，易之曰「雞鳴喔喔」，「象耳扇扇」，則牽一髮而動全身，著一子而改全局，通篇情景必隨以便換，將別開面目，另成章什。〔註37〕

對於易象與詩象的區別，錢鍾書認爲，象在《易》中是一個符號，其作用在於「明理」，可以由別物取代，而「象」在詩中具有本體性地位。他認爲比興以自身形象爲旨歸，而《周易》的取象目的不在塑造形象，而在於明理喻道，這也就是莊子所說的言與筌的關係，即「筌者所以在魚，得魚而忘筌」（《莊子‧外物》）。確實，取象與比興有著諸多不同之處，如形象的塑造，情感的抒發等等，還與詩的語言有一定不同。但是，卦爻辭的「近取諸身，遠取諸物」的取象方法體現了一種詩性的思維方式。卦爻辭的目的是占卜，但是不

〔註36〕汪裕雄：《意象探源》，安徽教育出版社1996年版，第110頁。
〔註37〕錢鍾書：《管錐編》第一卷，北京三聯書店2007年版，第20～21頁。

直接說出吉凶，而是以一種生動的形象作爲中介，從形象出發，然後引向吉凶，進而指導人們的實踐。

這種表達方式對後人有很大影響，它不僅是藝術創作的言說方式，也是藝術理論與批評的言說方式。它不同於西方的科學的邏輯的批評，中國的藝術理論在某種意義也是一種藝術創作，它不是通過說理，而是通過近取遠取的物象示人。對於批評的影響，根據其所選取的物象可分爲「近取諸身」和「遠取諸物」兩種情況，也可說是人喻和物喻兩種類型。

（一）物喻

「遠取諸物」即是以自然界中的生命之物來論人、論詩、論文等。魏晉以後的人物品評常以自然物象來比喻人物，如《世說新語》中的這些品題：「公孫度目邴原：『所謂雲中白鶴，非燕雀之網所能羅也。』」（《賞譽》）王戎云：「太尉神姿高徹，如瑤林瓊樹，自然是風塵外物。」（《賞譽》）其它如春月柳、千丈松、松下風、玉樹、玉山、雲中白鶴等等皆是通過自然物象來說明人的風度、氣質，這也與儒家美學的比德思想有關。在詩文批評中也有不少取法自然物象進行比喻的。皎然《詩勢》卷一論詩歌的三種風貌和特色：「其華豔如百葉芙蓉，菡萏照水；其體裁如龍行虎步，氣逸情高。脫若思來景遇，其勢中斷，亦須如寒松病枝，風擺半折。」還有鍾嶸《詩品》引湯惠休的話說「謝詩如芙蓉出水，顏詩如錯彩鏤金」，即是以兩種不同的事物來形象的說明兩種不同的詩風。又如清姚鼐《復魯非書》中論古文陽剛和陰柔兩種不同的風格時，也有類似之比：「鼐聞天地之道，陰陽剛柔而已。文者，大地之精英，而陰陽剛柔之發也。……其得於陽與剛之美者，則其文如霆，如電，如長風之出谷，如崇山峻崖，如決大川，如奔騏驥；其光也，如杲日，如火，如金鏐鐵；其於人也，如馮高視遠，如君而朝萬眾，如鼓萬勇士而戰之。其得於陰與柔之美者，則其文如升初日，如清風，如雲，如霞，如煙，如幽林曲澗，如淪，如漾，如珠玉之輝，如鴻鵠之鳴而入寥廓」，又如嚴羽《滄浪詩話‧詩評》曰：「李杜數公，如金鷄擘海，香象渡河。下視郊、島輩，直蟲吟草間耳」等等，都是以自然界風格不同的事物來比附不同的藝術風格。

（二）身喻

「近取諸身」則是以人來喻藝術。古人視藝術如人一樣，有肌膚，有骨骼，有生氣，有血脈，是一個充滿生命的整體。這種批評方式在中國傳統藝

術理論中也佔有重要地位。錢鍾書先生曾說「余嘗作文論中國文評特色，謂其能近取諸身，以文擬人；以文擬人，斯形神一貫，文質相宜矣。」〔註 38〕他所謂的中國文學批評的特點就是：

> 把文章通篇的人化或生命化（anmimism）。《易·繫辭》云：「近取諸身……以通神明之德，以類萬物之情」，可以移作解釋；我們把文章看成我們自己同類的活人。《文心雕龍·風骨篇》云：「詞之待骨，如體之樹骸，情之含風，猶形之包氣……瘠義肥詞」；又《附會篇》云：「以情志爲神明，事義爲骨髓，辭采爲肌膚，宮商爲聲氣……義脈不流，偏枯文體」；《顏氏家訓·文章篇》云：「文章當以理致爲心腎，氣調爲筋骨，事義爲皮膚」；「宋濂《文原·下篇》云：」四瑕賊文之形，八冥傷文之膏髓，九蠹死文之心」；魏文帝《典論》云：「孔融體氣高妙」；鍾嶸《詩品》云：「陳思骨氣奇高，體被文質」……翁方綱精思卓識，正式拈出「肌理」，爲我們的文評，更添上一個新穎的生命化的名詞。〔註 39〕

把文章人化、生命化可謂是中國古代文論的一大特色，這種品評比比皆是。如周濟在《介存齋論詞雜著》中所說：「毛嬙、西施，天下美婦人也，嚴妝佳，淡妝亦佳，粗服亂頭不掩國色。飛卿，嚴妝也；端己，淡妝也；後主，則粗服亂頭矣。」宋人吳沆也有此說：「詩有肌膚，有血脈，有骨骼，有精神。無肌膚則不全，無血脈則不通，無骨骼則不健，無精神則不美，四者備，然後成詩。」（《環溪詩話》卷中）其實，不光是在文論中，在畫論和書論中，也是多這種生命化的表達，如郭熙曰：「山以水爲血脈，以草木爲毛髮，以煙雲爲神采。故山得水而活，得木而華，得煙雲而秀媚。水以山爲面，以亭榭爲眉目，以漁釣爲精神。故水得山而媚，得亭榭而明快，得漁釣而曠落。此山水之布置也。」（《林泉高致·山水訓》）種言說方式在古代藝術理論與批評中俯拾皆是。以上也可以看出，不管是「近取諸身」，還是「遠取諸物」，都是取其生命的形象顯示生命。

三、「象」語言

不管是卦爻符號還是卦爻辭都是以生命的形態顯示生命，通過直觀可視

〔註 38〕 錢鍾書：《談藝錄》，中華書局 1984 年版，第 40 頁。
〔註 39〕 錢鍾書：《錢鍾書集·人生邊上的邊上》，北京三聯書店 2002 年版，第 119 頁。

的形象盡量減少語言帶來的限制，創構出「如在目前」的形象。如唐皎然說：
「不睹文字，蓋詩道之極也。」司空圖也說：「不著一字，盡得風流。」使人
看不到語言文字引起的語障和理障，只能看到形象，才是眞正的詩，「以文字
爲詩」是詩之大忌。如王國維《人間詞話》中所講的「隔」與「不隔」的區
別，他說「語語都在目前，便是不隔」，如「池塘生春草」、「空梁落燕泥」等
句，其妙處便在「不隔」，而「謝家池上，江淹浦泮，則隔矣。」「隔」與「不
隔」的區別在於是否具有生動直觀藝術形象，是否能直接給人眞切鮮明的印
象和感受，否則就如「霧裏看花終隔一層」。因此，在以文字爲媒介的語言藝
術創作上，古人力求衝破語言的枷鎖，打破其一維的線性表達方式，尋求一
種「詩中有畫」的境界。蘇軾說：「味摩詰之詩，詩中有畫；觀摩詰之畫，畫
中有詩。」（《東坡題跋》下卷《書摩詰藍田煙雨圖》）其友晁補之和之道：「詩
傳畫外意，貴有畫中態。」（《和蘇翰林題李甲畫雁二首》）

　　《周易》的這種表達方式也可以稱之爲「象」語言。「象」不是說，而
是顯示，以另外一種方式言說。維特根斯坦曾指出：「凡是能夠說的事情，都
能夠說清楚，對於不可說者，就應該靜默。」維特根斯坦認爲自然科學的命
題是可說的，與倫理、價值、情感、生命、宗教、形而上本體有關的是不可
說的。對於不可說的，只有通過顯示：「確實有不能講述的東西，這是自己表
明出來的；這就是神秘的東西。」〔註 40〕因爲語言是對視覺的限制。也是對
思維的限制。「我的語言的界限意味著我的世界的界限。」〔註 41〕所以當我們
用語言表達時，也在界定著一個世界。因此，語言是一個牢房，限制人們的
思維，破壞事物的完整性。對此，中國人是深諳其中三味的，俄國批評家別
林斯基關於「哲學家用三段論法，詩人則用形象和圖畫說話」的觀點早已爲
我們耳熟能詳，但是對於中國古代的哲人來說這句話並不適用，中國古代的
哲人在表達哲思和宇宙之道的時候，並不是進行繁瑣的邏輯推理和論證，而
是以簡捷的圖形來表達。日本學者中村元說：「借助視覺的表象來理解抽象概
念，這是中國人獨特的思路方法特徵。」〔註 42〕河圖、洛書，先天八卦和後

〔註40〕 〔奧〕維特根斯坦：《邏輯哲學論》，郭英譯，商務印書館 1962 年版，第 97
　　　　頁。
〔註41〕 〔奧〕維特根斯坦：《邏輯哲學論》，郭英譯，商務印書館 1962 年版，第 79
　　　　頁。
〔註42〕 〔日〕中村元著：《東方民族的思維方法》下冊，林太、馬小鶴譯，臺灣淑馨
　　　　出版社 1999 年版，第 233 頁。

天八卦，太極圖等等都是以視覺圖形來解釋宇宙生成之理，而「近取諸身，遠取諸物」的取象方式也是通過具體的物象說明事理。

卦象符號與卦爻辭都是一種生命性言說。生命言說的本質是顯示、召喚一個世界，而不是界定、規約一個世界。如海德格爾言：「『說』指顯示，讓出現，讓被聞或被見到。」〔註43〕它是一種更接近「意」本身狀態的方式，因此可以更好的「盡意」。這種言說方式與人類後來直到今天偏於理性、概念推理、邏輯演繹、體系建構等的方式是鮮明有別的。它反映了人類童年時期的思維方式，具有「原型」的意味。象的言說方式也體現了中國古人特有的心理結構，並成爲一種文化傳承和積澱下來，成爲民族文化的有機組成部分，至今依然具有生命的活力與魅力。

綜上所述，《周易》的生命符號的創造方式以「觀」爲起點，「觀」是生命的觀照，「觀」也是「象」形成的基礎。「物」是「象」的生命本源，「取」反映了生命符號的創造方式。而觀物取象的生命性創造方式也決定了「象」是生命的表達方式，不管是卦爻象還是卦爻辭都是以象示象，通過直觀可視的生命性形態顯示生命。其表達方式也可稱爲「象」語言，它是生命的言說方式。觀物取象的審美符號創造方式爲中國藝術創作奠定了原則和基礎，它是一種生命創造，同時也體現了人與世界的生命聯繫。

〔註43〕〔德〕海德格爾著：《人，詩意地安居：海德格爾語要》，郜元寶譯，廣西師範大學出版社 2000 年版，第 55 頁。

第四章 《周易》生命精神的審美表現

《周易》生生不已的生命精神不是抽象的道理。作為抽象的數的生發與演變就體現了《周易》生生不息的生命精神。而卦象作為抽象的符號，也是一個生命的有機體，具有生命性、變化性、全息性。卦象作為《周易》之根本，具有運動性、節奏性、生長性、有機統一性，充分地體現了生命的形式。生命精神也體現在陽剛與陰柔的既互相區別又剛柔相濟的兩大生命形態上，同時也體現了一種即憂即樂、憂樂圓融的人生境界。從抽象的數學符號、卦象符號到陽剛陰柔的表現形態以及憂樂圓融的人生境界，無不體現了《周易》的生生不已、隨時變通的的生命精神。

第一節 「數」：生命的抽象

《周易》曰：「天地之大德曰生」，「生生之謂易」，這種強烈的生命精神不僅體現在其義理中，也體現在《周易》抽象的「數」中。「數」在《周易》中佔有重要地位，「數」是《周易》的來源和基礎，如《漢書・律曆志》云：「自伏羲畫八卦，由數起。」在《周易》中，「數」並非僅僅是抽象的代碼，它與《周易》的生命精神緊密結合，具有生成性、變化性、全息性等生命性特徵。《周易》之「數」的生命性特徵在與畢達哥拉斯學派關於「數」的比較中可得到鮮明的體現。

所謂「數」，在《周易》中與此相關的數字有占筮之數、天地之數、爻位之數、河圖洛書等等。

首先，「數」在《周易》中主要指筮數，易數主要與占筮有關。《左傳・

僖公十五年》「筮，數也。」《周易》中提到的數字大多爲占筮過程形成的數
字。如大衍之數、天地之數、筮策之數、《周易》中提到的具體的數字包括：
一、二、三、四、五、六、七、八、九、十、二十五、三十、四十九、五十、
二百一十六、三百六十、一千五百二十……等等，如《繫辭》中所說的有以
下：

1. 大衍之數

大衍之數五十，其用四十有九，分而爲二以象兩，掛一以象三，
揲之以四以象四時，歸奇於扐以象閏，五歲再閏，故再扐而後掛。

2. 天地之數

天地之數天一，地二；天三，地四；天五，地六；天七，地八；
天九，地十。天數五，地數五，五位相得而各有合。天數二十有五，
地數三十。凡天地之數五十有五，此所以成變化而行鬼神也。

3. 蓍策之數

乾之策二百一十有六，坤之策百四十有四，凡三百有六十，當
期之日。二篇之策，萬有一千五百二十，當萬物之數也。是故四營
而成易，十有八變而成卦。八卦而小成，引而伸之，觸類而長之，
天下之能事畢矣。

4. 八卦的產生過程也與數字有關

是故《易》有太極，是生兩儀，兩儀生四象，四象生八卦，八
卦定吉凶，吉凶生大業。

其次，《易經》中的爻位之數、陰陽之數。易經中的六十四卦，每一卦由下而
上，分別稱爲初、二、三、四、五、上。陰陽之數，則體現在《易經》中的
陰爻爲六、陽爻爲九。

再次，《周易》還提到河圖、洛書，雖然沒有直接提到數字，但歷代認爲
它與數直接相關。它與爻位一樣，是從時空關係上來表示數字。

除以上數字外，《周易》還有一些地方直接提到「數」：

君子以制數度。（《節卦·象傳》）

極數知來謂之占。（《繫辭上》）

參伍以變，錯綜其數。……極其數，遂定天下之象。（同上）

古之葬者……喪期無數。（《繫辭下》）

參天兩地而倚數。（《說卦傳》）

數往者順，知來者逆，是故《易》，逆數也。（同上）

這其中「君子以制數度」中的「數」指「禮數」，「喪期無數」指「期數」，與「易數」無關，其他「數」均指易數。從《周易》所說的「參伍以變，錯綜其數……極其數，遂定天下之象」、「極數知來謂之占」、「參天兩地而倚數」這些與「數」有關的文字可以看出古人對「數」極其倚重，古人認爲，「數」可以占吉凶、知未來、「與天地準」。

從上也可以看出，《周易》中的「數」既有占筮的成分也有哲學的成分。「大衍之數」、「天地之數」、「蓍策之數」以及陰陽之數和八卦的產生，「數」都與天地準，與萬物的產生相結合，與人類的命運息息相關。以「大衍之數」爲例，它記載了古人用蓍草占筮的方法和過程，即用五十根蓍草占筮，然後掛一、揲四、四營、十八變之後，形成卦。大即「太」，浩大之意，「衍」即演繹，繁衍，「大衍之數」就是能夠繁衍發展的數字。從古人對這個過程的描述可以看出，「數」既體現了占筮的過程，也反映了當時人們的世界觀和宇宙觀。可以說，《易傳》在解釋「數」的時候，把占筮的過程哲理化了，而剔除了其神秘的巫術的成分。「數」是形成卦爻的數字，同時也是天地之大數，蘊含著天地之規律，它不僅體現了一種筮法，也是一種象徵，它構築著人們的宇宙觀、世界觀、生活觀，體現了先人的思維模式和生活觀念。它既代表天道，也代表人事，既是實的，也是虛的。如方孔炤、方以智父子對「象數」所說，「凡不可見之理寓可見之象者，皆數也。」（《周易時論合編・繫辭上》）可以說，易象、易數、易理三者密不可分。因此，「數」在《周易》中並不是純理性的表現，它是天地萬物之象徵，「數」本身也具有生命性，是一種生命的抽象，體現了《周易》生生不息的生命精神。本書認爲，《周易》之「數」的生命性具有以下特徵。

一、生成性

「數」的生成性首先表現在相合而生。《周易》曰：「天數五，地數五，五位相得而各有合。」天數五個數，地數五個數，天數和地數五位各自相合，就是「五位相得而各有合」。《周易》曰：「天一，地二；天三，地四；天五，地六；天七，地八；天九，地十。」這個十個數字，它一分爲二，前五個數爲生數，後五個數爲成數。生數，就是初生之數，成數就是完成之數。生數是開端，成數是完成。

　　《韓注》曰：「天地之數各五，五數相配，以合成金、木、水、火、土。」在《尚書‧五行傳》裏面，就講了天地之數是如何生成五行的，五行也就是水火木金土這些構成天地萬物的基本元素。它通過這天數與地數一生一成相合而來的：「天一生水，地六成之；地二生火，天七成之；天三生木，地八成之；地四生金，天九成之；天五生土，地十成之。」也就是說，天數一和地數六，都屬水。天一是五行之水的生數，地六是五行之水的成數。孔穎達疏曰：「《易‧繫辭》曰：『天一，地二；天三，地四；天五，地六；天七，地八；天九，地十。』此即是五行生成之數。天一生水，地二生火，天三生木，地四生金，天五生土，此其生數也。如此則陽無匹，陰無耦，故地六成水，天七成火，地八成木，天九成金，地十成土。於是陰陽各有匹耦而物得成焉。故謂之成數也。」這些都旨在說明天地萬物之生成是由「數」的相合、匹配而成的，「數」具有生成萬物之性。

　　「數」不僅是相合而生，「數」的生成還體現在一分為二的創生。《周易》的「數」從太極入手，太極即一。《周易》曰：「《易》有太極，是生兩儀。」（《繫辭上》）。「太極」，即「一」，指天地未分時的混沌狀態。韓康伯《繫辭注》也說：「演天地之數，所賴者五十也，其用四十九，別其一不用也……斯易之太極也。」《周易正義》曰：「太極，謂天地未分之前，元氣混而為一，即是『太初』、『太一』也。」

　　太極是混沌未分的狀態，同時也是變化之始與生命化生之源。「一」在中國傳統文化中是「太初」、「太一」的原始狀態，同時也意味著分化和化生的開始。古代典籍對「一」多有解釋，如《莊子‧天地》中寫道：「泰初有無，無有無名；一之所起，有一而未形。」《列子‧天瑞》曰：「一者，形變之始也。」《淮南子‧原道訓》曰：「一立而萬物生矣，是故一之理施四海，一之解際天地。」《漢書‧董仲舒傳》曰：「一者，萬物之所從始也。」《說文解字》云：「一，惟初太極，道立於一，造分天地，化成萬物。」

　　如果說太極保持一種整體的狀態，具有生成之勢，由太極所生之兩儀則通過交感變化生成四象，以至萬物。兩儀在《周易》指陰陽、天地、男女、奇偶等天地間既對立又統一的事物。而且二者相合而生萬物，如《周易》所說：「天地絪縕，萬物化醇；男女媾精，萬物化生。」（《周易‧繫辭下》）即萬物由奇偶、陰陽交感化生。

　　《周易》「數」的宇宙生成觀影響很大，尤其是象數學派。最為著名的要

數北宋理學家邵雍，他根據一分爲二的原則建立了自己的宇宙生成觀：

> 太極既分，兩儀立矣。陽下交於陰，陰上交於陽，四象生矣，
> 陽交於陰、陰交於陽面生天之四象；剛交於柔，柔交於剛而生地之
> 四象。於是八卦成矣。八卦相錯，然後萬物生焉。是故一分爲二，
> 二分爲四，四分爲八，八分爲十六，十六分爲三十二，三十二分爲
> 六十四。故曰分陰分陽，迭用柔剛，故易六位而成章也，十分爲百，
> 百分爲千，千分爲萬·猶根之有干，幹之有枝，枝之有葉，愈大愈
> 少，愈細則愈繁，合之斯爲一，衍之斯爲萬。(《皇極經世·觀物外
> 篇》)

邵雍把道與「數」緊密結合起來，認爲宇宙的生成就是「數」的生成。萬物
的生滅都遵循「數」的規律。老子也把「數」和「道」結合起來。如《老子》
曰：「道生一，一生二，二生三，三生萬物」。從「三」與「四」的不同可顯
示《易》《老》生成觀的區別。

朱熹也認爲現象界的一切事物都是太極生兩儀、兩儀生四象的生成關
係，因此認爲每一事物都有一太極，而太極本身就包含生生不窮之理。朱熹
說：

> 太極如一木生。上分而爲枝幹，又分而爲生花生葉，生生不窮。
> 到得成果子，裏面又有生生不窮之理，生將出去，又是無限個太極，
> 更無停息。(《朱子語類》卷七十五)

太極之生發是「一生二」的模式，即朱熹所說的「每個便生兩個。就一個陽
上，又生一個陽，一個陰。就是一個陰上，又生一個陰，一個陽。」(《朱子
語類》卷六十五雲) 因此，整個宇宙系統的生成是「數」的生成，也是生命
的生生不已。

二、變化性

《周易》中的「數」不僅具有生成性，而是具有變化性。如朱熹所說：「六
十四卦，三百八十四爻，皆所以順性命之理，盡變化之道也。」(《周易本義》)
這一點在《易經》的筮法中可以看出。在《易經》中用九、六表示爻性（即
陰爻與陽爻）而不用七、八。這是因爲七、八爲靜止，九、六爲變動。《繫辭
上》說「兩儀生四象」之「四象」指老陽、老陰、少陽、少陰，筮數上對應
九、六、七、八。《繫辭上》提到「大衍之數」的揲蓍法，即經過分二、掛一、

揲四、歸奇「四營」而得到六、七、八、九這四個數。但爲何只用「六」、「九」而不用「七」、「八」？《易緯·乾鑿度》認爲：「陽動而進，陰動而退；故陽以七、陰以八爲象。易一陰一陽，合而爲十五之謂道。陽變七之九，陰變八之六。」鄭玄解釋曰：「象者，爻之不變動者……九、六，爻之變動者……陽動而進，變七之九，象其氣息也。陰動而退，變八之六，象其氣消也。」二者的意思都是說陽氣是順行的，是由七到九，陰氣是逆行的，是從八到六，七與八還沒有運行到頂點，不會發生變化，到了老陽與老陰，即九與六，事物發展到了頂點，性質就會發生變化。《乾鑿度》曰：「易變而爲一，一變而爲七，七變而爲九。九者，氣變之究也，乃復變而爲一，一者，形變之始。」九是運行的頂點，也是要發生變化的開始。由於有變化，才能有相對於人的吉凶悔吝的局面出現。通行本《乾》、《坤》中的「用九」、「用六」，在帛易中爲「迵九」、「迵六」，楚竹書此兩卦闕如。高亨說：「『迵九』、『迵六』云者，「謂六爻皆九也」，「謂六爻皆六也」。〔註1〕而《周易》占動不占靜，所以取九、六而不取七、八。如黃壽祺、張善文說：「《周易》占動不占靜，故三百八十四爻凡陽爻皆稱『九』，凡陰爻皆稱『六』。」〔註2〕因此，《周易》用「九」與「六」來體現生命的變動不居。

三、全息性

　　全息性是一種囊括宇宙、無所不包的特性，它相當於一種場域。《周易》中的「數」是全息性的，它是與象、時、空、位、吉凶等互相結合、互相聯繫、互相變通的全息性符號系統。所謂「《易》有太極，是生兩儀，兩儀生四象，四象生八卦，八卦定吉凶，吉凶生大業」（《繫辭上》）

　　從太一中不僅可以生出陰陽兩儀，春夏秋多四時，還可以產生八卦之象。以八卦爲原型的河圖、洛書均以數的排列來象徵宇宙的時間和空間。朱熹詳述了數序與方位、陰陽運行變化之理的關係。其《易學啓蒙》曰：

　　　　河圖之位，一與六共宗而居乎北，二與七爲朋而居乎南，三與八同道而居乎東，四與九爲友而居乎西，五與十相守而居乎中。所謂「天」者，陽之輕清而位乎上者也；所謂「地」者，陰之重濁而位乎下者也。

〔註1〕高亨：《周易大傳今注》，齊魯書社1979年版，第60、82頁。
〔註2〕黃壽祺、張善文：《周易譯注》，上海古籍出版社2004年版，第622頁。

河圖以出生之次言之，則始下、次上、次左、次右以復於中，而又始於下也；以運行之次言之，則始東、次南、次中、次西、次北，左旋一周，而又始於東也。

洛書之縱橫十五，而七八九六，迭為消長；虛五分十，而一含九，二含八，三含七，四含六，則參伍錯綜，無適而不遇其合焉。此變化之所以妙也。

也就是說，河圖以從一到十的「天地之數」排成「一六居下，二七居上，三八居左，四九居右，五十居中」的方位。（如下圖一）洛書從一至九，九個數縱橫相加均為十五，排成「戴九履一，左三右七，二四為肩，六八為足，五居中央」（《周易本義》的「龜形」圖。（如下圖二）

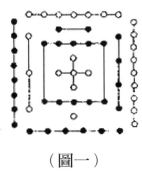

（圖一）

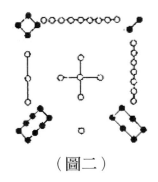

（圖二）

把洛書轉換成數字就是下圖（圖三）：

4	9	2
3	5	7
8	1	6

（圖三）

邵雍還把五行、時空結合起來。他在《河洛真數》中論述「河圖運行次序」與「洛書運行次序」中說：

《河圖》之序，自北而東，左旋而相生：北方水生東方木，東方木生南方火，南方火生中央土，中央土生西方金，西方金生北方水。然對待之位，則北方一六水，克南方二七火；西方四九金，克

東方三八木，而相剋者寓乎相生之中，蓋造化之理，生而不克，則生者無從而裁制，其《河圖》生剋之妙有如此乎！（《河洛真數·河圖運行次序》）

《洛書》之序，自北而西，右轉而相剋。然對待之位，則東南四九金，生西北一六水；東北之三八木，生西南二七火。而相生者已離手相剋之中。蓋造化之理，克而不生，則所克者有時而間斷，其洛書克生之妙，有如此乎！（《河洛真數·洛書運行次序》）

因此，「數」不再是抽象的數字符號，而是一個與時間、空間相結合的全息性的時空。

「數」的全息性不僅與宇宙自然有關，還與人的命運有關。古人認為「數」具有預知未來的功能，《繫辭上》云：「極數知來之謂占」。《說卦》中也說：「數往者順，知來者逆，是故《易》，逆數也。」意思是要探究過去，可以往前順著推算，要預知未來，可以往後逆著推算，而《易經》的功用重要在於預知未來，所以其方法是逆著推算。相傳神以「數」來表達意志，「神雖非數，因素而顯」（《周易正義》引顧懽語），因此，通過「數」可以數往知來，可以「定吉凶」、「生大業」。

可見，《周易》中的「數」是多維的，它不僅與空間有關，還與時間有關；不僅與自然有關，還與人事有關。「數」在《周易》中是一個變化的全息的系統。因此，「數」與「象」又互為一體，如宗白華所說：「中國之數，遂成為生命變化妙理之「象」矣！」〔註3〕

《周易》之「數」的生命性特點與古希臘畢達哥拉斯學派關於「數」的認識相比較而言可得到更鮮明的體現。

首先，《周易》之數為生命之數，與它所代表的感性的生命現象分不開，如劉綱紀、范明華所言：「《周易》講『天一，地二，天三，地四』等等，是先言天、地，後言數，數是用以代表、說明天地的。不是數決定天地，而是天地與數相關。」〔註4〕數在《周易》中並不是純粹的抽象的數學符號，而是代表具有生發功能的天地自然，如「一」代表太極，也指天地未分化時混沌一氣的狀態，二為天地兩儀，三為天地人三才，四為春夏秋冬四時，三百六十為一年，一千五百二十為萬物。其中一、三、五、七、九為天之數，二、

〔註 3〕宗白華：《宗白華全集》第一卷，安徽教育出版社 1994 年版，第 598 頁。
〔註 4〕劉綱紀、范明華：《易學與美學》，瀋陽出版社 1997 年版，第 68 頁。

四、六、八、十爲地之數；五個天數之和爲二十五，五個地數相加爲三十，總合天地之數爲五十五。天數一、三、五、七、九相加之和爲 25，地數二、四、六、八、十相加之和爲 30，天地數之和爲 55。因此，「數」在《周易》中只是天地萬象、天地之道的一種表現形式和工具，南宋楊萬里曰：「天地之道不在數也，依於數而已。」(《誠齋易傳・說卦》)「數」是最抽象理性的，也是最具體的，它是生命的符號和象徵。

而畢達哥拉斯學派學派把「數」與它所代表的事物孤立起來，認爲「萬物皆數」，「數是萬物的本質」，把「數」變成爲一種獨立自在的東西，把「數」看成萬物生成的始因，並加以絕對化和神秘化。畢達哥拉斯學派認爲世界上的萬物由「數」決定。《周易》之「數」處在互相感通的脈絡關係中，《周易》對「數」的認識是同它對天地的看法相關的，並不是「數」決定天地萬物，而是「數」代表天地萬物。對於數與萬物的關係，《左傳》中也說過：「物生而後有象，象而後有滋，滋而後有數」。《周易正義》也指出：「數從象生，故可用數以求象。」可以看出，《周易》「數」的世界是一個靠想像和感悟相互聯繫的世界。「數」雖然是抽象的、理性的，但它與「象」、「理」密不可分。它既體現了形而上之道，也體現了形而下之器。

其次，《周易》中所說的「數」是動態的，它體現了《周易》的生成變化的本質特徵。而畢達哥拉斯學派把「數」當作永恒不變的本體，古希臘哲學家畢達哥拉斯把「數」作爲理解宇宙秩序和萬物生成的一把鑰匙，它認爲，「數」是萬物的本原，宇宙由「數」構成。「數」的基本元素就是一切存在物的基本元素，認爲「整個的天是一個和諧，一個數目」。從數中可以產生萬物，其過程如下：

> 萬物的本原是一。從一產生出二，……從完滿的一與不定的二中產生出各種數目，從數目產生點；從點產生出線；從線產生出面；從面產生出體；從體產生出感覺所及的一切形體；產生出四種元素：水、火、土、氣。這四種元素以各種不同的方式互相轉化，於是創造出有生命的、精神的、球形的世界。〔註5〕

畢達哥拉斯學派也認爲從「一」中可以產生萬物，從一生二，從二生四，並且認爲從數中可以產生精神界、物質界的一切事物，其「一」和《周易》之

〔註5〕 北京大學哲學系外國哲學史教研室編譯：《西方哲學原著選讀》(上卷)，商務印書館 1981 年版，第 19 頁。

「太極」的意義具有相通之處。但二者又有很大不同，儘管二者都以「數」來代表事物的發展規律，但是《周易》中所說的「數」是動態的，處在生成變化中的。如邵雍所說：「太極一也，不動，生二，二則神也」一句，說明奇偶二數的變化莫測謂之神，即《繫辭》中所說的「陰陽不測之謂神」。《說卦》曰：「參天兩地而倚數」，其中的「數」來代表宇宙的運行規律。但是這個「數」是變化的，動態的，而畢達哥拉斯學派的「數」是靜止的，不變的，追求抽象世界的固定不變的本質。塔塔科維茲在論述古希臘的美學問題時指出：

> 它是一種關於靜態的美學。它賦予在動勢中被抑制的形式美和處於穩定的靜態中的形式美以最高的地位。這是一種把單純看得比豐富更高的美學。〔註6〕

再次，二者都以「數」來表示宇宙的構成，畢達哥拉斯學派用數的比例來解釋宇宙的構成和美，其構成理論，注重明晰性和精確性，畢達哥拉斯說：「數是人類思想的嚮導和主人，沒有它的力量，萬物就都處於昏暗混亂之中。」〔註7〕他不是從物象出發，而是從數學出發，注重物質結構和比例關係，其秩序偏於理數。它站在自然科學的立場上，注重實證分析，體現了一種精確嚴謹的科學精神。「數」從生命出發，它不是空間的符號，而是與時、位結合，其秩序是生生而條理之節奏。宗白華曾經對西方和中國的構成原理作一區別：

> 在其理論，非由物理出發，而是由數學出發，不究物質之本體，而唯注意物質結構之比例關係，及統理世界之和諧秩序（從物質結構、數學天文出發，非從生命出發，故其秩序偏於理數。中國從生命出發，故其秩序升入中和之境）。其結果發明『數』，始爲萬物成形之所本，成立一『數』底哲學，認爲一切物象之結構，必按一定『數目關係』得以形成（中國則成於中和之節奏，『興於詩，立於禮，成於樂』）。〔註8〕

> 此『數』非與空間形體平行之符號，乃生命進退流動之意義之象徵，與其『位』『時』不能分出觀之！

可見，《周易》之「數」是用來表示生命的生成過程，是生生而條理之秩序，

〔註6〕〔波〕塔塔科維茲：《古代美學》，楊力等譯，中國社會科學出版社1990年版，第99頁。

〔註7〕〔德〕恩斯特·卡西爾：《人論》，甘陽譯，上海譯文出版社1986年版，第268頁。

〔註8〕宗白華：《宗白華全集》第一冊，安徽教育出版社1994年版，第594頁。

是時間中的秩序。而畢達哥拉斯之「數」是用來表示事物不變的結構、比例等，是空間之秩序。畢達哥拉斯學派的「數」開啓的是空間性美學，「數」通向的是固定不變的形體，把握的世界，而《周易》的「數」開啓的是時間性美學，「數」通向的是一個無限開放、綿延廣闊的世界。如王船山曰：「易之由大衍而生數，由數而生爻，由爻而生卦，由卦而生變占，由變占而生天下之亹亹。有源故不窮，乘時故不悖，皆即此道也。」（《周易內傳》卷五）易之大衍──數──爻──卦──變占──天下，都是天地生生之道的表現。《周易》之數充分體現了其生命精神。

由上可知，《周易》之「數」是從生命出發，具有生成性、運動性和全息性的符號系統，它與象、時、位、理、占等結合，既是一種以時間性存在，又是一種空間性存在；既代表天地自然，又與人的命運息息相關。《周易》的數所構成的系統是一個多維的、生命的，具有價值意義的系統，如宗白華所說：「中國之『數』爲『生成的』、『變化的』、象徵意味的，『流動性的、意義性、價值性』以構成中正中和之境爲鵠的。」〔註9〕由此可見，《周易》之生命精神在最爲抽象的數理符號中也體現得淋漓盡致。

第二節　卦：生命的形式

宗白華在《中國書法裏的美學思想》一文中引歌德的話說：「題材人人看得見，內容意義經過努力可以把握，而形式對大多數人是一個秘密。」他認爲「中國古代商周銅器銘文裏所表現章法的美，令人相信傳說倉頡四目窺見了宇宙的神奇，獲得自然界最深妙的形式的秘密。」〔註10〕其實形式的秘密在卦爻象中也有體現。《周易》的卦爻象具有嚴整有序的形式，同時也是克萊夫・貝爾所說的「有意味的形式」，其「意味」就是生命的意味。在卦爻象的形式中體現著生命的律動，空間的結構形式中被時間化爲一條曲折流動的線條，它是時間與空間的統一體、生命與形式的統一體。如朱良志說：「在卦爻的有限空間中展現生命運動的秩序，模擬世間的風雲變態。易之卦爻提供了世界的生命圖式。」〔註11〕因此，如何從靜態的書畫藝術中塑造動態的生命，

〔註9〕　宗白華：《宗白華全集》第一卷，安徽教育出版社1994年版，第597頁。
〔註10〕　宗白華：《宗白華全集》第三卷，安徽教育出版社1994年版，第424頁。
〔註11〕　朱良志：《中國藝術的生命精神》，安徽教育出版社2006年版，第112頁。

將空間藝術轉化為時間藝術，卦爻象形式的生命性構成方法無疑給了空間藝術特別是書畫藝術很大影響。

卦是生命的形式，是因為它具有生命性特徵。對於生命形式，蘇珊・朗格認為有以下特徵：

> 第一、它必須是一種動力形式。換言之，它那持續穩定的式樣必須是一種變化的式樣。第二，它的結構必須是一種有機的結構，它的構成成份並不是互不相干，而是通過一個中心互相聯繫和互相依存。換言之，它必須是由器官組成的。第三，整個結構都是由有節奏的活動結合在一起的。這就是生命所特有的那種統一性，如果它的主要節奏受到了強烈的干擾，或者這種節奏哪怕是停止上幾分鐘，整個有機體就要解體，生命也就隨之完結。這就是說，生命的形式就應該是一種不可侵犯的形式。第四，生命的形式所具有的特殊規律，應該是那種隨著它自身每一個特定歷史階段的生長活動和消亡活動辯證發展的規律。〔註12〕

簡而言之，作為生命的形式必須具有有機統一性、運動性、節奏性、生長性的特徵。蘇珊・朗格所針對的是藝術的形式，卦爻象並不是完全意義上的藝術，卦爻象作為對生命的一種符號性的本質性的模擬，與一般藝術品相比是一種更偏於抽象的邏輯圖式。但是其形式同樣是一種生命的形式，能給我們提供生命的「幻象」，它具有蘇珊・朗格所說的生命特徵的幾個條件。

一、運動性

生命在於運動，運動性是生命的最直接標誌。蘇珊・朗格說：「一個生命的形式也是一種運動的形式。一個有機體也如同一個瀑布，只有在不斷地運動中才能存在，它的固定性並不是由材料本身的永久性造成的，而是由其中的機能性造成的。」〔註13〕也就是說，生命的本質在於它的運動性，運動性是生命本身的機能。

生命的運動是由變化帶來的，蘇珊・朗格從心理效果的角度來論述運動

〔註12〕〔美〕蘇珊・朗格：《藝術問題》，滕守堯譯，中國社會科學出版社1983年版，第47～48頁。

〔註13〕〔美〕蘇珊・朗格：《藝術問題》，滕守堯譯，中國社會科學出版社1983年版，第45頁。

的特徵。她認為空間藝術中的運動不是表現為「位移」，而是我們能夠感覺到的變化。「所謂運動，是從這一個姿態到另一個姿態的轉變」〔註14〕。變化是打破單調和平衡的表現。卦象也是靜止的，卻給我們以運動感，就在於卦象是在變化中的。

卦象的運動性主要體現在結構形式上陰與陽之間的相互轉化。從一卦的縱向上看，陰陽爻交替反覆形成一種動態性，比較典型的如既濟與未濟六爻，一陰一陽、參差穿插，具有動感。不過，卦象運動性主要體現在卦與卦之間的聯繫及其轉化上，即「錯綜其數」的卦象形式形成了運動和節奏感。對於「錯綜其數」，朱熹《周易本義》注曰：

> 錯者，交而互之，一左一右之謂也。綜者，總而挈之，一低一
> 昂之謂也。

明來知德《周易集注》序解釋為：

> 錯者，交錯對待之名，陽左而陰右，陰左而陽右也。綜者，高
> 低織綜之名，陽上而陰下，陰上而陽下也。

由此可見，「錯」是左右對稱，左陰右陽，或左陽右陰，如乾卦與坤卦，否卦與泰卦、既濟卦與未濟卦等。「綜」是上下對稱。「陽上而陰下，陰上而陽下」。這種對稱見於單個卦的結構中，也可見於不同卦的結構中。如泰卦與否卦（這兩卦同時也是一種橫向對稱）。

「錯」與「綜」這兩種方式也是孔穎達《周易正義·序卦》疏中所說的「二二相偶，非覆即變」，即六十四卦兩兩一組，後一卦是前一卦的覆卦（反覆顛倒構成的卦）或變卦（陰爻變陽爻，陽爻變陰爻），覆卦也就是綜卦，變卦也就是錯卦。在橫向上，相鄰的兩卦之間由於「兩兩相偶，非覆即變」，或彼此在方向上首尾相接，六十四卦中如屯與蒙、需與訟、師與比、小蓄與履、泰與否、同人與大有、謙與豫等，一直到無妄與大蓄都是如此。頤與大過、坎與離又變成了左右陰陽互變的變卦。兩卦之間在左右對立中孕育著動感。六十四卦卦象相鄰的兩卦或錯或綜、或覆或反，體現了一種整齊對稱的形式美，同時在相反相成、參差變化中又體現了一種陰陽消長的起伏的運動感和節奏感，猶如一件嚴整有序又充滿動感的藝術品。

塑造生命的動感也是藝術的追求。阿恩海姆說：「這種不動之動是藝術品

〔註14〕 〔法〕羅丹（口述），葛賽爾記：《羅丹藝術論》，沈琪譯，人民美術出版社1978
年版，第36頁。

的一種極為重要的性質。按照達‧芬奇的說法，如果在一幅畫的形象中見不到這種性質，它的僵死性就會加倍，由於它是一個虛構的物體，本來就是死的，如果在其中連靈魂的運動和肉體的運動都看不到，它的僵死性就會成倍地增加。」〔註15〕中國書畫藝術更是如此，書畫作為靜止的藝術，謝赫六法中卻首推「氣韻生動」，可見不動之動是其重要的性質。在具體的藝術表現上，中國書畫藝術也以繁簡、乾濕、濃淡、曲直等相反相成的參錯變化之道來表現生命的動感。如清人錢杜說：「趙松雪《松下老子圖》，一松一瓦，一藤榻，一人物而已。松極煩，石極簡，藤榻極煩，人物極簡；人物中衣褶極簡，帶與冠履極煩，即此可悟參錯之道。」(《松壺畫憶》)書法藝術也強調變化作為其內在要求，如王羲之題衛夫人《筆陣圖》曰：「夫欲書者，先於研墨凝神靜思，預想書形大小，偃仰平直，振動令筋脈相連，意在筆前，然後作書。若平直相似，狀若算子，上下方整，前後齊平，此不是書，但得其點畫爾！」

二、節奏性

　　節奏性也是生命性的表現。如呼吸和心跳，晝夜往復，四季更替等都體現了節奏性。蘇珊‧朗格認為節奏與時間無關，它是機體的機能。「節奏的本質是緊隨著前事件完成的後事件的準備……節奏是前過程轉化而來的新的緊張的建立。它們根本不需要均勻的時間，但是其產生新轉折點的位置，必須是前過程的結尾中固有的。」〔註16〕也就是她說的：「當前一個事件的結尾構成了後一個事件的開端時，節奏便產生了。」〔註17〕

　　這種首尾相接的節奏性在六十四卦中有鮮明的體現。在單個卦中陰爻和陽爻兩種對立的形式的交替會產生一種節奏感，如既濟、未濟等。在六十四卦中，由於「二二相偶，非覆即變」，因此卦與卦之間多呈現出首尾相接的聯繫，相鄰的兩卦左右陰陽互變，或錯或綜、或覆或反，孕育著生命的動感，同時，在這種相反相成、參差變化中又呈現出一陰一陽、抑揚頓挫、迴環往復的節奏感和韻律感。

〔註15〕〔美〕魯道夫‧阿恩海姆：《藝術與視知覺》，滕守堯、朱疆源譯，中國社會科學出版社1984年版，第569頁。

〔註16〕〔美〕蘇珊‧朗格：《情感與形式》，劉大基等譯，中國社會科學出版社1986年版，第146頁。

〔註17〕〔美〕蘇珊‧朗格：《藝術問題》，滕守堯譯，中國社會科學出版社1983年版，第47頁。

可以看出，節奏是對立統一的結果。書畫藝術作爲節奏的藝術，也是通過這種辯證統一、相反相成的關係來表現節奏感。在書畫藝術中，通過線條的快慢遲速、起伏頓挫，組織的疏密濃淡等來表現物象的節奏和韻律。如孫過庭在《書譜》中所言：「一畫之間，變起伏於峰杪，一點之內，殊衄挫於豪芒。」即是從點畫的起伏變化中尋求節奏感。此外，首尾相接也是書法表現節奏感的手段，姜夔《續書譜》中說：「字有藏鋒出鋒之異，粲然盈褚，欲其首尾相應，上下相接爲佳。」通過變化、接應等結構形式使藝術形象成爲一個有機的充滿節奏感的整體。正如解縉在《春雨雜述》中所言：「上字之於下字，左行之於右行，橫斜疏密，各有攸當。上下連延，左右顧矚，八面四方，有如布陣：紛紛壇壇，鬥亂而不亂；渾渾沌沌，形圓而不可破。」

三、生長性

生長性反映了事物生長、發展、消亡的過程，表現爲一種具有方向性的運動。在靜態藝術中，生長性不是體現在時間上的運動和變化過程，它是一種心理效果。蘇珊・朗格說：「在線條連接、支承圖形並給它以方向性的地方，人們就感覺其充滿了動勢。換言之，這些實際的靜止的永恒形式。卻表現出一種永不停息的變化或持續不斷的進程。靜態藝術中的『動勢』不是一種位移，而是憑藉各種方式都可令人察覺或想像的變化。所以藝術中具有方向性的運動就表現出生命形式的生長性特徵。」〔註18〕這說明「勢」在於「在線條連接、支承圖形並給它以方向性的地方」。

對於卦象來說，卦象中也存在一種向其對立面轉化中呈現出的具有方向性的「勢」。它表現在相鄰兩卦的連接處，如六十四卦中的屯與蒙、需與訟、師與比、小蓄與履、泰與否、同人與大有、謙與豫、隨與蠱、臨與觀、剝與復等等。六十四卦整體上都是這樣一種態勢，除非覆卦是其自身（如乾、坤、頤、大過、坎、離、中孚、小過等卦）。由於相鄰兩覆卦的前一卦的初爻與後一卦的上爻，由此上推，二爻與五爻、三爻與四爻、四爻與三爻、五爻與二爻、上爻與初爻皆相同，所以在視覺上就形成了連綿起伏的一條線，特別是上爻與初爻之間在爻位上的變化最爲明顯，因此從上爻到初爻在心理上給人急轉直下的感覺，也就是我們常說的否極泰來。所以到了上爻就形成了一種

〔註18〕〔美〕蘇珊・朗格：《情感與形式・譯者前言》，劉大基等譯，中國社會科學出版社1986年版，第34頁。

態勢，這是一種向下的態勢，而對於初爻來說就存在一種向上的將要升騰的態勢。這種態勢是一種力的趨勢，由於這種力的趨勢使卦爻在靜止處仍給人延伸生長的感覺。

可以看出，勢是一種陰陽兩種力量的作用與反作用中形成的「張力」，是具有「包孕性的片刻」，時間蘊含在空間中，「勢」體現了時間的空間化。它既聯繫著過去，又聯繫著未來，體現了事物的生長性，給人回味無窮之感。因此，在藝術創作和批評中多主張取「勢」，特別是在書法藝術中，從執筆運筆到謀篇布局都在造「勢」。沈宗騫《芥舟學畫編》中說：「筆墨相生之道，全在於勢，勢也者，往來順逆之間，即開闔之所寓也。」中國書法在運筆時講究的「無垂不縮，無往不收」、「欲右先左、欲下先上」等動作規範和準則都是為了「勢」的形成。蔡邕論書有「九勢」，即轉筆、藏鋒、藏頭、護尾、疾勢、掠筆、澀勢、橫鱗等，其宗旨是在陰陽對立中形成「勢」的感覺，如其所言：「陰陽既生，形勢出矣。藏頭護尾，力在字中，下筆用力，肌膚之麗。故曰：勢來不可止，勢去不可遏。」董其昌《畫禪室隨筆》曰：「遠山一起一伏則有勢」，也是同樣的道理。這種具有「勢」的作品無疑是一個活的充滿動感的具有生長性的生命體。漢崔瑗《草書勢》曾這樣論述這種書法之象：「觀其法象，俯仰有儀；……獸跂鳥蹲，志在飛移；狡兔暴駭，將奔未馳。」「志在飛移」、「將奔未馳」都生動傳神的體現了藝術形象引而不發的動勢和生長性。

四、有機統一性

有機統一性是生命體的一個重要特徵。生命是作為一個整體存在的，每個部分都依賴著其它部分，各構成要素之間是一種有機的結合。有機統一性是通過運動性、節奏性和生長性表現出來的。

卦象的有機統一性體現為對立變化中的統一，它主要表現在六十四卦中。對於六十四卦而言，儘管各卦千變萬化，但由於卦與卦之間「二二相偶、非覆即變」的聯繫，前後兩卦的上下卦是顛倒的，在視覺上彼此承接、彼此呼應，就形成了一個統一的整體。而六十四卦也由此形成了一個連綿起伏的有節奏的整體。也可以說，卦象的有機統一性是通過對立、變化及其形成的運動和節奏體現出來的，它是通過卦與卦之間的組合所形成的內在的動態的統一。如英勞倫斯・比尼恩所說：「儘管你可能感受不到色彩的那種激發美感

的力量，但是那卻是設色之中色調之間的組合關係，這給畫面帶來了整體感和生命力。」〔註19〕因此，儘管每個卦都是一個獨立的、靜止的單位，卦與卦之間彼此是孤立的，互不相連，但六十四卦在視覺上給人以相互聯繫的、動態的整體感，就在於在卦象與卦象的組合上，前後呼應、上下交錯的結構形式所形成的整體感和生命力。

卦象為我們形象地呈現了一個連綿不斷的生生不息的動態的生命模式，同時它也揭示了空間藝術向時間藝術轉化的奧秘。在書畫藝術的章法結構中講究通過疏密、朝揖、應接、向背、穿插等來布置空間使之連為一個整體。如唐歐陽詢《三十六法》列有「相管領」、「朝揖」、「向背」、「回抱」等則，與卦象的結構有異曲同工之妙。其「相管領」云：「欲其彼此顧盼，不失位置，上欲覆下，下欲承上，左右亦然。」字與字、行與行之間，無論上、下還是左、右，皆須「彼此顧盼，不失位置」，既有各自應有的位置，又要互相關照，顧盼呼應、俯仰向背、相互承接、血脈起伏，筆斷而意不斷。在繪畫藝術中，也是通過顯隱、虛實、疏密、濃淡的布置來體現畫的生命性和整體感。謝赫六法中所言的「經營位置」，即是通過這種手法來造成一種韻律使畫畫富於變化和節奏，所以清鄒一桂說：「以六法言，當以經營位置為第一」。這不僅是避免單調乏味的要求，更是整體性的要求。否則，「若平直相似，狀若算子，上下方整，前後齊平，此不是書，但得其點畫爾！」（王羲之題衛夫人《筆陣圖》）

古人有「一筆畫」、「一筆書」等說法，都反映了這種結構形式所帶來的有機統一性。張彥遠《歷代名畫記》對此有論述。晉顧愷之的運筆，「緊勁聯綿，……風趨電疾」，好像「一筆而成」。南朝宋陸探微「亦作一筆畫，連綿不斷」。明張紳在評王羲之《蘭亭序》中說，「古之寫子，正如作文。有字法，有章法，有篇法。終篇結構，首尾相應。故羲之能為一筆書，謂《禊序》自『永』字至『文』字，筆意顧盼，朝向偃仰，陰陽起伏，筆筆不斷，人不能也。」此「一筆」並非具體的一筆而作，而是一種心理感覺，是指藝術形象各部分之間不可分割的整體感，好像如一筆所作。這也是劉熙載所說的「不齊之齊」：「為書之體，須入其形，以若坐、若行、若非、若動、若往、若來、若臥、若起、若愁、若喜狀之，取不齊也。然不齊之中，流通照應，必有大

〔註19〕〔英〕勞倫斯・比尼恩著：《亞洲藝術中人的精神》，孫乃修譯，遼寧人民出版社1988年版，第141頁。

齊者存。」（劉熙載：《藝概》）作畫也是如此，如黃賓虹所言：「作畫應使不齊而齊，齊而不齊。……如作茅簷，便須三三兩兩寫去，此是法，亦是理。」（《黃賓虹畫語錄》）

總之，卦爻象的形式是生命的形式，在其靜止的空間形式中體現了動態的生命感，它是時間與空間的結合、靜與動的結合，生命與形式的統一。它以生命的形式顯示生命，體現了合規律性與合目的性的統一，也充分體現了《周易》的「生生之德」。卦爻象以天地爲準則，所謂「易與天地準」（《繫辭上》），其生命形式是天地生命運行規律的反映，同時卦爻象形式的生命性構成原則又爲書畫藝術塑造生命的形式提供了準則，在卦象中積澱著先民的形式感、生命感和美感，蘊藏著豐富的內涵。它是靈魂的棲息地，生命的象徵，同時也爲藝術提供了具有生命性的表現手段。因此，卦象的形式特點對於研究中國藝術具有重要意義，值得我們深入探討。

第三節　陽剛與陰柔：生命的形態

《周易》的生命精神體現爲兩種形態：陽剛與陰柔。《周易》並沒有明確地提出陽剛與陰柔的概念，但常把陽與剛、陰與柔相提並論。如《周易》說：「子曰：乾坤其《易》之門邪？乾，陽物也；坤，陰物也。陰陽合德而剛柔有體，以體天地之撰，以通神明之德。」（《繫辭下》）又說：「觀變於陰陽而立卦，發揮與剛柔而生爻。」「分陰分陽，迭用柔剛，故《易》六位而成章。」（《說卦》）

《說卦》云：「立天之道曰陰與陽，立地之道曰柔與剛」。韓康伯《說卦注》曰：「在天成象，在地成形。陰陽者言其氣，剛柔者言其形。變化始於氣象，而後成形。萬物資始乎天，成形乎地，故天曰陰陽，地曰柔剛也。或有在形而言陰陽者，本其始也；在氣而言柔剛者，要其終也。」陰陽與剛柔相比是涵蓋性更大的範疇，陰陽爲天道，剛柔爲地道，陰陽爲體，剛柔爲用，「陰陽者言其氣，剛柔者言其形」，說明剛柔是生命的表現形態，也可以說剛柔是陰陽的體現。孔穎達《周易正義》曰：「若陰陽不合，則剛柔之體無從而生。以陰陽相合，乃生萬物，或剛或柔，各有其體，陽多爲剛，陰多爲柔也。……天地之內，萬物之象，非剛則柔，或以剛柔體象天地之數也。」孔穎達認爲生命萬象由陰陽相合而產生，並且萬物非剛則柔，從而把生命的表現形態劃分爲與陰陽相對應的剛柔兩類。

從《周易》對陽剛與陰柔的闡述也可看出，其陽剛與陰柔與天地中的自然現象密不可分，《周易》把自然界的事物分爲陽剛和陰柔兩種生命形態，而最能夠分別代表陽剛和陰柔之美的就是天和地，也即乾和坤，因爲乾爲純陽，坤爲純陰，從《周易》對乾卦和坤卦的論述中可以窺見其陽剛和陰柔這兩種生命之美的形態及其特點。

一、剛柔有別

《周易》認爲，陽剛與陰柔各有性質，各有特色，二者表現出不同的生命形態，不可混同。《說卦傳》云：「乾健也，坤順也。」「健」與「順」可以說是對陽剛與陰柔的高度概括。

（一）陽剛
陽剛之美主要體現在《乾》中：

> 大哉乾元，萬物資始，乃統天。雲行雨施，品物流行。大明始終，六位時成，時乘六龍以御天。乾道變化，各正性命，保和大和，乃利貞。首出庶物，萬國咸寧。（《乾·彖》）

> 乾元者，始而亨者也。利貞者，性情也。乾始能以美利利天下，不言所利，大矣哉。大哉乾乎！剛健中正，純粹精也。六爻發揮，旁通情也。時乘六龍，以御天也。雲行雨施，天下平也。（《乾·文言》）

從以上兩段話可以看出，陽剛的生命精神表現爲以下特點：

首先，陽剛表現爲「健」，「健」表現爲一種創生的力量。從卦形上看，乾卦六爻皆爲陽爻，上下卦皆爲陽卦，反映了自始至終的陽剛美德，如朱熹所言：「此卦六畫皆奇，上下皆乾，則陽之純而健之至也。」（《周易本義》）《周易》又曰：「確乎其不可拔，潛龍也。」《周易》以龍的堅定不移、無堅不摧的性格代表陽剛精神，而這種無堅不摧的陽剛精神又是乾元生生不已的創生之力的體現。《周易尚氏學》曰：「蓋天之體，以健爲用；而天之德，莫大於四時。元亨利貞，即春夏秋冬，即東南西北。震元，離亨，兌利，坎貞，往來循環，不忒不窮。」天體現爲四時的變化，春夏秋冬雖不同，但其剛健不止、生生不息之體相同。這生生不已的內在動力則來源於陽剛，如朱熹云：「生生不已之意屬陽。」（《朱子語類》卷74）這說明陽剛本身就具有創生的力量。

　　陽剛之美與豪放之美不同，陽剛之美以儒家思想爲內核，內含剛正不阿之氣，豪放之美以道家思想爲內核，有灑脫不羈之意。二者在表現形態上也有不同，陽剛之美在藝術上表現爲剛健有力、方正端莊、氣勢磅礴之美。在書法上，如顏真卿的字，歐陽修說他「余謂顏公書如忠臣烈士，道德君子，其端嚴尊重，人初見而畏之，然愈久而愈可愛也。」（見《歐陽文忠公文集》，杜甫的詩，韓愈文章的雄奇都體現了陽剛之美，張戒說「子美之詩，顏魯公之書，雄姿傑出，千古獨步，可仰而不可及耳。」（《歲寒堂詩話》）如文天祥《正氣歌》：「天地有正氣，雜然賦流形。下則爲河嶽，上則爲日星。於人曰浩然，沛乎塞蒼冥。……是氣所磅礴，凜然萬古存。當其貫日月，生死安足論！」

　　歷代對風骨的提倡，也是建立在《周易》剛健中正的陽剛精神上。劉勰的《文心雕龍・風骨》篇要求文章「結言端直」、「意氣駿爽」、「風清骨峻」；唐初陳子昂反對齊梁「采麗競繁」的詩風，高舉漢魏風骨的大旗，提出「骨氣端翔，音情頓挫，光英朗練，有金石聲」的審美要求。楊炯也在《王勃集序》中批判「文場變體，爭構纖微，競爲雕刻」，而慨歎「骨氣都盡，剛健不聞」。但後世的陽剛之美說多有把《周易》的陽剛與莊子的雄渾相融合，如曾國藩曰「陽剛之美，曰雄、直、怪、麗，陰柔之美，曰茹、遠、潔、適。」「陽剛者氣勢浩瀚，陰柔者韻味深美。」「余嘗數陽剛者約得四家，曰莊子、曰揚雄、曰韓愈、柳宗元，陰柔者約得四家，曰司馬遷、曰劉向、曰歐陽修、曾鞏。」（《曾氏書箚》卷八）曾國藩所說的陽剛之美中的「怪」的風格當屬莊子的美學範疇，因此，曾國藩在列舉陽剛者時也把莊子列入其中。

（二）陰柔

　　而陰柔的生命精神主要體現在《坤》中，《周易》曰：

> 至哉坤元！萬物資生，乃順承天。坤厚載物，德合無疆；含弘光大，品物咸亨。牝馬地類，行地無疆，柔順利貞。（《坤・彖》）

從上面文字中我們可以看到陰柔具有「順」、寬厚、含蓄等特點。

　　陰柔的品性在於「順」，地的作用在於順承天，這和乾正好相反相成。如朱熹所言：「《乾》之九五，自是剛健底道理；《坤》之六五，自是柔順底道理；各隨他陰陽，自有一個道理。」（《朱子語類》）《周易》對順的推崇從《豫》卦可以看出，豫，下坤上震，坤爲陰，震爲陽，陰陽相與故有吉象。《豫・彖》曰：「剛應而志行，順以動，豫。……天地以順動，故日月不過，而四時不忒；

聖人以順動，則刑罰清而民服。豫之時義大矣哉！」豫卦即集中體現了順的精神。《周易》多以陰順陽爲吉。如：

> 童蒙之吉，順以巽也。（《蒙·六五·象》）

> 「利用禦寇」，上下順也。（《蒙·上九·象》）

> 「需以血」，順以聽也。（《需·六四·象》）

> 「食舊德」，從上吉也。（《訟·六三·象》）

由此可見，順在《周易》看來是一種美德。顯然以順爲美的思想來源於《周易》天尊地卑的觀念。《周易》認爲「天尊地卑，乾坤定矣。卑高以陳，貴賤位矣。」陰與陽之間陽主陰從，不可僭越。

其次，陰柔之美是一種表現於內的含蓄、廣大、仁慈、寬厚之美，其德「含弘光大」，「德合無疆」。《坤·文言》曰：「陰雖有美，含之以從王事，弗敢成也。地道也，妻道也，臣道也。」意思是陰柔在下雖有美德，只是含藏不露而用來輔助君主的事業，不敢把成功歸屬己有。這是地順從天、妻服從夫、臣忠於君的道理。

二、剛柔相濟

對於陽剛與陰柔的關係，《周易》認爲二者既有區別，又互相滲透，剛柔相濟、陰陽平衡是美的理想狀態。

首先，陽剛與陰柔不可分，剛柔相應。如《咸》：「柔上而剛下，二氣感應以相與，止而說。」「說」即「悅」。《恒》：「恒，久也。剛上而柔下，雷風相與，巽而動，剛柔皆應，恒。」《周易》認爲，剛柔平衡相應的狀態是讓人愉悅的，並且是恒久的。純柔和純剛都非生命的最佳狀態，也不是美的最佳狀態。理想的狀態是彼此滲透，剛柔相濟，柔中有剛，剛中有柔。但《周易》認爲內剛外柔爲吉，如「泰」：「內陽而外陰，內健而外順。」「兌」曰：「剛中而柔外」，爲吉。反之內柔外剛不吉，如「否」：「內陰而外陽，內柔而外剛」，爲不吉之象。又如上面所提到的坤卦，陰柔是其表現在外的形態，其內質並非柔弱，而是必須有陽剛之質的。《否·象》曰：「內陰而外陽，內柔而外剛，內小人而外君子：小人道長，君子道消也。」

《乾》卦中的龍是陽剛的典型代表，但《周易》認爲龍不可過於高亢，所謂「亢龍有悔」。《周易尙氏學》曰：「『見群龍無首，吉』者，申遇『九』

則變之義也。九何以必變？陽之數九爲極多，故曰『群』；陽極反陰，乃天地自然之理。乾爲首，以陽剛居物首，易招物忌；變坤則無首，無首則能以柔濟剛，故吉。」《周易》以此言以柔濟剛之理。而地作爲坤德的典型代表，具有柔順之德，但是坤也並非一味柔順，而是內含剛質，即《坤・六二》所說的「直方大」。「直方大」顯然不是柔弱的代名詞。《坤用六》曰：「利永貞」。意謂利於永久守持正固。坤卦六爻皆陰，至上六時陰已盛極，物極則反，故陽必生，所以上六已有陽質。《周易尙氏學》曰：「六爲老陰，陰極不返則太柔矣。文言曰：『貞固足以幹事』，『永貞』則健而陽矣。」總之是剛柔相濟爲至美的狀態，如《周易》所說：「陰陽合德而剛柔有體。」（《繫辭下》）

因此，《周易》之陽剛並不是一種狂亂的無節制的力量，而是合規律的中正的力量。從爻位上看，二五爲中，乾卦初、三、五以陽居陽，故曰正。六爻中九五居中得正，故曰中正。元吳澄《易纂言》曰：「剛健而中正，則其剛健無過不及而不偏。」劉綱紀認爲此言未能得其更深層的意義：「『中正』之『正』首先是指《周易》所說的『乾道變化，各正性命』之『正』。」「這個『正』含有自然變化的合規律性的意思，也就是《周易》所說的『天地以順動』之意。」『正』與『中』有關，還與『大』有關。《周易》曰：「大者，正也。正大而天地之情可見也。」（《大壯・象》）劉綱紀認爲：「這裡包含著儒家歷來提倡的光明正大的道德情操的表達，同時又看到了自然生命變化的合規律性是囊括整個宇宙的。」〔註20〕

同樣，陰柔之美是一種柔順之美，但並不是無陽剛之氣。《周易》曰：「坤至柔而動也剛，至靜而德方。」坤是靜中有動，柔中有剛。坤六二爻最能代表坤的本質特點。坤卦中以六二最爲中正，六五雖居尊位，但陰居陽位，中而不正，六爻中只有六二中且正，因此，六二爻的特徵就代表了坤卦的本質特徵。《坤・六二》曰：「直方大，不習無不利。」對於「直方大」，《周易正義》的解釋爲：「生物不邪謂之『直』也，地體安靜是其『方』也，無物不載是其『大』也。」「直方大」是坤的柔順之道發出的光芒，說明陰柔之中也有至大至方的陽剛之德，並非一味柔順。所以，《周易》所言的陰柔之美不是一種纖巧，柔弱之美。

受《周易》關於陽剛與陰柔的思想的影響，古人論藝也重剛柔兼備，如劉熙載論書曰：

〔註20〕劉綱紀：《〈周易〉美學》，武漢大學出版社2006年版，第112頁。

　　書要兼備陰陽二氣。大凡沉著屈鬱，陰也；奇拔豪達，陽也。

　　書，陰陽剛柔不可偏頗，大抵以合於《虞書》九德爲尚。(《藝
　概・書概》)

對陽剛與陰柔論述的比較深入和充分的應該數姚鼐，他曾以陰陽剛柔來論文
之形態，並認爲剛柔「並行而不容偏廢」，姚鼐曰：

　　鼐聞天地之道，陰陽剛柔而已。文者，天地之精英，而陰陽剛
　柔之發也。惟聖人之言，統二氣之會而弗偏，然而《易》、《詩》、《書》、
　《論語》所載，亦間有可以剛柔分矣。值其時其入，告語之體各有
　宜也。

　　自諸子而降，其爲文無弗有偏者。其得於陽與剛之美者，則其
　文如霆，如電，如長風之出谷，如崇山峻崖，如決大川，如奔騏驥；
　其光也，如杲日，如火，如金鏐鐵；其於人也，如馮高視遠，如君
　而朝萬眾，如鼓萬勇士而戰之。其得於陰與柔之美者，則其文如升
　初日，如清風，如雲，如霞，如煙，如幽林曲澗，如淪，如漾，如
　珠玉之輝，如鴻鵠之鳴而入廖廓；其於入也，漻乎其如歎，邈乎其
　如有思，煗乎其如喜，愀乎其如悲。觀其文，諷其音，則爲文者之
　性情形狀舉以殊焉。(《復魯絜非書》)

　　吾嘗以謂文章之原，本乎天地。天地之道，陰陽剛柔而已。苟
　有得乎陰陽剛柔之精，皆可以爲文章之美。陰陽剛柔並行而不容偏
　廢，有其一端而絕亡其一，剛者至於償強而拂戾，柔者至於頹廢而
　暗幽，則必無與於文者矣。(《海愚詩鈔序》)

以上都說明，陽剛與陰柔不可偏廢，「二者能全，故能成德」，偏於一方都不
完美，剛柔相濟，才不至於「剛者至於償強而拂戾，柔者至於頹廢而暗幽」。

三、崇陽抑陰

　　《周易》儘管承認陰陽剛柔不可分，但是又有崇陽抑陰的傾向。《易傳》
受儒家倫理觀念的影響，推崇陽尊陰卑說。《繫辭上》開篇即說「天尊地卑，
乾坤定矣，卑高以陳，貴賤位矣。」韓康伯曰：「先明天尊地卑，以定乾坤之
體。」孔穎達曰：「《易》含萬象，天地最大，若天尊地卑，各得其所，則乾
坤之義得定矣。若天之不尊，降在滯溺，地之不卑，進在剛盛，則乾坤之體，

何由定矣？」「人之爲德，須備剛柔，就剛柔之中，剛爲德長。」（《周易正義》）
這些都說明天尊地卑是不易的道理，二者不可顛倒，乾就在於剛健，坤就在
於柔順，從天道到人倫都是如此。陽爲天道、君道、父道、夫道，陰爲地道、
妻道、臣道、子道。君君、臣臣、父父、子子，各循其道，各有其序，宇宙
萬物才會運行不忒。如楊萬里所云：「坤，地道也，陰道也，母妻臣道也，皆
欲以陰從陽，不欲以陽從陰，陽從陰則造化消，陰從陽則造化息。母妻臣自
從則亂且危，母從子，妻從夫，臣從君，則治且安。」（《誠齋易傳・坤傳》）

朱熹曰：「乾坤陰陽，以位相對而言，固只一般。然以分言，乾尊坤卑，
陽尊陰卑，不可並言。以一家言之，父母故皆尊，母終不可並乎父尊。一家
只容有一個尊長，不容並，所謂尊無二主也。」（《朱子語類》卷 68）又曰：「蓋
天地之間有自然之理：凡陽必剛，剛則明，明則易知；凡陰必柔，柔必暗，
暗則難測。故聖人作《易》，遂以陽爲君子，陰爲小人。」（《玉梅溪文集序》）
極其簡明地道出了陽尊陰卑說的實質，正如清馬振彪云：「《易》義多扶陽而
抑陰。」（《周易學說》）

總之，《周易》的陽剛之美與陰柔之美體現了生命精神的兩種形態。陽剛
所表現的是剛健有爲、自強不息的精神；陰柔所表現的柔順含蓄、厚德載物
的生命精神。陽剛、陰柔各有特點，且互相滲透，剛中有柔，柔中有剛，剛
柔相濟。陽剛與陰柔的生命表現也爲後世美與藝術形態的劃分提供了參照和
依據，後世關於藝術審美形態的劃分幾乎無出其右。

第四節　憂樂圓融：生命的境界

《周易》的生命精神還表現在憂樂圓融〔註 21〕的生命境界上。憂樂圓融
體現爲憂中有樂、樂中有憂，憂是樂中之憂，樂是憂中之樂，但《周易》整
體的人生基調是「樂」。「樂」已成爲一種集體無意識，滲透在中國人的心理
意識中。而這種憂患意識和樂觀情懷的形成又與人格修養密切相關。憂患意
識和樂觀情懷都是偉大人格的體現，它是生命的擴充。憂樂圓融的境界是聖
人、君子的與天地合德、與四時合序的天地境界。

〔註21〕　憂樂圓融是龐樸《憂樂圓融——中國的人文精神》中提出的。其說是針對徐
　　　　復觀 1962 年在《中國人性論史》中提出了「憂患意識」說以及 1985 年李澤
　　　　厚在《中國的智慧》中提出的「樂感文化」說所提出的看法。本書認爲憂樂
　　　　圓融之說更能全面的體現《周易》的生命精神。

　　憂樂圓融體現了憂患意識與樂天情懷的統一。在《周易》中，作《易》者既體現了深深的憂患意識，又體現了「樂天知命」而不憂的樂天情懷。

一、憂患意識

　　《易經》的成書是在社會動蕩的殷周之際，其作者也是在憂國憂民、忍辱負重的極艱危處境中完成的，憂患意識在《周易》中體現得較為明顯。朱伯崑認為占筮本身就是憂患意識的表現，古人通過占筮來趨吉避凶，他說：「《易經》這部古老的典籍，是通過占筮的形式，要人們對自己的處境和言行，時刻保持警惕。即是說，要有憂患意識，以自省和改過改善自己的處境，從而化凶為吉，或避免不幸。」〔註22〕

　　憂患意識貫穿《周易》六十四卦的始終，每一卦都有充滿警示之語，《周易》中充滿憂患之辭。如《乾・九三》曰：「君子終日乾乾，夕惕若，厲，無咎。」孔穎達疏：「君子在憂危之地，故終日乾乾，言每恒終竟此日，健健自強，勉力不有止息。夕惕者，謂終竟此日，後至向夕之時，猶懷憂惕。若厲者，若如也，厲危也，言尋常憂懼恒如，傾危乃得無咎。謂既能如此戒慎，則無罪咎；如其不然，則有咎。」又說：「居危之地，以乾乾夕惕，戒懼不息，得無咎也。」（《周易正義》）又如《坤・初六》曰：「履霜，堅冰至。」《周易正義》釋曰：「初六陰氣之微，似若初寒之始，但履踐其霜，微而積漸，故堅冰乃至。義取所謂陰道初雖柔順，漸漸積著，乃至堅剛。」又引褚氏云：「履霜者，從初六至六三；堅冰者，從六四至上六。陰陽之氣無為，故積馴履霜必至於堅冰，以明人事有為，不可不制其節度，故於履霜而逆以，堅冰為戒，所以防漸慮微，慎終於始也。（《周易正義》）意謂霜降乃堅冰到來的先兆，要求人們善於察覺事物之幾微，防微杜漸，以免後患。《易經》的這種憂患意識可謂是貫穿始終。因此近人胡遠濬認為：「《詩》三百，一言以蔽之，曰：『思無邪。』《易》六十四卦，一言以蔽之，曰：『懼以終始，其要無咎。』」（《勞謙室易說・讀易通識》）

　　同時，還可以看出，《周易》之憂是樂中之憂，特別是在事物發展順利時尤其堪憂。因為《周易》深諳「日中則昃，月盈則食」、「福禍相倚」的變易之理。因此，在歡樂之時，更要小心謹慎，趨吉避凶。如《乾・上九》曰：「亢

〔註22〕　朱伯崑：《易經的憂患意識與民族精神》，《北京大學學報》（哲學社會科學版），1997 年第 1 期。

龍有悔」，朱熹曰：「當極盛之時，便須慮其亢，如這般處，最是《易》之大義，大抵於盛滿時致戒。」（《朱子語類》）

又如《豫》卦，豫指歡樂，但在《周易》中屢見「凶」、「悔」等。《豫》曰：

> 初六：鳴豫，凶。
>
> 六二：介於石，不終日，貞吉。
>
> 六三：盱豫，悔；遲，有悔。
>
> 九四：由豫，大有得，勿疑，朋盍簪。
>
> 六五：貞疾，恒不死。
>
> 上六：冥豫，成有渝，無咎。

「初六，鳴豫，凶。」意思是歡樂之志窮極而導致兇險。可見，《周易》反對得意忘形之樂。六三諂媚尋求歡樂，所以「有悔」，六五柔居尊位，須守正防疾，才能「恒不死」。《周易折中》隱何楷曰：「六五柔居尊位，當豫之時，易於沉溺，必戰兢畏惕，乃得恒而不死，所謂『生於憂患』者也。」上六，昏冥縱樂，不及早改正則有咎害。縱觀全卦，只有六二中正不苟歡樂獲「吉」。因此，「《豫》卦雖以『歡樂』為義，但處處戒人不得窮極歡樂。」〔註 23〕又如「既濟」卦，「既濟」，有完成之意。但是其《象》曰：

> 水在火上，既濟；君子以思患而豫防之。（《既濟·象》）

《伊川易傳》釋曰：「時當《既濟》，唯慮患害所生，故思而豫防，使不至於患也。自古天下既濟而至禍亂者，蓋不能『思患而豫防』也。」這也就是《周易》所說的「安而不忘危，存而不忘亡，治而不忘亂。」

從憂患的內容上看，《周易》之憂不是個人之憂，乃是家國之憂、時世之憂、天下之憂。憂患意識充滿對社會的責任感，其憂是憂時憂世。《周易》曰：

> 《易》之興也，其於中古乎？作《易》者，其有憂患乎？
>
> 《易》之興也，其當殷之末世，周之盛德邪？當文王與紂之事
> 邪？是故其辭危。危者使平，易者使傾。其道甚大，百物不廢。懼
> 以終始，其要無咎。此之謂易之道也。

徐復觀對此有深刻的闡發：

> 憂患意識，不同於作為原始宗教動機的恐怖、絕望。……憂患

〔註23〕黃壽祺、張善文：《周易譯注》，上海古籍出版社 2004 年版，第 140 頁。

心理的形成，乃是從當事者對吉凶成敗的深思熟慮而來的遠見；在這種遠見中，主要發現了吉凶成敗與當事者行為的密切關係，及當事者在行為上所應負的責任。憂患正是由這種責任感來的要求以己之力突破困難而尚未突破時的心理狀態。所以憂患意識，乃人類精神開始直接對事物發生責任感的表現，也即是精神上開始有了人的自覺的表現。

……

只有自己擔當問題的責任時，才有憂患意識。這種憂患意識，實際是蘊藏著一種堅強意志和奮發的精神。〔註24〕

因此，憂患意識又與主體人格精神密切相關。如牟宗三對憂患意識這樣評價：

並非如杞人憂天之無聊，更非如患得患失之庸俗。只有小人才會長戚戚，君子永遠是坦蕩蕩的。他所憂的不是財貨權勢的未足，而是德之未修與學之未講。他的憂患，終生無已，而永在坦蕩蕩的胸懷中。〔註25〕

所以，憂患意識是以道德與人格為基礎的。憂患是仁的體現，如果沒有仁心，也就無憂可言。其憂是大憂，是一種悲天憫人的情懷。如張載所說：「聖人苟不用思慮憂患以經世，則何用聖人？天治自足矣。聖人所以有憂者，聖人之仁也；不可以憂言者，天也。蓋聖人成能，所以異於天也。」（《易說·繫辭上》）意思是憂是聖人之仁的表現，憂也說聖人的分內之事。因為天無心，聖人是替天而憂。

憂是生命的擴充，徐復觀說：「仁的基本表現，還是憂患意識，……沒有憂，沒有仁，不真正瞭解仁的精神，即是一種無限地涵融性，即是一種無限地擴充性，而僅從思辨的演繹上，以言由盡心而知性知天，便是沒有內容的一場大話。」〔註26〕

憂患意識的意義不僅僅在於體現一種悲天憫人的情懷，更重要的是它會由此激勵人奮發圖強，馮滬祥說：

〔註24〕徐復觀：《中國人性論史》（先秦篇），華東師範大學出版社2005年版，第19、15頁。
〔註25〕牟宗三：《中國哲學的特質》，臺灣學生書局1963年版，第18頁。
〔註26〕徐復觀：《中國人性論史》（先秦篇），華東師範大學出版社2005年版，第160頁。

　　儒家講的憂患意識，也不能誤解成表面的「憂愁」。因爲它不是只停留在憂患中，而是以此爲動力，來激勵内心自強的開創精神。此可以周易產生在憂患的時代中，而特別以至大至剛的乾元爲首，並且在乾元象傳中強調「天行健，君子以自強不息」，這也是一代大哲方東美先生所常說的「生生之德」，對我們今天亟需突破困境、克服逆境的現況來說，實有莫大的啓發意義在内！〔註27〕

二、樂觀情懷

　　另一方面，《周易》通篇又充滿著樂觀情懷，這種樂觀情懷既有非理性的成分，也有理性的成分。說它非理性，是與《周易》來源於巫術文化分不開的。王振復認爲：「《周易》巫術占筮本身具有樂觀的文化品格」，並且指出「這種樂觀是帶有盲目性的」。〔註28〕英國文化人類學家馬林諾夫斯基說：

　　　巫術底功能在使人底樂觀儀式化，提高希望勝過恐懼的信仰。

　　巫術表現給人的更大價值，是自信力勝過猶豫的價值，有恒勝過動搖的價值，樂觀勝過悲觀的價值。〔註29〕

《周易》的巫術智慧使《周易》的樂觀情懷具有非理性的因素，但《周易》之樂更多地是表現爲憂中之樂，它又是一種理性之樂。

　　這種樂是從憂而來，樂是憂的方向，憂是樂前進的基礎。李澤厚曾說中國傳統文化是樂感文化：「中國人很少眞正徹底的悲觀主義，他們總願意樂觀地眺望未來……。」〔註30〕「眺望未來」確實是《周易》樂觀精神的實質和根基，同時也說明了這種「樂」是以憂爲底色的。但是《周易》認爲，憂患總是暫時的，它終究會被克服，《周易·序卦》曰：

　　　乖必有難，故受之以蹇。蹇者，難也。物不可終難，故受之以解。解者，緩也。緩必有所失，故受之以損。損而不已必益，故受之以益。

這段話表明了在逆境中對未來的信念。而其根源在於「樂天」，即《周易》所

〔註27〕馮滬祥：《儒家哲學的時代使命》，見牟宗三、唐君毅等著、東海大學哲學系主編：《中國文化論集》，臺灣幼獅文化事業公司 1984 年版，第 182 頁。

〔註28〕王振復：《周易的美學智慧》，湖南出版社 1991 年版，第 429 頁。

〔註29〕〔英〕馬林諾夫斯基：《巫術、科學、宗教與神話》，李安宅譯，中國民間文藝出版社 1986 年版，第 77 頁。

〔註30〕李澤厚：《中國古代思想史論》，安徽文藝出版社 1994 年版，第 309 頁。

說的「樂天知命，故不憂」(《繫辭下》)。「樂天」即與天相合而得到快樂。對於樂天知命，梁漱溟解釋道：

> 何謂樂天知命？天命二字宜從孟子所云「莫之爲而爲者，天也；莫之致而至者，命也」來理解。即：一切是事實的自然演變，沒有什麼超自然的主宰在支配。自然演變有其規律，吾人有的漸漸知道了，有的還不明白。但一切有定數，非雜亂，非偶然。這好像定命論，實則相違。吾人生命與宇宙大自然原是渾一通徹無隔礙的，只爲有私意便隔礙了。無私意便無隔礙，任天而動，天理流行，那便是樂天知命了。其坦然不憂者在此。然而亦不是沒有憂，如云「憂道不憂貧」；其憂也，不礙其樂。憂而不礙其樂者，天理廓然流行無滯放耳。孔子自己說，「其爲人也，發憤忘憂，不知老之將至」，意思可見。孔子又云，「五十而知天命」，殆自言其學養功夫到五十之年自家生命乃息息通於宇宙大生命也。〔註31〕

這種快樂類似於莊子所說的「天樂」，莊子在《天道》說：「夫明白於天地之德者，此之謂大本大宗，與天和者也；所以均調天下，與人和者也。與人和者，謂之人樂。與天和者，謂之天樂。」《樂記》也說云：「大樂與天地同和」。正如李澤厚所說：

> 「樂」在中國哲學中實際具有本體的意義，它正是一種「天人合一」的成果和表現。就「天」來說，它是「生生」，是「天行健」。

《周易》認爲，任何事物都是在曲折中向前發展的，所謂「一陰一陽之謂道」。因此，儘管其中會有困境和艱辛，但是宇宙生生不息，自然萬物包括人都爲這一生生不已的生命力所灌注。推天道以明人事，天地生生不息的運動也給人啓示，使人們對於未來人們總是充滿信心。「需」卦曰：「險在前也，剛健而不陷，其義不困窮矣。」「師」卦曰：「剛中而應，行險而順，以此毒天下而民從之，吉又何咎也。」

「樂天知命」意思是順應自然之道才不會有憂愁，唐孔穎達疏曰：「順天施化，是歡樂於天；識物始終，是自知性命。順天道之常數，知性命之始終，任自然之理，故不憂也。」(《周易正義》卷十一) 能夠順應天地之道，任自然之理，就會無憂。朱熹也說：「既樂天理，而又知天命，故能無憂，而其知

〔註31〕 梁漱溟：《談樂天知命》，見《梁漱溟全集》，山東人民出版社 1990 年版，第496 頁。

益深。」（《周易本義》卷三）。明清之際王船山則認爲：「天命之無所擇而施，知之則可不改其樂。蓋在天者即爲理，在命者即爲正，天不與人同憂，而《易》肖之以詔人不憂。」（《周易內傳》卷五）。說明人不憂是從天道得來的，天無憂，而人也應該傚仿其無憂。

所以《乾‧文言》曰：「子曰：龍德而隱者也。不易乎世，不成乎名；遁世無悶，不見是而無悶；樂則行之，憂則違之，確乎其不可拔，潛龍也。」對於潛龍之「遁世無悶」，《周易集解》釋曰：「道雖不行，達理無悶也。」所以即便家國無道，身處逆境，只要心中有理與道，也能坦然面對，自得其樂。李鼎祚曰：「道雖不行，達理無悶也。」（《周易集解》）這種樂是理性之樂，道德之樂，不是物質之樂，也就是孔子所說的「君子憂道不憂貧。」（《論語‧衛靈公》）當一個人胸中有濟世之懷時，怎麼會爲一時的困苦而憂呢，所以顏子之樂也就很好理解了。孔子曾說：「賢哉，回也；一簞食、一瓢飲，在陋巷，人不堪其憂，回也不改其樂」。（《論語‧雍也》）「飯蔬食飲水，曲肱而枕之，樂亦在其中矣。不義而富且貴，於我如浮雲」。（《論語‧述而》）這種化憂爲樂的理性之樂，即是後來宋儒所津津樂道、孜孜以求的「孔顏樂處」。

《周易》與道家雖然都推崇樂天知命，隨任自然，但是道家的自然是無心之自然，其與天相合是純任自然的過程。《周易》之自然卻以「大生」爲德，以天地生物爲心，是有心之自然，在自然中貫穿著其剛健自強的生命精神。因此，《周易》之樂並不是莊子的隨遇而安之樂，而是出於對未來的堅定信念，對時世的使命感，所以能樂觀超然的面對逆境，不以物喜，不以己悲。

三、憂樂圓融

由上可以看出，《周易》中的憂樂是圓融統一的。一方面對國家懷有強烈責任感和使命感，勇濟蒼生，心繫天下，把「正心、誠意、修身、齊家、治國、平天下」作爲人生理想；另一方面，當「時不利兮」之時，遁世無悶，順天休命。憂樂圓融的生命精神深深地滲透在中國人的審美精神中，它已潛移默化爲一種集體無意識，體現在中國傳統的人生態度中。

但是它不是看破榮辱與紅塵後的憂樂圓融。道家與禪宗的憂樂圓融是出於對世事的悲觀而不得不「逍遙遊」，它是一种放棄的姿態。而《周易》之憂樂圓融是卻呈現一種進取的姿態。其憂樂圓融是與剛健進取的天地精神相結合的，如「天行健，君子以自強不息」等等。李澤厚說它是「是強打精神，

強顏歡笑,『知其不可而爲之』,故意賦予宇宙、人生以積極意義,並以情感方式出之。」〔註32〕天地精神是人生精神的指南,其實天地精神也是人賦予的,天地精神就是人生精神。這說明《周易》的憂樂圓融是一種積極進取的憂樂圓融。

憂樂圓融是一種由道德而達到的生命境界,它也是一種人格精神。宋人羅大經說:「蓋惟賢者而後有眞憂,亦惟賢者而後有眞樂,樂不以憂而廢,憂亦不以樂而忘。」它與世俗的憂樂無關,儘管它不脫離感性,不脫離心理,但是它已到達一種「超道德的穩定『境界』(state of mind)」。〔註33〕這種境界與主體的人格修養息息相關,它是聖人、大人、君子的人格境界。

憂樂圓融的生命精神既是人格之精神,也是藝術之精神。王國維在論中西戲劇的差別時說:「吾國人之精神,世間的也,樂天的也。故代表其精神之戲曲小說,無往而不著此樂天色彩,始於悲者終於歡,始於離者終於合,始於困者終於亨。」中國傳統的小說、戲劇多以大團圓作爲結局,就體現了《周易》憂樂圓融的生命精神。

總之,《周易》憂樂圓融的生命精神把個體生命與天地、與社會相結合,表現爲時時讓人處於憂患之中,又使人能夠時時看到希望。它是即憂即樂,亦憂亦樂,樂在其中,憂在其中。《周易》的憂樂圓融以道德人格爲其底蘊,因此它是聖人君子的人格境界。它是道德與審美的結合,宇宙與人生的結合,使人在順境中,居安思危;處在逆境中,相信否極泰來。憂樂圓融的人生境界也體現了《周易》隨時變通的生命精神。深深地體現了中華民族的人生哲學和人生智慧。

綜上所述,從《周易》中的數、爻、卦到陽剛與陰柔的生命形態以及憂樂圓融的人生境界無不體現著其與天地相合,生生不息、變通不已的生命精神。數作爲生命的抽象,它與象、時、位、理、占等結合,既是一種以時間性爲主導的時間與空間性存在,既代表天地自然,又與人的命運息息相關的生命符號系統。卦爻象的形式是生命的形式,它以生命的形式顯示生命,在其靜止的空間形式中體現了動態的生命感,其生命性構成原則又爲書畫藝術塑造生命的形式提供了準則。而陽剛與陰柔體現了生命精神的兩種形態。陽剛所表現的是剛健有爲、自強不息的精神;陰柔所表現的柔順含蓄、厚德載

〔註32〕 李澤厚:《實用理性與樂感文化》,北京三聯書店 2008 年版,第 108 頁。
〔註33〕 李澤厚:《論語今讀》,北京三聯書店 2004 年版,第 169 頁。

物的生命精神。憂樂圓融則體現了與天地相合的生命境界，它是道德境界，也是天地境界，同時也是審美境界。

結　語

　　本書從《周易》生命精神的內涵與特點、《周易》生命精神的內在生成、《周易》生命精神的審美創造、《周易》審美表現的生命精神四個方面探討了《周易》的生命精神。可以看出，《周易》的生命精神是天地精神，也是藝術精神、人格精神、民族精神。

　　《周易》的生命精神首先是天地精神。《周易》是天人合一之學，「推天道以明人事」。《周易》曰：「天地之大德曰生」。天地是《周易》生命精神的立足點。《周易》認為，「大哉乾元，萬物資始，乃統天」；「至哉坤元，萬物資生，乃順承天。」廣大無邊、綿延不息的天地精神是一切精神之本源。乾德與坤德代表生命的創造和孕育，體現了生命的普遍性與綿延性，是一種廣大和諧的生命精神。因此，宇宙不是一個物質的場所，而是一個生機盎然、生生而有條理的有情的宇宙。

　　對於人來說，《周易》的生命精神也是人格精神。在《周易》看來，天地精神就是人格精神，天地為人提供了典範。人作為天地人三才之一，應該在宇宙中師法天地，與天地參，發揮同等重要的創造精神，與天地合一，實現人的生命意義及價值。如《周易》所說：「天行健，君子以自強不息；地勢坤，君子以厚德載物。」因此，其人格精神既是自強不息，昂揚進取的生命精神，也是厚德載物、堅貞中正的精神。它是變易與不易的統一、「時」與「貞」的統一。

　　《周易》的生命精神也是藝術精神。《周易》的生成之道和生生之德是藝術的表現原則，也是藝術的表現內容和表現形態。首先，天地陰陽交感化生的生成規律是藝術的生成規律。中國古典藝術的創作論所推崇的既不是以客

體爲中心的模仿，也不是以主體爲中心的自我表現，而是主客交融、心物相感的二元生成。其次，生命精神也是藝術的表現內容。如方東美先生說：「一切藝術都是從體貼生命之偉大處得來的」，中國藝術都在「頌揚宇宙永恒而神奇的生命精神，就是這種宇宙生意，促使一切萬物含生，百化光焉。中國藝術家正因能參贊化育，與此宇宙生命渾然同體，浩然同流，所以能昂然不朽於美的樂園中。」〔註1〕再次，體現在風格上，藝術也以陽剛與陰柔爲兩大生命形態，既推崇剛柔相濟同時又以剛健、篤實、輝光的藝術風格作爲主導。

《周易》的生命精神更是民族精神。《周易》所塑造的崇高的使命感和責任感，以及憂患意識和樂觀進取的精神使中華民族歷經磨難仍然巍然屹立。方東美說：「正因中國民族慧命寄託在此偉大而美滿的宇宙，所以才能效法宇宙的偉大美滿，頂天立地，奮進不已，而趨於至善，縱然民族生命間或遭受外來的脅迫，險象環生，但我們更能取法天地之心，而化險爲夷，轉危爲安，所謂危機危機，危中有機，正是天地生物之心的最佳寫照。」〔註2〕《周易》這種樂觀進取的生命精神已深深地滲透在民族的血脈之中。宗白華認爲，在中國固有的文化中，「老子、莊子和儒家《周易》裏的思想相比較，他們較傾向於『空間』意識，而缺乏《周易》裏『時空統一體』的積極性、創造性、現實性。……老莊是脫離了生產實踐的知識分子而對宇宙（空間、時間及動力）作靜觀的冥想。」〔註3〕因此，在民族存亡的關頭，《周易》自強不息、生生不已的品格就越來越成爲人們重建民族文化，維持民族存所進行的主動自覺的文化選擇。

《周易》的生命精神恢宏廣大，對《周易》生命精神的研究也新新不停、生生不已，特別是新儒家（包括宋明新儒家和現代新儒家）對這種生生之德都做了不斷的拓展與弘揚。這種生命精神是我們建構當代中國美學思想的價值取向和美學原則。同時，《周易》的生命精神本身具有強烈的現實性與使命感。它是傳統的，也是現代的。它不僅是研究的對象，更是實踐的對象。《周易》自強不息、厚德載物、生生不已的生命精神永遠是我們前進的動力和方向。

〔註1〕 蔣國寶、周亞洲編：《生命理想與文化類型——方東美新儒學論著輯要》，中國廣播電視出版社 1992 年版，第 373 頁。
〔註2〕 方東美：《生生之美》，北京大學出版社 2009 年版，第 183 頁。
〔註3〕 宗白華：《宗白華全集》第三卷，安徽教育出版社 1994 年版，第 280 頁。

附　錄

附錄一

論「近取諸身、遠取諸物」與比興思維方式之異同
——兼論易象與詩象之別

　　《易經》與《詩經》同屬於先秦文獻，對中國文化都產生了深遠的影響。關於《易經》的產生，儘管有許多說法，但據《易傳》所載，《易經》為伏羲氏「近取諸身，遠取諸物」的結果，無疑是最為權威也最為現實的一種版本。而《詩經》的創作無疑與比興分不開，這已是歷代學者的共識。儘管一為卜筮之書，一為詩集，但二者卻有許多相通之處，歷代也有許多人對此比較，如宋陳騤在《文則》中對二者比較曰：「使入《詩・雅》，孰別爻辭！」清章學誠曰：「《易》象通於《詩》之比興。」（《文史通義・易教下》）當代美學家葉朗也認為：「《易》象通於審美形象」〔註1〕。但諸多比較多從易象與詩象的趨同之處探討，對其相異之處觸及不多。而易象與詩象不同又與各自的創作方法和思維方式有關。本書擬對這兩種思維方式進行系統比較，以辨其同中之異，以期對這兩種思維方式以及易象和詩象有更全面深入的認識。

一

　　二者都是具象思維，其思維載體不脫離具體形象。但是對於物象的態度不同，一是理性的，一是感性的。

〔註1〕葉朗：《中國美學史大綱》，上海人民出版社1985年版，第66頁。

　　「近取諸身，遠取諸物」是一種具象思維。「近取諸身，遠取諸物」概括了《易經》卦爻象和卦爻辭的創作時思維方式的特點，說明其創作離不開具體的物象，如作爲《周易》最基本的符號的陰爻（— —）和陽爻（—），取象上不脫離自然界兩種相對立的事物或現象。而作爲《周易》基本卦的八卦，在取象上也是「近取諸身，遠取諸物」。《周易‧說卦》中就曾說：「乾爲首，坤爲腹，震爲足，巽爲股，坎爲耳，離爲目，艮爲手，兌爲口。」就卦形上看，陰陽爻、八卦、六十四卦也反映了這種具象思維的特色。如震卦在卦形上是二陰在上，一陽在下，因陰氣下降，陽氣上昇，兩相激盪，故象「雷」。又如六十四卦中的《晉》卦：在卦形上是坤下離上，即地下火上，擬取太陽從東方大地生起這一物象，說明事物出於成長階段，「晉」卦意爲「進長」。《明夷》卦在卦形上離上坤下，取太陽從西方落下之物象。其它諸卦的意義也與其所代表的物象有關。這是《周易》一書一個突出的特點。

　　關於「比」和「興」，歷來解釋繁多，角度不同，結論自然不一，但不管哪種解釋，其思維過程都始終不離物象。東漢鄭眾云：「比者，比方於物也。興者，託事於物。」（《周禮‧周官‧大師》鄭玄注引）漢末劉熙《釋名‧釋典藝》中說：「興物而作謂之興」。朱熹曰：「興則託物興詞」（《楚辭集注》卷一《離騷》），「興者，先言他物以引起所詠之詞也」（《詩集傳》卷一《國風‧周南‧關雎》）胡寅則從情與物的關係出發，《與李叔易書》（《斐然集》卷十八）引李仲蒙之言曰：「敘物以言情，謂之賦，情盡物者也；索物以託情，謂之比，情附物者也；觸物以起情，謂之興，物動情者也。」明李東陽《懷麓堂詩話》曰：「所謂比興者，皆託物寓情而爲之者也。」今人葉嘉瑩也從心物關係上解釋「興」爲「物在心先」，「比」爲「心在物先」。可看出，「比」與「興」這兩種藝術手法在修辭上雖有區別，但在創作實踐中更多相通之處，「比」與「興」都與具體物象有關，是以物象作爲載體的具象思維，這一點與《周易》「近取諸身，遠取諸物」的思維方式相同，

　　但是在對物象的態度和物象的選取上卻有所不同。在「近取諸身，遠取諸物」的取象思維過程中，對於物象的態度是趨向冷靜的和理性的，卦爻形顯示給我們的是一些不帶有任何個人感情色彩的客觀的符號。至於卦爻辭，它是後人根據卦爻象而作，是爲了解釋卦爻形，彰顯其義理的。卦象和爻象的意義是由卦形和爻位的高低，是否當位、中正以及各爻之間是否應、承、比、應等因素決定的。如《乾》卦，從九一爻到上九爻，各個爻的吉凶大體

已定，爻辭上從「潛龍勿用」到「亢龍有悔」，龍的取象由乾的性質決定，從「潛」到「亢」由爻位決定，不可隨意發揮。當然，還有很多象與辭不相應的情況。《易經》中儘管有一些色彩明麗畫面，如「鳴鶴在陰，其子和之；我有好爵，吾與爾靡之。」（《中孚·九二》）陳騤《文則》認爲其句「使入《詩·雅》，孰別爻辭？」此句已有「比興」手法，但是這種形象鮮明生動的辭句並不多，況且其主旨在於昭示吉凶，並且要與相應的卦爻象的意義符合。

因此，「近取諸身，遠取諸物」的思維過程中並不注重所選取物象本身的形象，而注重其功能和屬性。對於這一點，前人多有論述，如王弼《周易略例》說：「義苟在健，何必馬乎？類苟在順，何必牛乎？」馬牛可代入乾坤之卦，但又不限於馬牛，宇宙間又此性的事物均可用來表示乾坤，因此《說卦》又把這種取象無限放大，擴大到宇宙的萬事萬物。如：「乾爲天、爲圓、爲君、爲父、爲玉、爲金、爲寒、爲冰、爲大赤、爲良馬、爲老馬、爲瘠馬……」（《說卦》）等等。爲此，馮友蘭先生稱之爲「宇宙代數學」：「《周易》哲學可以稱爲宇宙代數學。……《周易》本身並不講具體的天地萬物，而只講一些空套子，但是任何事物都可以套進去。」〔註2〕可見，在《周易》中，不管是實象還是虛象，物自身的形象並不重要，物在其運思過程中只是一個符號，它並不關注符號本身的形象，而是追求符號所代表的功能和意義。

而在比興思維過程中，物象是與情感融爲一體，它是主客體交融的運思過程。比興思維中的物不只是一個載體，它還可以激發人的情感。比興是緣物而發的，不是先有某種理念，然後選擇某種物象，比興思維中「取譬引類」不只是「彼物」與「此物」簡單的比較或取譬，更重要的是能夠「起發己心」，引發體現主體的心情。朱熹認爲：「興者，先言他物以引起所詠之詞也。」（《詩集傳·關雎》）如《關雎》一詩，「關關雎鳩」與「窈窕淑女」不僅暗含著聯繫與比較，同時，「關雎」還是發作者情思的引子。所以朱自清《詩言志辨》中說：「《毛傳》『興也』的『興』有兩個意義，一是發端，一是譬喻；這兩個意義合在一塊兒才是『興』。」朱熹認爲「詩之興，全無巴鼻」（《詩綱領》），即詩中的兩種事物沒有聯繫，如「青青陵上柏，磊磊澗中石。」與下文的「人生天地間，忽如遠行客。」毫無關係，《文選》李善注上句：「言長存也」，下句「言異松石也」。周振甫先生認爲這是「暗比中的一種反比」〔註3〕，同時，

〔註2〕馮友蘭：《三松堂全集（第十三卷）》，河南人民出版社2000年版，第412頁。
〔註3〕周振甫：《詩詞例話》，江蘇教育出版社2006年版，第246頁。

「青青陵上柏」與「磊磊澗中石」也引發了作者對生命易逝的長歎。故清沈德潛《說詩晬語》曰:「事難顯陳,理難言罄,每託物連類以形之;鬱情欲舒,天機隨觸,每借物引懷以抒之。比興互陳,反覆唱歎,而中藏之歡愉慘戚,隱躍欲傳,其言淺,其情深也」。

可以看出,二者對物象的態度和物象的選取上是有很大差異的。「近取諸身,遠取諸物」的思維對於物的選取是在理性主導下的,無個人感情色彩,也不注重對物本身形象的塑造,它只是類的象徵或吉凶的徵兆,物只具有符號性意義。而比興思維則注重物與情的雙向交流,它是「神與物遊」的過程,物在比興思維中不只是一個載體,還是引發情感的「引子」。因此,近取遠取的思維方式偏向物的抽象的意義和實用功能,而比興思維方式中的物是審美主體與之情感交流的對象,物本身也具有了感情色彩。尤其在以後的發展過程中,其審美功能越來越被重視,作為一種成熟的審美狀態的比興,物象越來越具有獨立的審美價值,物象的選擇不是隨意的。對於易象與詩象的區別,錢鍾書先生有比較精到見解:「《易》之有象,取譬明理也。……求道之能喻而理之能明,初不拘泥於某象,變其象也可;及道之能喻而理之能明,亦不戀著於象,捨象也可。詩也者,有象之言,以象以成言;捨象忘言,是無詩矣,變象易言,是別為一詩甚且非詩矣。」〔註 4〕如錢鍾書說:「取《車攻》之『馬鳴蕭蕭』,《無羊》之『牛耳濕濕』,易之曰『雞鳴喔喔』,『象耳扇扇』,則牽一髮而動全身,著一子而改全局,通篇情景必隨以便換,將別開面目,另成章什。」而對於《易》來說乾道「取象於木果,與取象於馬,意莫二也」。〔註 5〕象在《易》中一個符號,其作用在於「明理」,可以由別物取代,而象在詩中具有本體性地位。而在《周易》看來,山的品格就是「靜止」,水就意味著「坎險」。甚至於把宇宙間的萬事萬物最後抽象為陰和陽兩大類,物自身的形象被遮蔽了。

二

「近取諸身,遠取諸物」與比興的思維方式都具有類比性,但是二者的功能與指向不同,一者指示吉凶,一者寄託情志。

「近取諸身,遠取諸物」與比興的思維方式都是一種類比性思維。宋代

〔註 4〕 錢鍾書:《管錐編(卷一)》,三聯書店,第 20 頁。
〔註 5〕 錢鍾書:《管錐編(卷一)》,三聯書店,第 21 頁。

學者陳騤比較二者曰:「《易》之有象,以盡其意;《詩》之有比,以儘其情。文之作,可無喻乎?」(《文則》)皎然《詩勢》曰:「取象曰比,取義曰興,義即象下之意。凡禽魚草木人物名數,萬象之中,義類同者,盡入比興。」又說:「興者,立象於前,後以人事喻之。」則完全以《周易》之象的形成來解釋比興。

「近取諸身,遠取諸物」的思維方式中包含著類比思維。首先,近取遠取的過程也是給所取事物進行分類的過程,《周易》中飽含類比思想,它把自然界形形色色的物象分為兩大類,即陰和陽。在古人的眼中,天地、男女、晝夜、寒暑、日月等體現著陰陽之別。「盈乎天地之間無非一陰一陽之理」(《朱子大全‧易綱領》)陰陽爻和八卦、六十四卦不是某一種具體的事物,而是某一類事物,把自然界中的眾多物質和現象分類進行囊括。不僅是對自然界的事物進行分類,同時,《周易》還認為天人相類,「推天道以明人事」的思維方式貫穿《周易》中包含著以天推人,以人推天,天人相類。它旨在通過類比的方式把握對象世界:「八卦而小成,引而伸之,觸類而長之,天下之能事畢矣。」從具體經驗出發,進而推諸一切事情,所謂「仰則觀象於天,俯則觀法於地,觀鳥獸之文與地之宜。近取諸身,遠取諸物,於是始作八卦,以通神明之德,以類萬物之情」,即「推天道以明人事者也」(《四庫全書總目提要》),這種思維方式在《象傳》中體現的尤其明顯。

反映類比思維的卦爻辭在《易經》中比比皆是:如「月幾望」與「馬匹亡」、「鳴鶴在陰,其子和之」與「我有好爵,吾與爾靡之」等,這是以自然界中的現象與人世間的現象相類比,如《乾‧文言》解釋曰:「九五曰飛龍在天,利見大人,何謂也?子曰:同聲相應,同氣相求,水流濕,火就燥,雲從龍,風從虎,聖人作而萬物睹。本乎天者親上,本乎地者親下,則各從其類也。」

同樣,比興思維也是一種類比思維,如孔穎達云:「興者,起也,取譬引類,起發己心。」(《毛詩正義》卷一《毛詩序疏》),「取譬引類」即是把兩種不同的事物聯繫起來進行類比。如影響較大的要數朱熹在《詩集傳‧螽斯》中對「比」下的定義:「比者,以彼物比此物也。」對於《螽斯》一詩,朱熹解釋:「后妃不妒忌而子孫眾多,故眾妾以螽斯之群處和集而子孫眾多比之。」即是把兩種有相似點的事物放在一起類比。而這種聯繫和類比是多方面的,劉勰《文心雕龍‧比興》曰:「夫『比』之為義,取類不常:或喻於聲,或方於貌,或擬於心,或譬於事。」

因此，由於二者都具有類比性，人們多把作爲其思維方式結果的《易》與《詩》相提並論。如唐代孔穎達認爲《易》與《詩》都具有比喻的功能：「凡《易》者，象也。以物象而明人事，若《詩》之比喻也。」（《周易正義》）明代張蔚然《西園詩塵》也說：「《易》象幽微，法鄰比興。」

但是，這兩種看似相仿的思維方式在功能和指向上也有很大的不同。《易經》是一個以吉凶貞利爲價值判斷的體系，其類比思維從實用價值出發，多是從吉凶與否進行聯繫比較。高亨在《周易古經今注》中指出：「記事之辭乃記載古代故事，以指示休咎也。筮人可用古代故事之過程比附於占事者的前途，而論定其吉凶。」又說：「取象之辭乃採取一種事物以爲人事之象徵，而指示其休咎也。其內容較簡單者，近於詩歌中之比興。」因爲，《易》的目的在於指導人的實踐，「易本爲卜筮而作」，所謂「易之有象，其取之有所從，其推之有所用，非苟爲寓言也」。（《朱子大全·答呂祖儉》）

這種類比從事物的功能和屬性出發，是根據已知來推論未知，如用戰國惠施的話來說就是「其所知喻其所不知而使人知之」（《說苑·善說》），它把宇宙萬物抽象爲陰和陽兩種基本元素，事物的個體差異被抹平了，其類比主要在於事理之比。從《周易正義》對「艮爲狗」的解釋可看出：「艮爲靜止，狗能善守禁止外人，故爲狗也」。而對於《說卦》中的「艮爲手」解釋爲：「艮既爲止，手亦能止持其物，故爲手也。」又如《小蓄·九三》中的「輿說輻，夫妻反目」，「說」同「脫」，把「車輪輻條脫離車體」和「結髮夫妻反目離異」相類比，《周易》的類比卻在某種程度上也爲迷信打開了通道，所以李約瑟和楊振寧把中國近代科技不發達的原因歸咎於《易經》。

而比興思維在功能和取向上多把審美與與政教倫理結合起來，諷喻得失，寄託情志。如漢儒中有代表性的說法一是鄭眾所說：「比者，比方於物也。興者，託事與物。」（《毛詩正義》卷一）一是鄭玄所說：「比，見今之失，不敢斥言，取比類以言之。興，見今之美，嫌於媚諛，取善事以喻勸之。」（《毛詩正義》卷一）唐陳子昂、白居易對詩提出的興寄、寄託要求，以及漢代王逸在《楚辭章句·離騷經序》中對《離騷》的解讀：「《離騷》之文，依《詩》取興，引類譬諭。故善鳥香草，以配忠貞」，另有宋梅堯臣提出詩歌的特點是「因事有所激，因物興以通……憤世嫉邪意，寄在草木蟲」《答韓三子華韓五持國韓六玉汝見贈述詩》等等，都是借助客觀事物表達作者的情志或思想。

可以看出，二者在思維方式的目的和指向上還是有很大不同的。其不同之

處在於，「近取諸身，遠取諸物」思維方式窮究天地之理，指導人事，而比興思維在於言志抒情。如劉勰所說：「夫《易》唯談天，入神致用……《詩》主言志，詁訓同《書》;《摛風》裁『興』，藻辭譎喻，溫柔在誦，故最附深衷矣。」（《文心雕龍·宗經》）一爲「致用」，一爲「言志」，可謂二者根本的不同。

　　從源頭上說，二者都與原始思維有著密切聯繫。原始思維認爲世界是一個互相聯繫的整體，物與物之間，人與物之間，都是互相聯繫、互相感通的，天和人都處在一個相互感應的生命大系統中。「近取諸身，遠取諸物」與比興思維都是天人合一觀念下的產物。基於二者思維方式的趨同性，作爲兩種思維的結果的易象與詩象在表現形式上有相通之處也就不奇怪了。但也應該看到，由於二者對於物象的感情色彩不同，同時由於這兩種思維方式分屬不同的價值體系，一爲實用，一爲審美，所以易象與詩象貌合而又神離。

附錄二

論《周易》對宗白華藝術觀的影響

　　宗白華先生的藝術觀與《周易》有著不可分割的內在聯繫。在中國固有文化中，宗白華認爲具有「偉大的哲學系統」的哲學「只有一部《易》」〔註6〕，儘管其藝術思想中仍有老莊、禪宗和西方哲學的成分，但不可否認的是《周易》爲其藝術理論提供了最終的哲學基礎和理論依據，在《中國藝術意境之誕生》中，作者明確的表示：「《易》云：『天地絪縕，萬物化醇。』這生生的節奏是中國藝術境界的最後源泉。」又如「中國畫所表現的境界特徵，可以說是根基於中國民族的基本哲學，即《易經》的宇宙觀……後來成爲中國山水花鳥畫的基本境界的老、莊思想及禪宗思想也不外乎於靜觀寂照中，求返於自己深心的心靈節奏，以體合宇宙內部的生命節奏。」〔註7〕在對《周易》創造性的解讀中，宗白華闡釋了自己的哲學觀，構建了自己的形而上學體系，並且影響到其藝術觀、人生觀等各方面。在藝術觀方面，《周易》對宗白華的影響主要體現在生生而條理的生命意識、以時統空的時空觀、立象以盡意的象徵觀，三者以生命意識爲核心，相互影響，相互聯繫，成爲宗白華先生藝術觀的主要組成部分。

〔註 6〕　《宗白華全集》卷 2，安徽教育出版社，1994 年 12 月版，第 188 頁。
〔註 7〕　《宗白華全集》卷 2，安徽教育出版社，1994 年 12 月版，第 109 頁。

一

　　《周易》哲學生生而條理的生命意識對宗白華的藝術觀有深遠的影響。生命意識是《周易》哲學的核心，《繫辭傳》說：「生生之謂易」、「天地之大德曰生」，這些都是對其生生不已的生命精神的高度概括。宗白華先生把中西形而上體系的差別歸結爲「一個是惟理的體系，一個是生命的體系」。他以生命爲核心建立了自己的形而上學體系。

　　宗白華對《周易》生命精神的汲取則主要體現在生命的「生生而條理」上。一方面，生命意識在於「生生」。它不僅體現在宇宙萬物包括人類的生成和化生上：「天地絪縕，萬物化醇。男女媾精，萬物化生」。在《形上學（中西哲學之比較）》一文中，他認爲中國是「以二對立之生成原理，互通互感，以生成此一世界。」而西洋是「以邏輯組成一個理論底體系（非生成過程）以解釋此一世界」，以世界的生成與否來區別中西哲學體系。另外，《周易》的生命意識還體現在其發展變動上，「易」的內涵之一就是「變易」，爻作爲卦的最基本的組成部分，其內涵就是變動：「爻也者，效天下之動者也。」（《繫辭傳》）宗白華認爲「《易》是一部動的生命的哲學」〔註8〕可謂是抓住了《周易》思想的根本，這也是宗白華哲學思想的根本。

　　另一方面，宗白華又認爲，生命之流不是盲目的，不再是單純的「綿延」，而是有秩序和條理的，呈現出一種節奏和韻律，也是受《周易》的影響。如《繫辭傳》中所言「日往則月來，月往則日來，日月相推而明生焉；寒往則暑來，暑往則寒來，寒暑相推而歲成焉」。等就體現出了生命的節奏和韻律。宗先生把這種無往不復的節奏上昇到爲「道」：「中國人在天地的動靜，四時的節律，晝夜的來復，生長老死的綿延，感到宇宙是生生而具條理的。這『生生而條理』就是天地運行的大道，就是一切現象的體和用。」〔註9〕

　　因此，這種哲學觀體現在藝術上，就是要求體現藝術體現「生命」和「條理」。宗白華先生的藝術觀對動象極爲推崇。他認爲「動」是「生生」之表現，「描寫動者，即是表現生命，描寫精神。動是宇宙的眞相，惟有動象可以表示生命，表示精神。」〔註10〕對生命動象的推崇在宗白華對各類藝術的論述中都有體現，在繪畫上，生命的動象表現使中國藝術更注重流動的線條，而

〔註 8〕《宗白華全集》卷2，安徽教育出版社，1994年12月版，第245頁。
〔註 9〕《宗白華全集》卷2，安徽教育出版社，1994年12月版，第413頁。
〔註10〕《宗白華全集》卷1，安徽教育出版社，1994年12月版，第313頁。

不像西方注重以色彩的明暗來逼真的刻劃形象。他認為「謝赫的六法以氣韻生動為首目，確係中國畫的特點，而中國哲學如《易經》以『動』說明宇宙人生（天行健，君子以自強不息），正與中國藝術精神相表裏。」〔註11〕所以，六法中以「氣韻生動」為首，「骨法用筆」，即係運用筆法把捉物的骨氣以表現生命動象。而「應物象形」、「隨類賦采」及「經營位置」等模仿自然、研究和諧、秩序、比例、勻稱的問題皆列在三四等地位。而中西藝術的差別也以動感與否區分，他認為中國的雕塑像繪畫，而西方的繪畫卻像雕塑，「一為飛動的線紋，一為沉重的雕像。」〔註12〕即便是凝固的藝術如建築也著重表現一種動態，如中國建築特有的「飛簷」等等，這些都體現了宗白華先生藝術觀的生命特質。

　　同時，藝術要表現生命之「條理」。如果說生生是藝術的內容，條理即藝術的形式。「生生而條理」在藝術上的表現，就是節奏和韻律。節奏與生命是一個完滿和諧的統一體。中國藝術最高境界就在於能夠表現生生而條理的節奏與生命。在書法藝術中，宗先生說中國的書法藝術中的「勢」就體現了這一點：「點，不稱點而稱為側，是說它的『勢』……一個橫畫不說是橫，而稱為勒，是說它的『勢』……『美』就是勢、就是力、就是虎虎有生氣的節奏。」〔註13〕表現在繪畫上，宗先生把中國畫的藝術表現的最高標準「氣韻生動」解釋為「生命的節奏」或「有節奏的生命」，認為「從伏羲畫八卦始，即是以最簡單的線條結構表示宇宙萬相的變化節奏。」〔註14〕以藝術生生而條理去體現宇宙之生生而條理。

二

　　時空觀作為宗白華先生藝術觀的重要組成部分，也深受《周易》的影響，並同周易的生命意識和觀照法有著密切的聯繫。《周易》的時空觀全面反映在六十四卦的卦爻辭和卦序中，不管是從個體的卦象還是從六十四卦的卦序上我們都可看出生命的有序性和流動性貫串其中。在《形上學（中西哲學之比較）》、《中國古代時空意識的特點》等篇中，宗先生重點對鼎與革、既濟與未

〔註11〕《宗白華全集》卷2，安徽教育出版社，1994年12月版，第105頁。
〔註12〕《宗白華全集》卷2，安徽教育出版社，1994年12月版，第105頁。
〔註13〕《宗白華全集》卷3，安徽教育出版社，1994年12月版，第410頁。
〔註14〕《宗白華全集》卷2，安徽教育出版社，1994年12月版，第109頁。

濟、乾坤等卦象作了深刻獨到並具有創造性的研究，同時也表達了他對時空觀的看法。

宗先生認為《周易》中的時空具有一體性，時間統率空間。他以革卦和鼎卦為代表對其時空進行了分析和研究。他認為革和鼎分別是中國時間和空間之象。革是時間生命之象，「革故生新，生命乃能創造。」革代表時間、生命、創造。鼎是中國空間之象，《象》「木上有火，鼎，君子以正位凝命。」宗白華先生認為「正位凝命」四字是「中國空間意識之最具體最真確之表現」，也是空間和時間關係一體的體現：「中國則求正位凝命，是即生命之空間化，法則化，典型化。亦為空間之生命化，意義化，表情化。空間與生命打通，亦即與時間打通矣。」鼎代表空間、法則，但空間又是時間之空間，「位」以凝「命」，空間與時間打通，顯示了時間與空間的一體性。在時空主從關係上，是時間統率著空間，成就節奏化、音樂化了的「時空合一體」。在對既濟、未濟卦關係的研究中也反映了宗先生時空合一、以時統空的看法。他認為未濟為完全不正之象，動亂不已，既濟為完全中正之象，凝固不動，於是革打破既濟平衡之僵局，推陳出新，自強不息。鼎於未濟全部失正之中，獨持其正，撥亂世反之正。「但易以未濟終焉！永遠在不正之中求正也！」革與鼎、既濟與未濟的關係反映了時間與空間既變動不已，去故取新，又在不正之中求正的永不停息的過程。在《形上學（中西哲學之比較）》中，宗白華完整的表達了自己的宇宙觀和時空觀：「中國哲學既非『幾何空間』之哲學，亦非『純粹時間』（柏格森）之哲學，乃『四時自成歲』之曆律哲學也。」〔註15〕「《易經》上說：『無往不復，天地際也。』這正是中國人的空間意識！」〔註16〕

《周易》時空合一、以時統空的時空觀不僅反映在其卦象上，也反映在中國藝術中，並與生命意識相結合，這些都成為宗白華分析藝術和中西藝術比較的基礎。在《中西畫法所表現的空間意識》、《中國詩畫中所表現的空間意識》等文中提出西洋繪畫與建築雕刻通，其畫法是基於幾何學和解剖學的透視法，文藝復興以後，發展到印象主義，空間情緒寄託在光影彩色明暗裏。而中國繪畫與書法相通，書畫都通於舞：「它不是憑藉光影的烘染襯托，也不是移寫雕刻立體及建築的幾何透視，而是顯示一種類似音樂和舞蹈所引起的

〔註15〕《宗白華全集》卷1，安徽教育出版社，1994年12月版，第611頁。
〔註16〕《宗白華全集》卷2，安徽教育出版社，1994年12月版，第423頁。

空間感形。」〔註 17〕音樂和舞蹈的空間感就在於它不是凝固的，不像西洋的建築和雕刻，而是流動於時間中的、有生命的形體。中國藝術的空間意識就在於它是與時間相關的，也即是與生命相關，如一幅字不僅要佔據一定的空間，還要「結成一個有骨、有血有生命的單位」，而且字與字之間，行與行之間，能「偃仰顧盼，陰陽起伏，⋯⋯這一幅字就是生命之流，一回舞蹈，一曲音樂」。〔註 18〕可以看出，宗白華先生的藝術時空觀和其生生而條理的生命意識是密切相關的。他認爲美既在生命又在秩序，是內容與形式的統一，而其時空觀也是生命的流動性和形式的穩定性的高度統一。

　　宗先生認爲這種時空感又是迴旋往復的，與《周易》俯仰觀察，遠近取與的觀照法分不開，它也是中西空間意識的不同所在。如中國藝術特別是山水畫，其中的觀照法不是西洋畫法所採用的站在一固定點向遠處眺望的焦點透視，而是以大觀小、迴旋往復的散點透視，其目光是流動的，節奏化的，是以心靈的眼睛「俯仰自得，遊心太玄」，去體認節奏化音樂化的宇宙。與西洋藝術中體現追尋的、探險的、一去不復返的空間意識不同，中國藝術的觀照法卻可以使嚮往無窮的心，有所安頓，歸反自我，「他的意趣不是一往不返，而是迴旋往復的。」〔註 19〕這種觀照法在中國的詩中也有反映：「如中國最大詩人杜甫有兩句詩表出這時、空藝術說：『乾坤萬里眼，時序百年心。』《中庸》上也曾說：『詩云：鳶飛戾天，魚躍於淵，言其上下察也』」。〔註 20〕而藝術就是以這種具有節奏感的觀照法和表現手法去體現具有同樣具有節奏感的宇宙萬象，從而也體現了周易俯仰觀察、與天地相合的思維方式，這也是構成中西藝術區別的深層原因：「俯仰往還，遠近取與，這是中國哲人的觀照法，也是詩人的觀照法。而這觀照法表現在我們的詩中畫中，構成我們詩畫中空間意識的特質。」〔註 21〕

三

　　宗白華先生的藝術觀還受到《周易》「立象以盡意」的象徵觀的影響。《繫辭傳》提出「立象以盡意」的思想：「子曰：『書不盡言，言不盡意。』然則聖

〔註 17〕《宗白華全集》卷 2，安徽教育出版社，1994 年 12 月版，第 143 頁。
〔註 18〕《宗白華全集》卷 2，安徽教育出版社，1994 年 12 月版，第 143 頁。
〔註 19〕《宗白華全集》卷 2，安徽教育出版社，1994 年 12 月版，第 437 頁。
〔註 20〕《宗白華全集》卷 2，安徽教育出版社，1994 年 12 月版，第 432 頁。
〔註 21〕《宗白華全集》卷 2，安徽教育出版社，1994 年 12 月版，第 436 頁。

人之意，其不可見乎？子曰：『聖人立象以盡意』。在言、象、意關係中，象是核心，象本身的形象性可以彌補言的不足，而言和象的目的都在於「盡意」，象本身是感性的，由於懸著一個目的，它又是抽象的，為此也就具有了象徵的功能。另外，《周易》的天人合一思想也為象徵理念提供了思想基礎。在《周易》中，天道與人事密不可分，宇宙萬物萬物相生相感，處在一個和諧的整體中，有著共同的運行規律，八卦和六十四卦中的每一卦即指自然現象，又指人生萬象，《易經》常用自然天象來象徵社會人生，並指導人們的行為。

　　立象以盡意的象徵觀首先影響到宗白華對中國哲學的認識。由於象本身所具有的特質，他對象的功能給予了充分地認識，認為象具有多種功能和意義：「象具有豐富的內涵意義（立象以盡意），於是所制之器，亦能盡意，意義豐富，價值多方。宗教的，道德的，審美的，實用的溶於一象。」〔註22〕一方面，象與道相通，道存在於天地萬象中，於現量境中昭示，象也由此具有形而上功能：「中國形而上之道，即象，非理。象即道」。〔註23〕另一方面，中國的「象」則與生命相關，「象之構成原理，是生生條理」。〔註24〕可以看出宗白華認為象是具體的感性的，又是抽象的，具有溝通形而下和形而上的功能，例如鼎卦是中國空間之象，鼎作為烹調之器，既是生活需用之最重要者，也是天地境界之象徵。而中國形而上體系也是基於感通作用建立的象徵世界，與西洋哲學是在推理作用下建立的概念世界不同。

　　這種象徵哲學也貫串到宗白華藝術觀中，他認為「生生之道」是一切現象的體和用，尤其是對於藝術，藝術的本體是「道」，道即生命：「道尤表象於『藝』，燦爛的『藝』賦予『道』以形象和生命，『道』給予『藝』以深度和靈魂」。如在繪畫上，宗先生認為中國人如宗炳很早就知道透視法的秘密卻躲避它取消它，原因是「繪畫不是面對實景，畫出一角的視野（目有所極故所見不周），而是以一管之筆擬太虛之體。那無窮的空間和充塞這空間的生命（道），是繪畫的真正對象和境界」，〔註25〕道是虛靈的，是出沒太虛自成文理的節奏與和諧，唯道集虛，「憑虛構象，象乃生生不窮」。〔註26〕所以中國畫放棄寫實的筆法，在表現手法上以「三遠」為主，設色以墨為主，以色為

〔註22〕《宗白華全集》卷1，安徽教育出版社，1994年12月版，第611頁。
〔註23〕《宗白華全集》卷1，安徽教育出版社，1994年12月版，第612頁注釋1。
〔註24〕《宗白華全集》卷1，安徽教育出版社，1994年12月版，第629頁。
〔註25〕《宗白華全集》卷2，安徽教育出版社，1994年12月版，第147頁。
〔註26〕《宗白華全集》卷2，安徽教育出版社，1994年12月版，第408頁。

輔，離形得似，直取生命。筆法上以皴爲主，以染爲輔，不似西洋油畫的形象逼眞，色彩濃麗。中國畫「故主『線文』之動的韻律，及點之抽象的（『精神』之）傳神。」〔註27〕又如中國的園林建築，宗先生認爲是更注重表現空間的美感，使建築物與周圍環境和諧，以小見大，化實爲虛，與宇宙合一。中國戲曲與西方相比，也反對寫實，舞臺動作趨向程序化和虛擬化。並且認爲「世界上唯有最抽象的藝術形式——如建築、音樂、舞蹈姿態、中國書法、中國戲面譜、鍾鼎彝器的形態和花紋——乃最能象徵人類不可言狀的心靈姿勢與生命的律動。」〔註28〕

　　不過，宗白華先生並沒有因爲「盡意」而忽略「立象」，在《論中西畫法的淵源和基礎》一文的結尾對中西畫法作了如下評價：「然而中國畫趨向抽象的筆墨，輕煙淡彩，虛靈如夢，洗淨鉛華，超脫暄麗耀眼的色相，卻違背了「畫是眼睛的藝術」之原始意義。『色彩的音樂』在中國畫久已衰落。……畫家任伯年則更能於花卉翎毛，表現精深華妙的色彩新境，爲近代少有的色彩畫家，令人反省繪畫原來的使命。……中國畫此後的道路，不但須恢復我國傳統運筆線紋之美及偉大的表現力，尤當傾心注目於彩色流韻的眞景，創造濃麗清新的色相世界。」可以看出，宗白華先生並沒有因爲體現形而上之道而一味追求抽象，他認爲對自然色相的描寫仍是畫家的使命。

　　另外，生生而條理的生命意識、以時統空的時空觀和立象以盡意的象徵觀三者在宗白華先生的藝術觀中不是割裂的，而是相互聯繫的一個整體。這一點從他對舞的推崇即可看出：「尤其是『舞』，這最高度的韻律、節奏、秩序、理性，同時是最高度的生命、旋動、力、熱情，它不僅是一切藝術表現的究竟狀態，且是宇宙創化的象徵。……在這時只有『舞』，這最緊密的律法和最熱烈的旋動，能使這深不可測的玄冥的境界具象化、肉身化。」〔註29〕宗白華以舞爲領頭藝術，首先舞是藝術的「最高度的生命、旋動、力、熱情」和「最高度的韻律、節奏、秩序、理性」的統一，是生命和形式的統一，體現了藝術生生而條理的生命精神，使「嚴謹如建築的秩序流動而爲音樂，浩蕩奔馳的生命收斂而爲韻律」〔註30〕。其次，舞既是時間藝術又是空間藝術，

〔註27〕《宗白華全集》卷2，安徽教育出版社，1994年12月版，第95頁。
〔註28〕《宗白華全集》卷2，安徽教育出版社，1994年12月版，第71頁。
〔註29〕《宗白華全集》卷2，安徽教育出版社，1994年12月版，第366頁。
〔註30〕《宗白華全集》卷2，安徽教育出版社，1994年12月版，第366頁。

在流動的時間中塑造著空間感形，在韻律中體現了生命和秩序。再者，舞是宇宙生生之道的體現，是道的「具象化、肉身化」。本身具有象徵意義，是「宇宙創化的象徵」。所以宗白華以舞作領頭藝術，認為「『舞』是中國一切藝術的典型。中國的書法、畫法都趨向飛舞。莊嚴的建築也有飛簷表現著舞姿」，〔註31〕這是因為舞全面而形象地體現了《周易》哲學的生命精神，從而也深刻地影響了宗白華先生的藝術觀。

由於宗白華先生早年留學德國，深受西方哲學特別是斯賓格勒、柏格森、叔本華、康德、歌德等的影響。在對《周易》的理解上仍有其痕迹，如宗白華吸收斯賓格勒關於文化形態生成與即成的區別，認為《周易》是「生成」的，在時空觀上對柏格森的綿延說的揚棄，象徵觀中又有歌德泛神論的影響，但是他又認為「中國將來的文化決不是把歐美文化搬了來就成功。……還是極力發揮中國民族文化的『個性』，不專門模仿，模仿的東西實沒有創造的結果的。」〔註32〕而在民族文化中，宗先生認為「老子、莊子和儒家《周易》裏的思想相比較，他們較傾向於『空間』意識，而缺乏《周易》裏『時空統一體』的積極性、創造性、現實性。……老莊是脫離了生產實踐的知識分子而對宇宙（空間、時間及動力）作靜觀的冥想。」〔註33〕因此，在民族存亡的關頭，《周易》自強不息、生生不已的品格就越來越成為宗白華重建民族文化，維持民族存在主動的自覺的文化選擇。

〔註31〕《宗白華全集》卷2，安徽教育出版社，1994年12月版，第369頁。
〔註32〕《宗白華全集》卷1，安徽教育出版社，1994年12月版，第321頁。
〔註33〕《宗白華全集》卷3，安徽教育出版社，1994年12月版，第280頁。

主要參考文獻

1. 《周易正義》,(魏)王弼著,(晉)韓康伯注,(唐)孔穎達疏,上海古籍出版社 1990 年版。
2. 《周易集解》,(唐)李鼎祚著,巴蜀書社 2004 年版。
3. 《河洛眞數》,(宋)陳摶、邵雍著,學林出版社 2003 年版。
4. 《張橫渠集》,(宋)張載著,中華書局 1985 年版。
5. 《伊川易傳·易翼傳》,(宋)程頤、鄭汝諧著,上海古籍出版社 1989 年版。
6. 《二程集》,(宋)程頤、程顥著,中華書局 2004 年版。
7. 《周易本義》,(宋)朱熹著,北京大學出版社 1992 年版。
8. 《朱子語類》,(宋)朱熹著,中華書局 1986 年版。
9. 《周易內傳·周易外傳》,(明)王夫之著,上海古籍出版社 1996 年版。
10. 《周易古經今注》,高亨著,中華書局 1984 年版。
11. 《周易大傳今注》,高亨著,齊魯書社 1979 年版。
12. 《周易雜論》,高亨著,齊魯書社 1979 年版。
13. 《周易譯注》,黃壽祺、張善文著,上海古籍出版社 1989 年版。
14. 《周易探源》,李鏡池著,中華書局 1978 年版。
15. 《易學哲學史》(1～4),朱伯崑著,崑崙出版社 2005 年版。
16. 《周易研究論文集》(1～4),黃壽祺、張善文編,北京師範大學出版社 1987～1990 年版。
17. 《易學本體論》,(美)成中英著,北京大學出版社 2006 年版。
18. 《易學會通》,蘇淵雷著,中州古籍出版社 1985 年版。
19. 《周易縱橫談》,黃慶萱著,廣西師範大學出版社 2006 年版。

20.《周易通義》，李鏡池著，中華書局 1981 年版。

21.《學易筆談·讀易雜識》，杭辛齋著，遼寧教育出版社 1997 年版。

22.《周易講座》，金景芳著，廣西師範大學出版社 2005 年版。

23.《兩漢易學史》，高懷民著，廣西師範大學出版社 2007 年版。

24.《先秦易學史》，高懷民著，廣西師範大學出版社 2007 年版。

25.《宋元明易學史》，高懷民著，廣西師範大學出版社 2007 年版。

26.《易象論》，侯敏著，北京大學出版社 2006 年版。

27.《易學與美學》，劉綱紀、范明華著，瀋陽出版社 1997 年版。

28.《〈周易〉美學》，劉綱紀著，武漢大學出版社 2006 年版。

29.《扣寂寞而求音——〈周易〉符號美學》，王明居著，安徽大學出版社 1999 年版。

30.《周易與中國古代美學》，王春才編，民族出版社 2006 年版。

31.《老子注譯及評介》，陳鼓應著，中華書局 1984 年版。

32.《莊子今注今譯》，陳鼓應著，中華書局 1983 年版。

33.《三松堂全集》，馮友蘭著，河南人民出版社 2000 年版。

34.《中國古典哲學概念範疇要論》，張岱年著，中國社會科學出版社 1989 年版。

35.《中國哲學大綱》，張岱年著，江蘇教育出版社 2005 年版。

36.《魏晉玄學論稿》，湯用彤著，上海古籍出版社 2005 年版。

37.《中華古學與現象學》，張祥龍著，山東友誼出版社 2008 年版。

38.《從現象學到孔夫子》，張祥龍著，商務印書館 2001 年版。

39.《海德格爾思想與中國天道》，張祥龍著，三聯書店 2007 年版。

40.《回歸原創之思：「象思維」視野下的中國智慧》，王樹人著，江蘇人民出版社 2005 年版。

41.《體用論》，熊十力著，中國人民大學出版社 2006 年版。

42.《讀經示要》，熊十力著，中國人民大學出版社 2006 年版。

43.《中國哲學的特質》，牟宗三著，臺灣學生書局 1963 年版。

44.《原始儒家道家哲學》，方東美著，黎明文化事業股份有限公司 1983 年版。

45.《中國人生哲學》，方東美著，臺北黎明文化事業公司 1982 年版。

46.《生生之美》，方東美著，北京大學出版社 2009 年版。

47.《中國現代學術經典·方東美卷》，劉夢溪主編，河北教育出版社 1996 年版。

48.《生命理想與文化類型——方東美新儒學論著輯要》，蔣國寶、周亞洲編，中國廣播電視出版社 1992 年版。

49. 《中國人性論史》（先秦篇），徐復觀著，華東師範大學出版社 2005 年版。

50. 《中國藝術精神》，徐復觀著，華東師範大學出版社 2001 年版。

51. 《中國文化論集》，牟宗三、唐君毅等著，東海大學哲學系主編，臺灣幼獅文化事業公司 1984 年版。

52. 《梁漱溟全集》，梁漱溟著，山東人民出版社 1990 年版。

53. 《有根的詩學——現代新儒學文化詩學研究》，侯敏著，上海人民出版社 2003 年版。

54. 《宗白華全集》（1～4），宗白華著，安徽教育出版社 1994 年版。

55. 《管錐編》（1～4），錢鍾書著，北京三聯書店 2001 年版。

56. 《談藝錄》，錢鍾書著，中華書局 1984 年版。

57. 《中國詩學》，（美）葉維廉著，人民文學出版社 2006 年版。

58. 《中國藝術哲學》，朱志榮著，東北師範大學出版社 1997 年版。

59. 《中國審美理論》，朱志榮著，北京大學出版社 2004 年版。

60. 《中國藝術的生命精神》，朱良志著，安徽教育出版社 2006 年版。

61. 《原人論》，黃霖著，復旦大學出版社 2000 年版。

62. 《意象探源》，汪裕雄著，安徽教育出版社 1996 年版。

63. 《意象範疇的流變》，胡雪岡著，百花洲文藝出版社 2002 年版。

64. 《物象美學：自然的再發現》，劉成紀著，鄭州大學出版社 2002 年版。

65. 《中國畫論研究》，伍蠡甫著，北京大學出版社 1983 年版。

66. 《中國畫論輯要》（增訂本），周積寅編著，江蘇美術出版社 2005 年版。

67. 《中國畫學全史》，鄭午昌著，東方出版社 2008 年版。

68. 《中國書法研究》，呂鳳子著，上海人民美術出版社 1978 年版。

69. 《人類生命系統中的美學》，封孝倫著，安徽教育出版社 1999 年版。

70. 《美學三書》，李澤厚著，安徽文藝出版社 1999 年版。

71. 《實用理性與樂感文化》，李澤厚著，北京三聯書店。2004 年版。

72. 《中國美學史》，李澤厚、劉綱紀著，中國社會科學出版社 1984 年版。

73. 《中國美學史大綱》，葉朗著，上海人民出版社 1985 年版。

74. 《中國古典美學史》，陳望衡著，湖南教育出版社 1998 年版。

75. 《中國美學史》，張法著，上海人民出版社 2000 年版。

76. 《柏拉圖文藝對話集》，朱光潛譯，人民文學出版社 1963 年版。

77. 《詩學》，亞里士多德著，羅念生譯，人民文學出版社 1963 年版。

78. 《哲學史講演錄》，（德）黑格爾著，賀麟、王太慶譯，商務印書館 1959 年版。

79.《美學》，（德）黑格爾著，朱光潛譯，商務印書館 1981 年版。

80.《西方美學家論美和美感》，北京大學哲學系美學教研室編，商務印書館 1982 年《古代美學》，（波）塔塔科維茲著，楊力等譯，中國社會科學出版社 1990 年版。

81.《判斷力批判》，（德）康德著，宗白華譯，商務印書館 1964 年版。

82.《創造進化論》，（法）亨利‧柏格森著，王珍麗、余習廣譯，湖南人民出版社 1989 年版。

83.《邏輯哲學論》，（奧）維特根斯坦著，郭英譯，商務印書館 1962 年版。

84.《林中路》，（德）馬丁‧海德格爾著，孫周興譯，上海譯文出版社 2004 年版。

85.《人，詩意地安居：海德格爾語要》，（德）海德格爾著，郜元寶譯，廣西師範大學出版社 2000 年版。

86.《東方民族的思維方法》，（日）中村元著，林太、馬小鶴譯，臺灣淑馨出版社 1999 年版。

87.《原始思維》，（法）列維‧布留爾著、丁由譯，商務印書館 1995 年版。

88.《神話思維》，（德）恩斯特‧卡西爾著，黃龍保、周振選譯，中國社會科學出版社 1992 年版。

89.《新科學》，（意）維柯著，朱光潛譯，商務印書館 1987 年版。

90.《人論》，（德）恩斯特‧卡西爾著，甘陽譯，上海譯文出版社 2004 年版。

91.《藝術問題》，（美）蘇珊‧朗格著，滕守堯譯，中國社會科學出版社 1983 年版。

92.《情感與形式》，（美）蘇珊‧朗格著，劉大基等譯，中國社會科學出版社 1986 年版。

93.《視覺思維：審美直覺心理學》，（美）魯道夫‧阿恩海姆著，滕守堯譯，四川人民出版社 1998 年版。

94.《眼與心》，（法）莫里斯‧梅洛龐蒂著，楊大春譯，商務印書館 2007 年版。

95.《美學與哲學》，（法）米蓋爾‧杜夫海納著，孫菲譯，中國社會科學出版社 1987 年版。

96.《西方生命美學局限研究》，王曉華著，黑龍江人民出版社 2005 年版。

後　記

　　我一直對中國美學和傳統文化頗有興趣，不過最初對於導師朱志榮先生為我選《周易》美學作為博士論文的選題並不敏感，但是隨著對《周易》研究的不斷深入，越來越感覺《周易》是中國美學史上繞不過去的重鎮，慶幸自己當初沒有輕易放棄它。

　　這篇論文的完成首先要感謝朱志榮老師。朱老師治學嚴謹，因我資質駑鈍，又生性散漫，這幾年來讓他很是操心。朱老師數次打電話、發郵件過問我的學習進度，幫我留意論文相關資料，如果沒有朱老師的時時督促和鞭策，這篇文章恐怕還要延宕下去。在行文規範上，朱老師也不厭其煩的進行指導，其邏輯嚴密、紮實沈穩的文風也給了我很大的影響。可以說，從論文的選題到材料搜集以及學術規範無不滲透著朱老師的心血和期冀。

　　在本書的寫作過程中，還要感謝文藝學教研室的魯樞元老師、劉鋒傑老師、侯敏老師、李勇老師、王耘老師，他們在論文的開題報告和預答辯中都為我的論文提出了不少寶貴的建議，尤其是王耘老師對該文的篇章結構以及材料觀點都提出了許多修改意見，讓我受益匪淺。而各位老師寬厚儒雅的人格風範、敏銳犀利的學術洞察以及悲天憫人的人文情懷更是給我留下了深刻的印象。特別是通過上魯樞元老師的《生態文藝學》課，生態意識不僅成為一種學術立場，也不自覺的滲入到我的日常生活中。

　　還要感謝鄭笠、董惠芳、武克勤、張亞驤諸位同學幾年來的深情厚誼，他們對我的學習和生活都提供了無私的幫助。華東師大的朱媛和田軍同學對本書的修改提出了不少意見，特別是從未謀面的田軍同學，對我的論文字斟句酌，包括標點符號都做了仔細的補刪和修正，讓我非常感動。

　　此書能在短時間內出版，還要感謝花木蘭出版社對學術著作的支持，編輯的辛勤工作以及楊佳樂女士的敦促。

　　最後，還要感謝家人的理解與支持，否則，我也無法安心進行學習和研

究。歲月輪回，草木榮枯，亦喜亦悲。這期間，我的孩子呱呱墜地，孩子帶給我很多快樂，每天的通話是我最放鬆最幸福的時候。但是，我最敬愛的外祖父郤敬賢老人卻永遠的離開了這個世界。外祖父是一個普通人，但是他一生善良、正直、仁愛，胸懷灑落，受人尊敬，我從小在外祖父家長大，在他晚年最需要人照顧的時候我卻遠在他鄉。

謹以此書獻給他老人家的在天之靈。

孫喜艷

2013 年 12 月 12 日